Le présent ouvrage a été publié
avec le soutien de
l'Académie Nicaraguayenne de la Langue

ANL

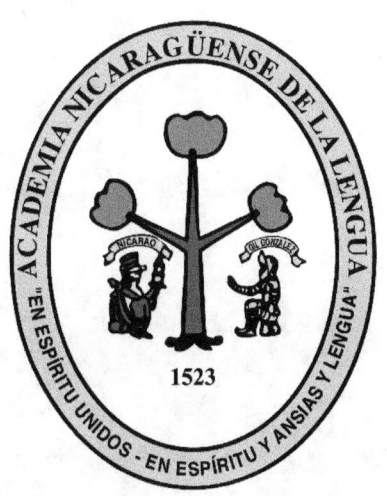

"En espiritu unido, en espiritu y ansias y lengua."

La Collection "*Travaux Panofskiens*" est dédiée à l'étude des oeuvres d'art de la période moderne (XIIème-XVIIIème siècles) et de la période contemporaine (XIXème-XXIème siècles), à partir de plusieurs concepts des études de l'École de Warburg, notamment représentés dans les travaux de son principal représentant Erwin Panofsky. Ces concepts sont les suivants:

La transmission des symboles culturels entre les époques, et la permanence de leur représentation;

L'étude des oeuvres d'art comme matériel pour comprendre leur époque et l'histoire des mentalités qui y est liée, c'est-à-dire, inversement, les idées, les pratiques et les moeurs, que révèlent les oeuvres d'art;

En ce sens, l'interaction entre les cosmos de cultures profane et religieuse, d'une part, et populaire, cultivée et savante, d'autre part.

Le principal apport de la présente Collection, ou son principal projet en tous cas, est d'aborder, non seulement les oeuvres de l'époque moderne, champ d'étude particulier de l'École de Warburg et de Panofsky, mais d'amplifier cedit champ à celui de la contemporanéité, en particulier des avant-gardes, afin, non seulement d'appliquer la méthode panofskienne à l'art contemporain, mais encore pour en expérimenter la pertinence dans le cadre visuel de la non figuration et de l'abstraction (soit-elle, celle-ci, thématique ou formelle).

Dr. N.-B. Barbe

NORBERT-BERTRAND BARBE
MEMBRE HONORAIRE DE L'ACADÉMIE
NICARAGUAYENNE DE LA LANGUE

AUTOUR DU POINT GRIS DE PAUL KLEE

PRÉFACE DE DANIEL PAYOT
PROFESSEUR À L'UNIVERSITÉ DE STRASBOURG
DIRECTEUR DE L'EA3402 ACCRA

ISBN: 978-2-35424-189-6
Collection "*Travaux Panofskiens*"

© 2018, Bès Editions

Toute reproduction intégrale ou partielle du présent ouvrage, faite par quelque procédé que ce soit, sans le consentement de l'auteur ou de ses ayants cause, est illicite et constitue une contrefaçon sanctionnée par les articles L.335-2 et suivants du Code de la propriété intellectuelle.

SOMMAIRE GÉNÉRAL DU VOLUME

UNE LEÇON D'HERMÉNEUTIQUE PAR DANIEL PAYOT	1
AUTOUR DU "*POINT GRIS*" DE PAUL KLEE	1
0. INTRODUCTION	1
0.1. LE TEXTE DE PAUL KLEE	1
0.2. RÉVISION CRITIQUE DES INTERPRÉTATIONS	2
0.2.A. CADRE CRITIQUE	2
0.2.C. AUTEURS ET CITATIONS: LA LIGNE GÉNÉRALE D'INTERPRÉTATION DU TEXTE DE KLEE JUSQU'À PRÉSENT	4
0.3. UNE VOIE D'ANALYSE ALTERNATIVE: LA CONTEXTUALISATION HISTORIQUE	10
0.3.A. EN ARTS	10
0.3.B. DANS L'UNIVERS INTELLECTUEL ET SCIENTIFIQUE	13

PREMIÈRE PARTIE [LOGIQUE, CRÉATION D'UN *CORPUS* RÉFÉRENTIEL SUR LE THÈME]: GÉOMÉTRIE ET COULEUR — 16
I. GÉOMÉTRIE — 16
I.1. LE POINT DANS LA TRADITION — 16
I.1.A. LE POINT COMME CENTRE THÉOLOGIQUE — 16
I.1.B. LE POINT: DES MATHÉMATIQUES À LA THÉOLOGIE, UNE RAPIDE DÉRIVE — 20
I.2. LE POINT GRIS — 21
I.2.A. LE POINT GRIS EN LITTÉRATURE — 21
I.2.B. LE POINT GRIS COMME PROCESSUS D'ÉLOIGNEMENT VISUEL — 22
II. COULEUR — 23
II.3. LE GRIS — 23
II.3.A. LE GRIS COMME VALEUR COLORIMÉTRIQUE — 23
II.3.B. LE GRIS COMME VALEUR MORALE — 24
II.4. LE POINT BLANC — 25
II.5. LE POINT NOIR — 26

DEUXIÈME PARTIE [HISTORIQUE, DE CONTEXTUALISATION, THÉORIE ET PRATIQUE DES AVANT-GARDES SUR LE THÈME]: LE POINT GRIS CHEZ PAUL KLEE EXPLIQUÉ DANS [ET PAR] SON ÉPOQUE — 31
III. LE POINT GRIS CHEZ PAUL KLEE — 31
III.6. KLEE — 31
III.7. "COQUILLES DES MOISSONS BRISÉES PAR LE SOLEIL" — 39
III.7.A. WHISTLER — 39
III.7.B. MALEVITCH ET LES AUTRES — 40
III.7.C. DES AVANT-GARDES À L'APRÈS-GUERRE — 41
III.7.D. POURQUOI LE GRIS? — 46
III.8. L'AVANT AVANT-GARDE — 52
III.8.A. UNE LECTURE COÏNCIDENTE À REBOURS — 52
III.8.B. DE SEURAT À CHEVREUL — 54
III.8.C. LE SURRÉALISME — 58
III.9. LA COULEUR GRISE, LA MORALE ET SES SOUS-CADRES SOCIO-ÉCONOMIQUES ET LINGÜISTIQUES — 60

IV. LE POINT CHEZ KANDINSKY 66
IV.1. LE GRIS, ENTOURÉ 66
IV.1.A. LE GRIS ET LA FORME CHEZ LES IMPRESSIONISTES ET POSTÉRIEURS 66
IV.1.B. LE GRIS CHEZ HUYSMANS 72
IV.1.C. *FUGUE EN ROUGE* 74
IV.2. LE POINT, VERS LA LIGNE 75
IV.2.A. HERMANN MINKOWSKI 75
IV.2.B. *POINT LIGNE PLAN* 76

CONCLUSION EN FORME DE BIG-BANG 86
V. VISIONS (AUTOUR) DE KLEE ET DU "*POINT GRIS*" 86
V.1. SYNTHÈSE GÉNÉRALE 86
V.2. APPENDICE 87
V.2.A. UNE CORRESPONDANCE ENTRE KLEE ET JUNG AUTOUR DE LA CENTRALITÉ ORIGINELLE 87
V.2.B. JUNG ET KLEE DANS LEURS BIOGRAPHIES 100
V.2.C. PROBLÈMES DE MÉTHODE 105
V.2.C.1. AVONS-NOUS ASSEZ DE COÏNCIDENCES POUR SOUTENIR LA THÈSE DE LA RELATION ENTRE KLEE ET JUNG? 105
V.2.C.2. "DE L'OEUF OU DE LA POULE", QUI VIENT EN PREMIER: KLEE OU JUNG? ESSAI DE CHRONOLOGIE COMPARÉE 119
V.2.C.3. UNE ORIGINE THÉOSOPHISTE DU MODÈLE 121
V.2.C.3.1. POINTS DE RENCONTRES 121
V.2.C.3.2. LE CERCLE(/POINT DE KLEE/MANDALA DE JUNG) ET LE SOLEIL COMME DIEU THÉOSOPHIQUE 124
V.2.C.3.3. "*ET* [KANDINSKY] *DANS TOUT CELA?*" 131
V.2.C.3.4. "*EN QUÉ QUEDAMOS*" 137
V.2.C.3.4.1. DES PREUVES DE COÏNCIDENCES ENTRE KLEE ET JUNG 137
V.2.C.3.4.2. DE KLEE, THÉOSOPHISTE ET MYTHOGRAPHE OU INGÉNIEUR ET GÉOMÈTRE DE L'ART 142
V.2.D. ABSTRACTION 143

PLANCHES

I

Une leçon d'herméneutique

Les écrits de Paul Klee ressemblent à ses dessins : précis, concis, allant droit à ce que l'auteur considère comme l'essentiel, ne s'embarrassant d'aucune rhétorique superflue, ne s'alourdissant d'aucune propédeutique. On y devine certes le préalable d'une longue maturation, d'une réflexion pesée, profonde, patiente, mais on y est confronté à l'apparente immédiateté du trait, à la ligne tranchante, à l'affirmation fulgurante. L'écriture de Klee résume une certaine modernité, dans sa disposition tendue, peut-être contradictoire, quand elle veut dénouer des situations qu'elle sait infiniment imbriquées, quand elle se prétend déchiffreuse de significations éminemment complexes, et que pour y parvenir elle fait le choix de la brièveté, de l'éclair ou de la cristallisation soudaine. Deux temporalités alors se heurtent : l'intensité acérée est censée suggérer l'ampleur des enjeux.

La « Note sur le point gris » dont il est ici question ne fait pas exception ; elle constitue même, en un certain sens, un exemple de ce que Klee concevait comme une pensée d'artiste. Une petite page, quelques lignes, une pluie de concepts « lourds » jamais explicités (chaos, ordre, être, néant, cosmogénèse, commencement), une syntaxe simple, un ton affirmatif, l'absence de tout point d'interrogation comme de toute formule induisant un doute ou même la conscience d'une prudence hypothétique : tout cela pourrait paraître excessivement assertorique, voire dogmatique, si quelque chose pourtant, au cœur de cette même prose, ne nous renvoyait à une tout autre dimension.

Relues à partir d'une telle intuition, les mêmes lignes deviennent en effet les témoins d'une époque pour laquelle le monde était d'abord une exaltante ouverture, comme si sa grammaire n'avait encore jamais été explorée, comme si le familier et le plus proche étaient redevenus sources d'étonnement et d'aventure. L'écriture de Klee n'est pas le fait d'un personnage imbu de certitudes, elle manifeste au contraire l'excitation et l'enthousiasme d'un artiste pour qui l'art est d'abord la décision de se glisser, sans confort mais avec détermination, au bord des choses, sur le fil du rasoir, là où, soudain saisies comme pour une première fois, elles parlent à la fois de leur irréductible singularité et de leur place dans l'univers. Le présent de l'indicatif n'est pas le temps de la doctrine intransigeante, il recueille au contraire en lui, étrangement et très efficacement, à la fois l'exactitude du protocole expérimental, la conviction d'un sens partout irradiéet l'idée que le moindre détail possède par rapport à la totalité un lieu et une fonction propres, à découvrir. Ce temps verbal est dans la prose l'équivalent du geste de l'artiste qui, rompant avec les grands développements romantiques, cherche la vérité dans l'agencement précis des signes.

Lire un texte tel que cette « Note sur le point gris » demande ainsi une multiple attention. Il faut déplier ce qui s'y trouve intensément condensé, et il faut aussi suggérer pourquoi l'auteur a fait le choix de la condensation. Rendre justice au texte, c'est expliciter ce qu'il a laissé à l'état de trait esquissé, mais sans réprimer l'élan qui conduisit à l'esquisse plutôt qu'à l'explicitation. Il s'agit en somme de dévoiler les secrets sans les trahir : l'interprète est confronté à cette difficulté dès que son désir d'interpréter provient du respect qu'il a pour le texte, l'image, le phénomène et, derrière eux, l'auteur ou l'artiste, la personne. Son fil du rasoir ressemble à celui sur lequel se tient l'artiste pensant, sans doute parce que seul le risque dans l'expérience de la compréhension est susceptible de rejoindre celui qui préside à la création même.

Cet exercice périlleux, Norbert-Bertrand Barbe en donne ici une démonstration exemplaire. Son souci de ne rien laisser dans l'ombre s'accompagne à chaque pas de la conscience de l'impossibilité d'atteindre absolument et surtout directement la « chose même ». Ce n'est pas en s'emparant violemment de la « Note » de Klee, en en forçant brutalement les défenses, qu'il entend se hisser à la hauteur de son énigmatique clarté ; on dirait plutôt qu'il ne cesse de tourner autour, d'atténuer progressivement une opacité première, de saisir pierre après pierre, de scruter chacune comme si elle était l'indice d'un chemin praticable, puis de la rapprocher des autres pierres

III

précédemment collectées et des chemins déjà suggérés. Ces échantillons prélevés, posés, pesés, assemblés, comparés disent d'abord que le sens total, global, n'est pas livré, qu'il ne le sera peut-être jamais, et que pourtant la cohérence interne et les enjeux généraux peuvent être petit à petit élucidés. Il est remarquable à cet égard que Norbert-Bertrand Barbe procède constamment par des mises en relation plutôt que par des attaques frontales. Le texte est cité, et aussitôt sont établies les conditions de l'encerclement : on nous dit d'abord comment il a été compris, pourquoi ces interprétations n'atteignent pas suffisamment l'énigme, puis on décompose celle-ci en éléments épars. Klee parle d'un « point gris » : qu'est-ce qu'un point, qu'est-ce que le gris, en quoi un point peut-il être gris ? Le petit caillou nommé « point », puis le petit caillou nommé « gris », puis la plus grosse pierre de l'inscription de la « Note » dans une époque particulièrement décisive d'un point de vue artistique, la pierre de l'historicité même des propos de Paul Klee et de ses emprunts théoriques, tous ces indices minéraux et quelques autres sont étiquetés, puis confrontés les uns aux autres, patiemment, rigoureusement, respectueusement. Chacun est déjà une relation, un rapport, un signe renvoyant à d'autres signes, un nœud dans une intrication, une étoile dans une constellation.

Ce n'est qu'au terme d'un tel tissage que Norbert-Bertrand Barbe se sent en mesure d'en arriver à son hypothèse finale « en forme de big-bang » : non pas sans doute pour mettre un point final, lumineux, univoque, à ce point gris qui chez Klee est à la fois « ni blanc ni noir » et « blanc tout autant que noir », non pas pour trancher dans ce qui ici se donne manifestement comme limite à toute volonté ultime de trancher, non pas, donc, pour épuiser le sens d'un phénomène auquel l'artiste accordait peut-être lui-même le statut de ce qui résiste dans l'immanence du sens à son explicitation ultime, mais pour proposer une intelligibilité, pour donner à voir et à comprendre. Ce dernier acte décidé et résolu de jugement est d'autant plus recevable qu'il est précédé par la mise en examen attentive des indices, par l'écoute des paroles recélées dans les concepts et les affirmations du texte, par l'interrogation critique, contrastée, suspicieuse d'elle-même, de tous les témoins.

Quelle que soit l'appréciation que l'on porte sur l'explication proposée, on ne peut qu'être saisi par la détermination et la rigueur de l'enquête. Enthousiaste et en même temps respectueux, Norbert-Bertrand Barbe nous donne ici une belle leçon d'herméneutique, d'autant plus pertinente qu'elle manifeste une compréhension profonde de ce qui, chez Klee, constitue sa modernité et son mode spécifique d'écriture : l'alliage précieux, énigmatique, de la complexité et de la cristallisation soudaine.

Daniel Payot
Professeur, Université de
Strasbourg, EA 3402 ACCRA –
Approches contemporaines de
la création et de la réflexion
artistiques

"*On dit en effet que l'unité [108b30] est principe du nombre et que le point est principe de la ligne. Il est donc évident qu'on pose le genre dans ce qu'il y a de commun aux deux.*"[1] (Aristote, *Topiques*, Livre I, cap. XVIII)

"*Principe.
Ce mot s'entend d'abord du point d'où quelqu'un peut commencer le mouvement de la chose qu'il fait. Par exemple, pour une longueur qu'on parcourt ou pour un voyage qu'on entreprend, le principe c'est précisément le point d'où l'on part; et il y a, par contre, l'autre point analogue en sens opposé.
[1013a] Principe s'entend encore du moyen qui fait que la chose est du mieux qu'elle peut être. Ainsi, quand on apprend une chose, le principe par où l'on doit commencer n'est pas toujours le primitif et le principe véritable de cette chose; c'est bien plutôt la notion par laquelle il faut débuter, pour apprendre la chose avec la facilité la plus grande.
Principe signifie aussi l'élément intrinsèque et premier de la chose. Par exemple, le principe d'un navire, c'est la quille; le principe d'une maison, c'est le fondement sur lequel elle repose; le principe des animaux, c'est le cœur selon les uns, c'est le cerveau selon les autres, ou tel autre organe chargé arbitrairement de ce rôle selon d'autres hypothèses.
Principe veut dire encore la cause initiale qui fait naître une chose, sans en être un élément intrinsèque, et ce dont sort primitivement et naturellement le mouvement de la chose, ou son changement. C'est ainsi que l'enfant vient du père et de la mère, et qu'une rixe a pour principe une insulte.
Le Principe est encore l'être dont la volonté fait mouvoir ce qui est mû et fait changer ce qui change; tels sont, par exemple, dans les États, les principes qui les régissent, gouvernements, dynasties, royautés, tyrannies.
Les arts, chacun en leur genre, sont appelés des Principes; et ceux-là surtout sont considérés comme principes qui commandent à d'autres arts subordonnés.
Enfin, on entend par Principe ce qui donne la connaissance initiale de la chose; et c'est là précisément ce qui s'appelle le principe de cette chose. C'est en ce sens que les prémisses sont les principes des conclusions qu'on en tire par démonstration.
Le mot Cause a autant d'acceptions que le mot Principe, attendu que toutes les causes sont des principes aussi.
Un caractère commun de tous les principes, c'est d'être le primitif qui fait qu'une chose est, ou qu'elle se produit, ou qu'elle est connue.
Entre les principes, les uns sont intrinsèques et dans la chose même; les autres sont en dehors d'elle; et c'est en ce sens qu'on dit que la nature est un principe, comme on le dit de l'élément d'une chose, de la pensée, de la volonté, de la substance des choses, et du but final, pour lequel elles sont faites; car, dans une foule de cas, le bien et le beau sont les principes qui nous font savoir et qui nous font agir.*"[2] (Aristote, *Métaphysique*, Livre V, cap. I)

"*Mais, dans tous les cas, l'unité est indivisible soit en espèce, soit en quantité. Ce qui est indivisible en quantité et en tant que quantité, et est indivisible en tous sens, mais sans avoir de position, c'est l'unité numérique, la monade. Ce qui est indivisible en tous sens, mais qui a une position, c'est le point. La ligne n'est divisible qu'en un sens; la surface l'est en deux sens; et le corps est divisible dans tous les sens, c'est-à-dire dans les trois dimensions. Et en descendant selon l'ordre inverse, ce qui est divisible en deux sens, c'est la surface; ce qui l'est en un seul, c'est la ligne; ce qui est absolument indivisible sous le rapport de la quantité, c'est le point, et l'unité ou monade, la monade n'ayant pas de position, et le point en ayant une dans l'espace.*"[3] (*Ibid.*, Livre V, cap. VI)

"*[409 a 3] De plus, puisqu'ils disent que la ligne mue produit la surface, le point la ligne, les mouvements des unités seront des lignes; en effet le point est une unité ayant une position, or le nombre de l'âme est déjà quelque part et occupe une position.*"[4] (Saint Thomas d'Aquin, Commentaire du traité De l'âme d'Aristote, cap. XI)

"*Pour les pythagoriens, le point est l'unité ayant une position, ou autrement l'unité considérée dans l'espace. Il suit immédiatement de cette définition que le corps géométrique est une pluralité, somme de points, de même que le nombre est une pluralité, somme d'unités.*
Or, une telle proposition est absolument fausse; un corps, une surface ou une ligne, ne sont nullement une somme, une totalité de points juxtaposés; le point, mathématiquement parlant, n'est nullement une unité, c'est un pur zéro, un rien de quantité.
4. Que, malgré le développement de leurs connaissances géométriques, les pythagoriens aient commis cette erreur, on ne doit pas s'en étonner; ils étaient partis en fait du préjugé vulgaire, encore partagé par la plupart de ceux qui sont étrangers aux mathématiques, et la seule découverte qui eût pu leur faire soupçonner la fausseté de ce préjugé, à savoir la découverte de l'existence des quantités incommensurables, était restée dans l'École, comme l'histoire des mathématiques le fait reconnaître, un véritable scandale logique, une redoutable pierre d'achoppement. Ils n'en continuaient pas moins leurs spéculations arithmétiques sur les nombres triangles, polygones, pyramides, etc., spéculations qui reposent en fait sur l'idée qu'il est possible de constituer des figures géométriques avec des arrangements de points en nombres déterminés.
D'ailleurs, à cette époque, aucune distinction ne pouvait encore exister entre un corps géométrique et un corps physique; les pythagoriens se représentaient donc les corps de la nature comme formés par l'assemblage de points physiques; il importe peu de discuter ici s'ils concevaient ou non ces points comme étant d'une ou de deux natures différentes (hypothèse dualistique); il n'y a pas davantage à rechercher s'ils avaient ou non conservé sans altération la doctrine du Maître, s'ils avaient bien compris ses enseignements. Nous devons nous arrêter sur la formule combattue par Zénon."[5]

---

[1]"Σχεδὸν δὲ καὶ οἱ ὁριζόμενοι οὕτως εἰώθασιν ἀποδιδόναι· τήν τε γὰρ μονάδα *[108b30]* ἀρχὴν ἀριθμοῦ φασιν εἶναι καὶ τὴν στιγμὴν ἀρχὴν γραμμῆς." Trad. d'Yvan Pelletier, professeur titulaire à la Faculté de philosophie de l'Université Laval, http://remacle.org/bloodwolf/philosophes/Aristote/topiques.htm
[2]Aristote, *Métaphysique*, trad. de Pascale-Dominique Nau, https://fr.wikisource.org/wiki/La_M%C3%A9taphysique_d%E2%80%99Aristote_(Nau)/Livre_V
[3]*Ibid.*
[4]Saint Thomas d'Aquin, *Commentaire du traité De l'âme d'Aristote*, trad. de Jean-Marie Vernier, Paris, Vrin, 1999, p. 100.
[5]Paul Tannery, *Pour l'histoire de la science hellène*, Paris, Félix Alcan, 1887, pp. 250-251.

Autour du "*point gris*" de Paul Klee

À Claude Frontisi,
Pour m'avoir signalé le problème

"*Dans la plus haute Antiquité, il n'y avait pas de règles; la Suprême Simplicité ne s'était pas encore divisée.*
Dès que la Suprême Simplicité se divise, la règle s'établit.
Sur quoi se fonde la règle? La règle se fonde sur l'Unique Trait de Pinceau.
L'Unique Trait de Pinceau est l'origine de toutes choses, la racine de tous les phénomènes; sa fonction est manifeste pour l'esprit, et cachée en l'homme, mais le vulgaire l'ignore.
C'est par soi-même que l'on doit établir la règle de l'Unique Trait de Pinceau."[1]

0. INTRODUCTION
0.1. Le texte de Paul Klee

"*Le chaos comme antithèse de l'ordre n'est pas proprement le chaos, le chaos véritable; c'est une notion «localisée», relative à la notion d'ordre cosmique et son pendant. Le chaos véritable ne saurait se mettre sur le plateau d'une balance, mais demeure à jamais impondérable et incommensurable. Il correspondrait plutôt au centre de la balance.*
Le symbole de ce "non-concept" est le point, non pas le point réel, mais le point mathématique.
Cet être-néant ou ce néant-être est le concept non-conceptuel de la non-contradiction. Pour l'amener au visible (prenant comme une décision à son sujet, en établissant comme le bilan interne), il faut faire appel au concept gris, au point gris, point fatidique entre ce qui devient et ce qui meurt.
Ce point est gris, parce qu'il n'est ni blanc ni noir ou parce qu'il est blanc autant que noir. Il est gris parce qu'il n'est ni en haut ni en bas ou parce qu'il est en haut tout en étant en bas. Gris parce qu'il n'est ni chaud ni froid. Gris parce que point non-

---

[1] Pierre Ryckmans, "*Les propos sur la peinture de Shi Tao - Traduction et Commentaire*", Arts asiatiques, T. 14, 1966, p. 81.

dimensionnel, point entre les dimensions et à leur intersection, au croisement des chemins.
Établir un point dans le chaos, c'est le reconnaître nécessairement gris en raison de sa concentration principielle et lui conférer le caractère d'un centre originel d'où l'ordre de l'univers va jaillir et rayonner dans toutes les dimensions. Affecter un point d'une vertu centrale, c'est en faire le lieu de la cosmogénèse. À cet avènement correspond l'idée de tout Commencement (conception, soleils, rayonnement, rotation, explosion, feux d'artifice, gerbes), ou mieux: le concept d'œuf (B.D. pp. 3 et 4)."[2]

0.2. Révision critique des interprétations
0.2.a. Cadre critique

Ce texte de Paul Klee a été étudié, à notre sens, de manière erronée, et compris à l'inverse de ce que l'auteur prétendait poser.

Là où il appliquait un concept de l'époque, son texte a été lu comme une idée personnelle.

Là où son texte avait une visée nettement pratique de théorie des couleurs, il a été interprété comme un système symbolique[3], enfermé sur lui-même.

Plus grave encore, là où, comme Kandinsky, Minkowski, Karl Popper, et beaucoup plus tard Roland Barthes (chacun dans son champ spécifique), mais aussi Kelsen en jurisprudence, Klee prétendait ici étudier l'origine de la forme, son texte fut interprété (ce qui est arrivé aussi à Barthes[4]) comme un retour au chaos[5] (ironiquement considéré comme une implosion, vers

---
[2] Paul Klee, "*Note sur le point gris*", *Théorie de l'art moderne*, bibl. Médiations, trad. de Pierre-Henri Gonthier, Paris, coll. Folio essais, Gallimard, 1998, p. 56.
[3] "*Mais ce n'est pas tout, car le peintre aime les symboles qui lui permettent de déplacer les perspectives : "Tout ce qui se passe n'est que symbole. Ce que nous voyons est une proposition, une possibilité, un expédient. La vérité réside d'abord invisible à la base de toutes choses.*" (Claude Stéphane Perrin, "*Le point gris de Paul Klee*", http://www.eris-perrin.net/2015/04/le-point-gris-de-paul-klee.html)
[4] Voir N.-B. Barbe, *Roland Barthes et la théorie esthétique*, 1997, 2001.
[5] "*Chez Paul Klee, le gris intervient à l'intérieur d'une réflexion sur le chaos*", Revue d'esthétique, 1976, p. 209; "*Ses oeuvres sérielles reviennent à des visions imaginaires du grand système chaotique de l'univers dont elles émanent, par la force de l'art, comme des révélations "flashées" ménageant la force de régularité des lois cosmiques et le principe antithétique (complémentaire) de leur dérèglement chaotique. Tout point du tableau est une synergie d'ordre et de désordre en rupture d'équilibre imminent. Or nous retrouvons là encore une référence possible à la philosophie esthétique de Paul Klee à propos du sens qu'il attribuait au chaos en art. Le chaos, dit*

l'intérieur, l'état antérieur, quand, explicitement, Klee nous parle d'explosion, expansive, créative; ceci est tellement évident que l'on en retrouve le même principe [pour nous, on le montrera, double: de recherche de la création d'un vocabulaire élémentaire, dans une voie réductionniste, empruntée également par Kandinsky, dans la droite lignée de Cézanne; et de proposition de re-création du simple vers le composé, mais non plus, comme le néo-classicisme, par l'imitation du monde réel par tromperie visuelle, sinon, comme les avant-gardes, tel le cubisme notamment, également directement en dette avec Cézanne, par association organisative de formes qui créent l'hybridation géométrique, de Picasso et Gris a Franz Marc dans ses illustrations forestales[6], tout comme la proximité des touches ou des points de couleurs primaires chez les impressionnistes et les pointillistes créent l'illusion de couleurs secondaires chez le spectateur] dans le dernier paragraphe du *Manifeste Dada* du 14

Klee, est impondérable et incommensurable, il peut être symbolisé par le point mathématique immatériel complètement étranger à la matérialité du tracé localisé d'un point visible sur une feuille de papier. Il baptise ce point originel, de nature énergétique, "point gris", ce qui désigne le commencement absolu de toute morphogenèse, cosmogénique ou artistique." (Noëlle Batt, *Littérature et théorie du chaos*, Presses Universitaires de Vincennes, 1994, p. 132). "*Un état paradoxal cependant, car l'objet en constitution, en composition, est aussi un objet en déconstitution, en décomposition. Klee condense cet état en ce qu'il nomme «un petit endroit gris», ce «point gris» si important dans sa pensée esthétique, «point fatidique entre ce qui devient et ce qui meurt» (Klee 1985 : 56).*" (Annie Paradis, "À l'écoute de Paul Klee - Les choses sont-elles (aussi) corps de violons?", *Terrain*, 2009, http://terrain.revues.org/13761) Et évidemment Gilles Deleuze et Félix Guattari, *What Is Philosophy?*, Columbia University Press, 2014, p. 233. On citera, cependant, en contrepoint, Jean-Claude Chirollet, *Esthétique du photoroman*, Paris, Édilig, 1983, p. 85, autour de "*la vaste gamme des lumières du noir profond au blanc étincelant*": "*Il y a même une philosophie du gris, comme chez Paul Klee. Pour cet artiste, le point gris, notion abstraite et spirituelle, désigne l'origine de toute chose, le commencement absolu., duquel jaillit la vie, les formes, le mouvement; bref, le gris est la virtualité de toute émergence vitale; il recèle l'infinité des transformations de l'être, il la symbolise.*" Sans doute, cependant, l'union entre les deux conceptions, fidèle à Klee, se trouve-t'elle dans l'idée de l'originalité du gris, qui nous fait sortir du chaos, que l'on peut trouver, vaguement, dans Judith Labarthe-Postel, *Littérature et peinture dans le roman moderne: une rhétorique de la vision*, Paris, L'Harmattan, 2002, p. 159, lorsque, comparant le tableau de Frenhofer dans *Les illusions perdues* de 1837-1843, elle en compare les qualificatifs (entre guillemets) que lui attribue Balzac avec la théorie de Klee autour du point gris("*C'est "une muraille de peinture", un "chaos de couleurs", un "brouillard sans forme", qu'unifie une couleur grise*")

[6]Autre excuse pour rendre hommage à notre Professeur, M. Claude Frontisi, cité en épigraphe, et grand spécialiste de Paul Klee, qui à notre groupe d'étudiants fit un examen visuel de reconnaissance formelle des parties figuratives dans ces abstractions sylvestres de Marc.

juillet 1916 d'Hugo Ball, en ce qui concerne, précisément, la question des dimensions de l'élément simple, minimum, insécable, de l'oeuvre[7]).

0.2.c. Auteurs et citations: la ligne générale d'interprétation du texte de Klee jusqu'à présent

Que ce soit chez Claude Stéphane Perrin:

"Dans ces conditions, le point originel d'émergence contient en lui-même la possibilité de sortir de son chaos initial, même s'il ne saurait être peint ni comme chaos ni comme saut vers l'ordre. Invisible, il affecte pourtant l'inspiration du peintre de deux manières: du simple au complexe, et inversement. Comment?

À partir du simple, le point gris est d'abord un centre d'expansion ou de rétractation vers le néant: "Gris pour lui-même, puisqu'il est le Centre de Tout, contenant virtuellement toute couleur, toute valeur, toute ligne. (...) Seul le gris est agréé, le seul gris central. Conséquence: le monde en gris sur gris? Moins encore: le monde comme gris unique, comme néant. Il nous est évidemment loisible de pousser le dépouillement jusqu'à cette absurdité et d'arriver au degré final de la pauvreté: la perte de la vie. Confusion de la loi avec l'œuvre, du fondement avec la maison, de la condition de vie avec la vie."

À partir du complexe, le point gris est indéterminé et inconnaissable, car il mélange toutes les contradictions visibles et invisibles, abstraites et concrètes du réel (le même et l'autre, le blanc et le noir), notamment dans un processus qui rend le clair obscur, et inversement: "Ce point est gris, parce qu'il n'est ni blanc ni noir ou parce qu'il est blanc tout autant que noir. Il est gris parce qu'il n'est ni en haut ni en bas ou parce qu'il est en haut tout autant qu'en bas. Gris parce qu'il n'est ni chaud ni froid. Gris parce que point non-dimensionnel, point entre les dimensions et à leur intersection, au croisement des

---

[7]Hugo Ball écrit ainsi, http://www.le-dadaisme.com/manifeste.html: *"Je ne veux pas de mots inventés par quelqu'un d'autre. Tous les mots ont été inventés par les autres. Je revendique mes propres bêtises, mon propre rythme et des voyelles et des consonnes qui vont avec, qui y correspondent, qui soient les miens. Si une vibration mesure sept aunes, je veux, bien entendu, des mots qui mesurent sept aunes. Les mots de Monsieur Dupont ne mesurent que deux centimètres et demi. On voit alors parfaitement bien comment se produit le langage articulé. Je laisse galipetter les voyelles, je laisse tout simplement tomber les sons, à peu près comme miaule un chat... Des mots surgissent, des épaules de mots, des jambes, des bras, des mains de mots. AU. OI. U. Il ne faut pas laisser venir trop de mots. Un vers c'est l'occasion de se défaire de toute la saleté. Je voulais laisser tomber le langage lui-même, ce sacré langage, tout souillé, comme les pièces de monnaies usées par des marchands. Je veux le mot là où il s'arrête et là où il commence. Dada, c'est le coeur des mots. Toute chose a son mot, mais le mot est devenu une chose en soi. Pourquoi ne le trouverais-je pas, moi ? Pourquoi l'arbre ne pourrait-il pas s'appeler Plouplouche et Plouploubache quand il a plu ? Le mot, le mot, le mot à l'extérieur de votre sphère, de votre air méphitique, de cette ridicule impuissance, de votre sidérante satisfaction de vous-mêmes. Loin de tout ce radotage répétitif, de votre évidente stupidité."*

chemins. *Établir un point dans le chaos, c'est le reconnaître nécessairement gris en raison de sa concentration principielle et lui conférer le caractère d'un centre originel d'où l'ordre de l'univers va jaillir et rayonner dans toutes les dimensions. Affecter un point d'une vertu centrale, c'est en faire le lieu de la cosmogénèse. À cet avènement correspond l'idée de tout Commencement (conception, soleils, rayonnement, rotation, explosion, feux d'artifice, gerbes) ou mieux: le concept d'œuf.* "[8]

Que chez Nuria Lopez Lupianez[9]:

"Mais, pourquoi cette nécessité du chaos dans l'art, profondément ressenti par Tzara? Il est parce que le chaos n'est pas autre chose qui l'ensemble des forcesnaturelles dont nous avons parlé avant: la noble force spontanée, la noble force destructive ou le hasard, forces cosmiques élémentaires. À ce sujet, nouspensons que l'idée de Tzara est très proche à celle de Paul Klee exprimée dansle fragment suivant (il convient d'ajouter que Klee était un auteur très évalué par le cercle du Cabaret Voltaire, et il est très probable que Tzara connaissequelques documents de lui). Ici, Klee affirme, de son point de vue de créateur,qu'en réalité le véritable chaos ne s'oppose pas à l'ordre mais il se trouve "dans le centre de la balance":
Le chaos comme antithèse de l'ordre n'est pas proprement le chaos, le chaos véritable; c'est une notion "localisée", relative à la notion d'ordre cosmique et son pendant. Le chaos véritable ne saurait se mettre sur le plateau d'unebalance, mais demeure à jamais impondérable et incommensurable. Ilcorrespondrait plutôt au centre de la balance.
Autrement dit, celui qui oppose le chaos à l'ordre, c'est-à-dire, celui qui voit seulement dans le chaos une force destructive terrible, il ne connaît pas la véritable force créative —bien qu'à la fois est nécessairement destructive —duchaos, force qui, en fin de compte, est la source de toute création. Et il n'est pas nécessaire d'aller loin pour chercher cette force créative du chaos. Tzara pense que dans l'intérieur même de l'homme il y a du chaos: l'homme en lui-même, comme il dit, est une infini informe variation constituée de chaos. Et l'oeuvre d'art vrai, pour sa part, naîtra seulement quand le créateur sera capable de faire face à ce chaos intérieur et de lui donner une certaine forme, un certain ordre. Plus précisément, ajoutons, la forme donné au chaos par l'artisten'est encore pas définitive, il est encore susceptible d'une variation infinie: il est, pour le dire ainsi, un ordre virtuel qui prendra sa manière actuelle seulement au moment de son contact avec le spectateur. Il est ce que Tzara disait dans le fragment précédemment cité: "Ce monde [el mundo que crea un cuadro] n'est pas spécifié ni défini dans l'oeuvre, il appartient dans ses innombrables variations au spectateur"."

Chez Yann Moix[10]:

---

[8] http://www.eris-perrin.net/2015/04/le-point-gris-de-paul-klee.html
[9] Nuria Lopez Lupianez. *La Pensée de Tristan Tzara dans la période dadaïste*, Université de Barcelone, février 2002, pp. 209-210, http://ritornelo.com/nf/dada/texts/t_pdf/tzara3.pdf

"*Les proportions s'abîment, de ce que nous pensions être un décor familier, voire familial, et les formes amies se déforment, pratiquement à notre insu. On ne s'aperçoit pas, comme chez Kafka d'ailleurs, du moment, de l'instant à partir duquel tout est trop tard. Nous avons en quelque sorte raté le point d'irréversibilité. Klee a d'ailleurs écrit sur cet instant. Il appelle cet instant, un point, le point gris. Il est normal que pour lui, un instant, en tant que peintre, soit un point – ce qu'il est également, d'ailleurs, pour le mathématicien.*
Qu'est-ce exactement que le «point gris»?
Pour Klee, dont la pensée contient (mais nous en parlerons une autre fois) des intuitions eschatologiques (messianisme et intranquillité sont en réalité infiniment liés), il s'agit d'«établir un point dans le chaos». Il explique tout cela dans un petit livre inouï, un des livres de peintre les plus intelligents et profonds jamais écrits, intitulé Théorie de l'art moderne *– le titre est sinistre, il n'est d'ailleurs pas de lui et il ne faut pas s'y arrêter, il faut passer outre.*"

Ou chez Deleuze[11], dont, par son autorité générale, les réflexions sur le sujet sont les plus connues et les plus fameuses:

"*Paul Klee a toujours eu une affaire très bizarre dans tous ses... dans beaucoup de ses textes ça revient: le thème du point gris, ce qu'il appelle le point gris. Et on sent qu'il a un rapport avec le point gris, c'est son affaire à lui et c'est comme ça qu'il peut expliquer ce que c'est pour lui que peindre. Et ce n'est pas à tel texte, il y a par exemple dans ce qui a été traduit sous le titre "Théorie de l'art moderne" dans les éditions médiations...Il y a un texte de Klee qui s'appelle: note sur le point gris, page 56. Mais jusqu'au bout, il ne lâchera pas son idée du point gris et les aventures du point gris. Il en parle partout. Enfin il en parle souvent. Et voilà ce qu'il nous dit: je lis très vite, là:*
«Le chaos comme antithèse de l'ordre n'est pas proprement le chaos, ce n'est pas le chaos véritable. C'est une notion localisée, relative à la notion d'ordre cosmique. Le chaos véritable ne saurait se mettre sur le plateau d'une balance, mais demeure à jamais impondérable et incommensurable. Il correspondrait plutôt au centre de la balance» en fait il ne correspond pas, «plutôt» il dit. Vous allez voir pourquoi il ne correspond pas. Qu'est ce qu'il nous dit là? il est très philosophe, il dit si vous parlez du chaos vous savez, vous ne pouvez pas vous le donner comme ça parce que si vous vous le donnez, vous ne pouvez pas en sortir. Il dit: "moi je suis prêt à me le donner. Je suis prêt à me le donner parce que je suis peintre". Mais, vous ne pouvez pas du point

---

[10] Yann Moix, "*Le point gris de Paul Klee*", http://laregledujeu.org/moix/2011/02/27/522/le-point-gris-de-paul-klee/
[11] Gilles Deleuze transcription : Lucie Marchadié Cours 14 du 31.03.81 – 3, http://www2.univ-paris8.fr/deleuze/article.php3?id_article=45

de vue de la logique vous donner le chaos comme si c'était l'antithèse de quelque chose parce que le chaos, il prend tout et il risque de tout prendre.
- Vous ne pouvez pas dire le chaos c'est le contraire de l'ordre. Le chaos, il est relatif à rien. Il n'est l'opposé de rien, il n'est relatif à rien, il prend tout. Et il met donc en question déjà dès le début toute pensée logique du chaos. Le chaos n'a pas de contraire, non il n'a pas de contraire. Si vous posez le chaos comment vous pouvez en sortir?
- Là, il va essayer de dire comment il en sort pour son compte d'un chaos qui n'a pas de contraire, d'un chaos qui n'est pas relatif. Il dit le chaos c'est donc un non-concept. C'est intéressant ça pour ma question: "est-ce que les peintres peuvent nous apporter des concepts". Oui, il commence par nous dire, le chaos vous savez si vous prenez au sérieux l'idée du chaos c'est un non-concept. Le symbole de ce non-concept est le point. Ah bon, on se dit «tiens» il faut découvrir le texte avec contentement avec émerveillement. Il ne s'agit pas de discuter ni même de lui demander pourquoi, il faut essayer de se laisser aller à ce texte. «Le symbole de ce non-concept est le point, non pas un point réel mais un point mathématique.» C'est-à-dire un point qui n'a pas dimension, c'est ça qu'il veut dire. «Cet être-néant ou ce néant-être -» Il est très philosophe Klee - «Cet être-néant ou ce néant-être, est le concept non-conceptuel de la non-contradiction.» C'est bien, c'est très gai ça. Il dit du chaos, «Cet être-néant ou ce néant-être est le concept non-conceptuel de la non-contradiction» de la non-contradiction puisqu'il ne s'oppose à rien. Puisqu'il n'est pas relatif, c'est l'absolu. Le chaos, c'est l'absolu. Il dit c'est tout simple. «Pour l'amener au visible», c'est à dire pour en avoir une approximation visible, «prenant comme une décision à son sujet ...il faut faire appel au concept de gris, au point gris, point fatidique entre ce qui devient et ce qui meurt».
- Vous voyez c'est le point gris qui est chargé d'être comme le signe pictural du chaos, du chaos absolu.
«Ce point est gris, parce qu'il n'est ni blanc ni noir ou parce qu'il est blanc tout autant que noir» Vous voyez ce gris dont il s'agit, c'est le gris du noir/ blanc. Là il le dit explicitement. «Il est gris parce qu'il n'est ni en haut ni en bas ou parce qu'il est en haut tout autant qu'en bas. Gris parce qu'il n'est ni chaud ni froid.» En terme de couleurs, vous savez: les couleurs chaudes avec mouvement d'expansion, les couleurs froides avec mouvement de contraction.
«Gris parce qu'il n'est ni chaud ni froid. Gris parce que point non-dimensionnel»
C'est un beau texte, on ne sait pas où il va, mais il y va avec une espèce de rigueur...
«Gris parce que point non-dimensionnel, point entre les dimensions» «entre les dimensions et à leur intersection, au croisement des chemins»
Voilà, voilà le point gris chaos. Il continue et là je vais devoir mêler des textes.
Il continue le texte que je cite même:
«Etablir un point dans le chaos, c'est le reconnaître nécessairement "gris" en raison de sa concentration principielle et lui conférer le caractère d'un centre originel d'où l'ordre de l'univers va jaillir et rayonner dans toutes les dimensions. Affecter un point

d'une vertu centrale, c'est en faire le lieu de la cosmogénèse. A cet avènement correspond l'idée de tout commencement ou, mieux: le concept d'œuf.»
Et bien. Il nous a apporté deux concepts: le concept non-conceptuel du gris et le concept d'œuf. Bon, si vous avez écouté le second paragraphe, je le relis très vite:
«Etablir un point dans le chaos, c'est le reconnaître nécessairement gris en raison de sa concentration principielle et lui conférer le caractère d'un centre originel d'où l'ordre de l'univers va jaillir et rayonner dans toutes les dimensions.»
On en est là, à ce second niveau on est à la genèse des dimensions. Le premier point gris il est "non-dimensionnel".
- Le second paragraphe nous parle de toute évidence d'un second point gris. Quel est ce second point gris? Cette fois-ci contrairement au premier...ou bien, c'est le premier mais le premier comment? Fixé. C'est le premier centré. Si vous comprenez quelque chose vous y voyez l'écho du texte de Cézanne. Les plans tombent. Ah. J'ai fixé le point gris non-dimensionnel. Je l'ai fixé j'en fais le centre. En lui-même il n'était pas du tout centre. Pas du tout. Là je le fixe, j'en fais un centre. De telle manière qu'il devienne matrice des dimensions. Le premier point était unidimensionnel, le second c'est le même que le premier mais fixé, centré.
Dans un autre texte - c'est pour ça que j'ai besoin des autres textes - il a une formule encore plus étrange, très très curieuse. «Le point gris établi» C'est-à-dire, comprenez bien. Le point gris une fois fixé. Une fois pris comme centre. C'est une cosmogénèse de la peinture là qu'il essaie de faire, je crois. «Le point gris établit saute par-dessus lui-même» Vous voyez c'est le même et c'est pas le même. «Le point gris établi saute par-dessus lui-même dans le champ où il crée l'ordre.» Le premier point c'était le point gris chaos, non-dimensionnel. Le second c'est le même, mais le même sous une toute autre forme, un tout autre niveau, un tout autre moment, il y a deux moments du point gris. Cette fois-ci c'est le point gris devenu centre dès lors matrice des dimensions, dans la mesure où il est établit c'est-à-dire entre les deux, il a sauté par-dessus lui-même. Et comme Klee adorait faire des petits dessins de sa cosmogénèse - vous voyez très bien le point gris qui saute par-dessus lui-même. Qu'est-ce que ça veut dire ça? J'ajoute, pris encore à un autre texte, mais elle obsède tellement l'histoire du point gris, ce texte, cet extrait de Klee, là qui me paraît alors pour nous d'un très très riche.
«Si le point gris se dilate» Il s'agit du second point gris comme centre devenu matrice des dimensions. «Si le point gris se dilate et occupe la totalité du visible alors le chaos change de sens et l'œuf se fait mort»
C'est la version Paul Klee de la question qu'on posait tout à l'heure:
- Et si le chaos prend tout? Alors et si le chaos prend tout, bon il faut passer par le chaos mais il faut que quelque chose en sorte. Si rien n'en sort, si le chaos prend tout, si le point gris ne saute pas par-dessus lui-même alors l'œuf est mort. Qu'est-ce que c'est l'œuf? C'est évidemment le tableau. C'est le tableau qui est un œuf. La matrice des dimensions. Alors c'est quoi le [mot inaudible] de Klee? Je dirais pour faire le parallèle avec le texte de Cézanne:
- Premier moment: le point gris chaos. C'est l'absolu. Evidemment c'est avant de peindre. Pas question de le peindre ce point gris chaos. Et pourtant il affecte

fondamentalement. La peinture, l'acte de peindre, il commence quand? Il est à cheval. L'acte de peindre, il a si j'ose dire un pied, une main dans la condition pré picturale... et l'autre main en lui-même. En quel sens? L'acte de peindre c'est l'acte qui prend le point gris pour le "fixer", pour en faire le centre des dimensions. C'est-à-dire, c'est l'acte qui fait que le... qui fait sauter par-dessus lui-même le point gris. Le point gris saute par-dessus lui-même et à ce moment là engendre l'Ordre ou l'œuf. S'il ne saute pas par-dessus lui-même, c'est foutu, l'œuf est mort.
- Donc les deux moments point gris et chaos, point gris matrice entre les deux le point gris à sauté par-dessus lui-même et c'est ça l'acte de peindre. Il fallait passer par le chaos. Parce que c'est dans le chaos qu'est la condition pré picturale.
Alors, est-ce qu'on peut raccrocher - puisque là, Klee le fait explicitement, encore plus directement que Cézanne - avec le problème de la couleur et du gris? Bon, est-ce que c'est le même gris? Est-ce qu'on peut dire, est-ce qu'il suffit de dire, il y aurait même toutes sortes de questions, est-ce qu'on peut dire? Oui peut-être approximativement on peut dire.
- Oui le premier gris le point gris chaos c'est le gris du noir/blanc. Le point gris qui a sauté par-dessus lui-même, c'est pas le même. C'est le même et c'est pas le même. C'est encore le point gris mais cette fois-ci quand il a sauté par-dessus lui-même est-ce que ce ne serait pas cet "autre" gris? Le gris du vert/rouge. Le gris qui organise les dimensions et dès lors du même coup qui organise les couleurs. Qui est la matrice des dimensions et des couleurs. Est-ce qu'on peut le dire? Oui on peut le dire. Oui, sûrement. Est-ce que c'est suffisant de le dire? Non, parce qu'il serait stupide de dire que le gris du noir/blanc...c'est pas aussi déjà tout... tout l'œuf, tout le rythme de la peinture tout... donc c'est manière de dire tout ça... Bon"

Henri Maldiney[12], qui ne laisse pas de considérer le point de Klee comme symbole de "*chaos*", auquel il compare l'"*abîme*" de Cézanne, et "*la nuit du concept*" de Hegel, exprime cependant (sans s'en rendre particulièrement compte) l'erreur commise en cette voie, lorsqu'il affirme, par cette belle formule, qui aurait pu nous servir d'épigraphe:

"*Dans le Rythme, l'Ouvert n'est pas béance mais patence.*"

---

[12]Henri Maldiney, *Regard, parole, espace*, Lausanne, L'Âge d'Homme, 1994, pp. 150-151.

0.3. Une voie d'analyse alternative: la contextualisation historique
0.3.a. En arts

Devançons nos conclusions sur juste un élément, pour prendre bien la mesure de ce que nous exposons, c'est-à-dire la décontextualisation des études sur Klee, au moins en ce point, et par là, permettons-nous, rapidement, de répondre à une question (fondamentale) de Deleuze dans le texte précédent:

> "*Le second paragraphe nous parle de toute évidence d'un second point gris. Quel est ce second point gris?*"

En premier lieu, il n'y a pas deux points, mais un seul; en second lieu, un simple effort d'un peu de méthodologie et de contextualisation[13], on se serait bien rendu compte que le point qui n'en est pas un de Klee est le même que celui de Kandinsky ou de Signac, à savoir que "*Le point est dans la pratique une petite tache de couleur déposée par l'artiste sur la toile. Le point qu'utilise le peintre donc n'est pas un point géométrique, il n'est pas une abstraction mathématique* (on rapprochera cela de l'inversion, qui confirme l'autre [plus générale, sur le sens du point gris comme chaos], de Moix, lorsqu'il dit: "*Il est normal que pour lui, un instant, en tant que peintre, soit un point – ce qu'il est également, d'ailleurs, pour le mathématicien.*"), *il possède une certaine extension, une forme et une couleur.*"[14]

C'est un point avec texture (la "*touche virgule*" [autre représentation-métaphore par correspondance formelle, sans

---

[13] Misère de nos sciences, pour paraphraser Marx, car, comme lui (*Misère de la Philosophie*, II.1. "*La méthode*"), nous pourrions dire, bien que cela sonnera curieux à plus d'un lecteur, s'agissant d'art, mais en précisant tout de suite que notre position n'est pas matérialiste, ni formaliste, mais, simplement, panofskienne: "*Nous allons avoir à parler métaphysique, tout en parlant* (de production symbolique). *Et en ceci encore, nous ne faisons que suivre les "contradictions" de*" prédécesseurs.
[14] http://fr.wikipedia.org/wiki/Vassily_Kandinsky#Point_Ligne_Plan

lien pragmatique[15] avec le signe lingüistique], qui finalement débouchera en la touche divisée). Nous y reviendrons largement.

Ainsi, dans un premier mouvement, pour mieux comprendre le sens de l'affirmation génétique de Klee, on pourra se reporter aux deux premières définitions des *Éléments* d'Euclide, qui la divise, en la préfigurant.

Euclide, en écrivant qu'"*Un point est ce dont la partie est nulle*", puis qu'"*Une ligne est une longueur sans largeur*", exprime deux idées fondamentales, à savoir que le "*point n'a ni largeur, ni longueur, ni hauteur. Sa dimension est donc zéro. Il forme un tout; il est indivisible. C'est donc qu'un point est un élément premier, un constituant primitif*", et que la "*ligne n'a qu'une seule dimension: la longueur. Elle ne possède donc ni largeur, ni hauteur. Cette définition constitue en conséquence une suite logique au « point » puisqu'elle rajoute une dimension.*"[16]

Nous verrons l'importance que cette simple mise en contexte de la géométrie traditionnelle aura d'importance pour comprendre le projet de Klee, notamment dans sa relation avec les écrits de Kandinsky et leur travail respectif, mais parallèle, au Bauhaus.

On verra, par là même, comment, un autre problème que se pose Deleuze ("*Et bien. Il nous a apporté deux concepts: le concept non-conceptuel du gris et le concept d'œuf. Bon, si vous avez écouté le second paragraphe, je le relis très vite*"), l'ambivalence formelle référée par Klee au point comme objet expansif (on vient de le voir, s'agissant de la touche impressionniste et néo-impressionniste, dont il utilisera le principe, sous forme de ce que nous nommerons "tesselles")

---

[15] http://fr.wikipedia.org/wiki/Pragmatique_(linguistique)
[16] Commentaires repris ici du site http://www.trigofacile.com/maths/euclide/livre1/definitions/1-def1.htm et http://www.trigofacile.com/maths/euclide/livre1/definitions/1-def2.htm

révèle (comme, encore une fois, l'exprime bien Maldiney, sans pourtant s'en rendre compte), en réalité, plus qu'une inconnue logique, un propos visuel clair (le point n'est pas le néant exact du "*point géométrique... chose invisible*"[17], mais la texturisation du point diviseur [élément qui implique une suffisante superficie pour la pureté et le lustre de la couleur] de Signac, on le verra aussi): c'est la sphère du "*Dégoût dadaïste*" de la dernière partie du *Manifeste Dada* (23 mars 1918) de Tzara ("*saut élégant et sans préjudice d'une harmonie à l'autre sphère; trajectoire d'une parole jetée comme un disque sonore cri*")[18], ce sont les points noirs devenus boutons s'appliquant au visage rond (sphérique) du personnage gris derrière les dents maritimes de la marée sur le rivage dans *Le Gris et la côte* (1938) de Klee, c'est le point-touche-virgule des impressionistes, texturisé en touche divisée par les néo-impressionnistes, par le point de Kandinsky, ou par les rayons des rayonnistes (rayons qui se développeront très clairement, dans la seconde moitié du XXème siècle, dans l'informalisme tachiste, par exemple d'un Hans Hartung[19]).

C'est encore ce même phénomène d'amplification du point comme élément visuel, texturé, que se pose Pissarro (" *"c'est fini le pointillé", "le point final", écrira-t-il bientôt*"[20]), peu avant sa défection totale, face à l'exposition de *La Grande-Jatte* en 1886:

"*Je pense beaucoup au moyen de rendre sans point. J'espère y arriver, mais je n'ai pu encore résoudre la question du ton pur divisé sans dureté... Que faire pour avoir les qualités de pureté, de simplicité du point, et le gras, la souplesse, la liberté, la spontanéité, la fraîcheur de sensation de notre art impressionniste? Voilà la question;*

---

[17] Wassily Kandinsky, *Point and line to plane : contribution to the analysis of the pictorial elements*, New York, Solomon R. Guggenheim Foundation, 1947, p. 25.
[18] http://archives-dada.tumblr.com/post/41521172634/tristan-tzara-manifeste-dada-23-mars-1918
[19] Alors qu'un Serge Poliakoff s'orientera (comme, aussi, un Nicolas de Staël) vers une reprise de Matisse, et un Georges Mathieu ou un Jean-Paul Riopelle vers un néo-expressionisme abstrait. Et un Pierre Soulages reproduira, tout aussi clairement, les fonds puissants, monochromes, carrés, noirs ou bleus, du suprématisme malevitchien. Ces suites nous orientent et nous confirment ainsi encore dans notre interprétation générale.
[20] Éric Alliez, *L'oeil-cerveau: nouvelles histoires de la peinture moderne*, Paris, J. Vrin, 2007, p. 229.

cela me préoccupe beaucoup, car le point est maigre sans consistance, diaphane, plus monotone que simple, même les Seurat, surtout les Seurat..."[21]

Et, pour le fond (et la couleur grise), mais toujours du point de vue de l'amplification visuelle et sensorielle (et dans un débat qui, on le verra, nous introduit à celui de Chevreul, de la relation entre le gris comme fond[22] et les couleurs), Van Gogh, dans sa lettre parisienne d'août-octobre 1886 à Horace M. Livens:

"*J'ai peint une série d'études de couleurs, simplement des fleurs, coquelicots rouges, bleuets, myosotis; des roses blanches et roses, des chrysanthèmes jaunes, cherchant les tons rompus et neutres pour harmoniser la brutalité des extrêmes, essayant de rendre des couleurs intenses et non une harmonie de gris.*"[23]

0.3.b. Dans l'univers intellectuel et scientifique

Il ne fait pas de doute, pour nous, que l'intérêt de Klee pour le point a, non seulement, à voir avec l'influence du contexte littéraire, mais, en outre, que celui-ci s'intègre aux ou reproduit les questions de l'époque en les vulgarisant (on sait que les idées descendent du haut vers le bas, de l'ésotérisme vers l'éxotérisme, des classes cultivées vers les classes populaires, comme la langue s'élève du bas vers le haut, les mots populaires d'une époque devenant celles du langage cultivé de la suivante, pour exemple le verbe "*gérer*" [reprise de la forme anglaise "*to manage to*"], terme de l'activité des ventes, popularisé dans le peuple dans les années 1980 [pour les *yuppies*], qui, aujourd'hui,

---

[21] *Ibid.*, pp. 228-229.
[22] Claude Frontisi, "*Paul Klee mythographe*", *Art et Mythe*, Presses universitaires de Paris Ouest, 2011, pp. 13-29, http://books.openedition.org/pupo/1987: "*Complétant ce qui précède, la réflexion sur le «point gris» réunit également les dimensions théorique et téléologique. De façon immédiate, la formulation associe deux éléments, l'un formel l'autre coloré, relevant d'une expérience élémentaire de la peinture. Selon une réflexion plus élaborée, les lois du chromatisme (déduites du «canon de la totalité» aussi bien que du cercle de Chevreul) imposent le gris comme élément central, ponctuel, à mi-chemin entre couleurs ou teintes complémentaires et entre blanc et noir.*"
[23] Victoria Charles, *Vincent van Gogh*, New York, Parkstone International, 2012, p. 67.

se retrouve, malheureusement, dans beaucoup de publications scientifiques de jeunes [et moins jeunes] chercheurs).

Ainsi, la sphérisation (pour ainsi dire) du problème visuel pour Klee a plusieurs sens, complémentaires:

1. Il faut bien, pour tracer une droite ou, en général, n'importe quelle forme géométrique sur le papier, commencer par y poser le crayon, ce qui implique d'y faire, en premier, un point, qui devient ainsi, par logique de fait le premier objet, avant tout autre, ce que considérera également, selon la même logique, Kandinsky dans son ouvrage *Point Ligne Plan* (1921-1926[24], le titre est en fait *Du Point et de la Ligne au Plan* [*Punkt und Linie zu Fläche: Beitrag zur Analyse der malerischen Elemente*][25], mais la traduction française n'a pas repris ce sens);

2. L'intérêt, parallèle au cube (Malevitch, Adolf Loos, ou Theo van Doesburg - les trois dans les mêmes années -), pour le cercle (la sphère [Malevitch lui-même réalisera un *Cercle noir* sur fond blanc[26], la même année 1915 du *Carré noir sur fond blanc*; ce qui s'intègre chez lui à la représentation duelle[27] des *Arkhitektons*, cubiques, et des

---

[24]"*It was not until 1908, back in Germany, where he was living with Gabriele Münter in Murnau, that his real artistic career began. Although his favourite themes – landscapes, popular culture – remained the same, he treated them in an increasingly abstract manner with a growing autonomy of colours. In 1914, when war broke out, he left Munich to take refuge in Switzerland, then went to Moscow where he remained until 1921. There, he began to write a text, conceived as the companion piece to Concerning the Spiritual in Art, "On Materialism in Art", which would not be published until 1926 as Point and line to plane. During this period, he painted little, favouring, for material reasons, drawing and works on paper. Then, as the new regime established itself, he devoted his attention to the creation of the country's new artistic structures, such as the IZO, the state body responsible for fine arts.*" (http://mediation.centrepompidou.fr/education/ressources/ENS-kandinsky-mono-EN/ENS-kandinsky-monographie-EN.html)

[25]http://de.wikipedia.org/wiki/Wassily_Kandinsky#Schriften

[26]http://en.wikipedia.org/wiki/File:Black_circle.jpg

[27]On retrouve cette ambivalence dans les compositions contemporaines de Gustav Klucis, telles *Dynamic City* de 1919 et *Construction* de 1921 (http://www.kosmograd.com/newsfeed/images/redmars/klutsis_dynamic_city.gif, http://en.wikipedia.org/wiki/File:Gustavs_Klucis_-_Construction_-_Google_Art_Project.jpg), dont les modèles reprennent la morphologie des cités idéales d'Imola de Léonard de Vinci ou de Sforzinda de Philarète. Et encore dans *Kosmos* (1925) d'Il'ia Chashnik

Planites[28], rondes, des années 1920, et, auparavant, à l'oeuvre *Suprématisme: Sensation de l'Électron* de 1916]) est propre de l'époque contemporaine (on le retrouve chez Nerval et Verlaine), dès *Projet d'un cénotaphe pour Newton* (1784) d'Étienne-Louis Boullée; on le retrouve, en demi-sphère, dans le plan de la saline royale d'Arc-et-Senans (1775) de Claude-Nicolas Ledoux et, en cercle ou demi-cercle, dans le concept de la Cité-jardin (1902) d'Ebenezer Howard;

3. La science atomique fit de grands progrès au début à la fin du XIXème siècle, quand le tube cathodique permet à Joseph John Thomson de découvrir l'électron[29], et qu'au début XXème siècle, Gilbert N. Lewis commença à dessiner des points dans ses cours pour *undergraduate* de Harvard afin de représenter les électrons autour des atomes[30]; or le *Canon de la totalité de la couleur* de Klee reprend bien une formulation visuelle similaire du "*cubical atom*" de Lewis, selon ses dessins de 1902[31], et tel qu'il en présente la théorie en avril 1916 dans l'article "*The Atom and the Molecule*" de *The Journal of the American Chemical Society*[32].

(http://thecharnelhouse.org/2012/11/22/the-arkhitektons-and-planets-of-kazimir-malevich-and-his-students-nikolai-suetin-and-iakov-chashnik-mid-1920s-with-commentary-by-aleksei-gan/ilia-chashnik-kosmos-19251-3/). Mélange de formes carrées et circulaires (volatiles, comme dans *Supremus No.55*, http://www.huffingtonpost.co.uk/victoria-sadler/malevich-exhibition_b_5621673.html) qui amène, à la fin des années 1920, Malevitch à fournir des figures humaines (revenant ainsi, ironiquement, à la formule cézannienne du cubisme) faites de carrés et rectangles pour le corps, et de cercles et ovales pour la tête (*Femme avec rateau*, 1930-1932, http://www.huffingtonpost.co.uk/victoria-sadler/malevich-exhibition_b_5621673.html; voir aussi *La femme de Malevitch*, http://imgbuddy.com/kazimir-malevich-paintings.asp)

[28] Néologisme de Malevitch, qui désigne une combinaison entre planète et satellite, lesquels s'insèrent, comme électrons libres, dans des compositions de rectangles, http://www.postgravityart.org/50/index_50.html.

[29] http://lewebpedagogique.com/blog/decouverte-de-l-electron/

[30] http://fr.wikipedia.org/wiki/Historique_du_concept_de_mol%C3%A9cule#XXe.C2.A0si.C3.A8cle

[31] http://en.wikipedia.org/wiki/File:Lewis-cubic-notes.jpg

[32] Reproduit sur le site: http://scarc.library.oregonstate.edu/coll/pauling/bond/papers/corr216.3-lewispub-19160400.html

PREMIÈRE PARTIE [LOGIQUE, CRÉATION D'UN *CORPUS* RÉFÉRENTIEL SUR LE THÈME]: GÉOMÉTRIE ET COULEUR

I. Géométrie
I.1. Le point dans la tradition
I.1.a. Le point comme centre théologique

Il n'y a pas de problème pour reconnaître le symbolisme du point comme centre (lié, inévitablement, au cercle[33]), c'est-à-dire comme image de Dieu en tant que créateur premier, origine, dans la tradition[34], que reprendront aussi bien la tradition

---

[33]"*L'une des figures les plus simples qui soit, c'est le cercle. Celui-ci peut se décomposer en deux éléments: le centre et la circonférence. Le centre peut être conçu tout seul, mais la circonférence ne peut pas exister sans le centre. On en déduit donc déjà la prédominance du centre sur la circonférence.*
Le centre représente donc le Principe, le point de départ et le point d'arrivée, le lieu d'où provient toute chose, et le lieu où toute créature aspire à retourner. C'est le territoire de la stabilité, de l'immuabilité, de la non-dualité, de l'éternité. Alors que la circonférence au contraire est le terrain du changement, du mouvement, du bruit, de la transformation. On peut aussi dire que le centre représente le point de départ des émanations, tandis que la circonférence représente la manifestation.
Le symbole du cercle avec son centre se retrouve dans toutes les Traditions:
Dans l'Astrologie ce symbole représente le Soleil, et dans l'Alchimie il représente l'or. Mais le Soleil et l'Or sont eux-mêmes des symboles d'une réalité supérieure, d'un principe universel, celui de l'éternité, de la source infinie de lumière. Voilà pourquoi il serait inexact de dire que ce symbole représente le Soleil (théorie des naturalistes), ce symbole représente le centre suprême."
(http://svetlina.over-blog.com/article-4921059.html)
[34]"*Le Centre, en tant que Point, est effectivement un symbole de l'Unité. En cela, il est le principe de l'étendue, qui n'existe que par son rayonnement: géométriquement, c'est par le biais de points que sont créés droites et plans dans l'Espace. Ces points, sans dimension intrinsèque, invisibles donc, forment pourtant l'espace et tout ce qu'il contient.*
Étant matériel, le Centre est donc l'Un manifesté, ou pour parler le langage théologique, Dieu se faisant "Centre du Monde" par son Verbe.
Le centre n'est surtout pas à concevoir, dans sa représentation symbolique, comme une position simplement statique. Il est en effet analogue au point qui correspond au milieu d'une roue d'une automobile: ce Centre de la Roue est immobile, et pourtant, il est le moteur qui donne mouvement à la roue. Cette immuabilité est aussi le symbole de Dieu."
(http://www.lesconfins.com/centre_du_monde.pdf)
Et encore: " *Parmi les nombreux symboles identiques apparaissant dans des traditions ou des civilisations données, éloignées dans l'espace (géographique) ou dans le temps (historique), le symbole de la roue mérite une attention particulière. Non seulement parce qu'il se retrouve dans toutes les cultures portées à notre connaissance, mais aussi pour les possibilités innombrables qu'il nous offre, la diversité des champs qu'il englobe, et le pouvoir de concentration qu'il exerce sur l'étude et l'organisation indispensables à toute investigation sérieuse.*
En outre, les relations en tout genre auxquelles se prête ce symbole semblent indéfinies tous comme ses connexions avec d'autres pantacles tout aussi traditionnels. En effet, le symbole de la roue étant l'expression du mouvement et de la multiplicité, l'est aussi de l'immobilité primordiale et de la synthèse. C'est également l'expression symbolique de l'expansion et de la concentration;

maçonnique[35] que Pascal[36], celui-ci d'après l'écrit pseudo-hermétique du XIIème siècle intitulé *Livre des XXIV Philosophes*,

---

de l'énergie centrifuge, qui va du centre vers la périphérie, et de l'énergie centripète qui retourne à son centre, son axe ou sa source... Pour reprendre une fois de plus son expansion, selon une loi universelle à laquelle obéissent les marées des océans (flux et reflux) et de la terre (condensation et dilatation). Tout comme la diastole et la systole, l'inspiration et l'expiration de l'homme et de l'univers, c'est-à-dire le microcosmique aussi bien que le macrocosmique.

Ce symbole est également la manifestation de ce qui, étant tout juste virtuel (le point) génère un espace ou un plan (qui délimite la circonférence). Par conséquent, il est évidemment lié à l'espace et au temps, et se rattache ou s'associe à toute notion de cosmogonie et de création. En ce sens, le mouvement superficiel ou externe de la roue se rapporterait à la manifestation, tandis que la virtualité, l'immobilité du point central, moyeu ou axe, serait connectée avec le non-manifesté.3 Les modes spécifiques du symbole de la roue surgissent avec l'irradiation, ou par «l'actualisation» des «potentiels» du point central, qui devient présent dans le temps, créant un champ spatial. L'on a vu qu'un point génère un plan, c'est-à-dire un espace. Ce point central est un axe du tridimensionnel. Le symbole de la roue est donc étroitement lié à tout symbole axial et vertical. Et donc à toutes les projections de la verticalité, c'est-à-dire la création de plans ou d'espaces horizontaux s'articulant sur l'axe qu'ils reflètent, l'un de ceux-ci étant le périmètre limité de notre monde, notre cycle, ou tout autre champ défini selon les coordonnées spatio-temporelles." (http://symbolos-fg.com/roue2.htm)

[35]"*Hérité de pratiques animistes, plus particulièrement des religions anciennes et des cultes du phallus, ce symbole que l'on trouve sur les tableaux de Loge du premier degré du Rite Emulation nous vient probablement de la plus haute antiquité. Le point dans un Cercle est un symbole de grande importance pour le franc-maçon dans la mesure où, nous précise le rituel, "il est un lieu dans toutes les Loges Régulières depuis lequel nul maçon ne saurait se perdre...". Il représente le lien entre nos rituels actuels et l'ancien symbolisme de l'Univers et de l'Orbe solaire. Tout les Apprentis d' «Emulation» qui ont étudié leur rituel sont assez familiarisés avec le sens qui est habituellement attribué à cette représentation. On nous dit que le point représente l'individu humain et que le cercle désigne les limites de ses devoirs envers Dieu et les autres Hommes. Les deux lignes parallèles perpendiculaires qui représentent Moïse et Salamon, c'est à dire le dispensateur de la Loi et le bâtisseur de son Temple. Une tradition plus "modern" adoptée par certaines Loges (particulièrement les Loges US) et préférée des praticiens du REAA ou du RER, plus neo testamentaires, laisse à penser qu'il s'agit des deux Saint Jean pour ce qu'ils configurent, pour les uns, les solstices et pour les autres les deux piliers de la chrétienté...*

Il est bien évident que ce symbole particulier est à placer auprès de celui du compas dont on a déjà parlé ici. Image du Monde, de la Création dans son ensemble tout aussi bien que celle du Dieu qui Crée... l'Unité qui fait complétude par le fait même qu'elle contient le Créateur et sa Création. Mais, de l'outil qui permet d'en délimiter les formes, à la représentation elle-même qui peut exister à main levée, combien d'images peuvent surprendre et dire le Monde.

Comme beaucoup de symboles maçonniques, celui-ci se présente comme une résurgence de pratiques et de traditions des plus primitives en relation avec la vénération du Soleil et de la Lune. Rappelant les signes les plus anciens relatifs aux cultes de la Déesse Mère transmis à l'occident chrétien à la suite des pratique moyen-orientales du Sabaïsme qui consistait en l'adoration des étoiles, ou, comme il est dit dans les écritures... «seba schamaïm, omnes militias coeli». On sait, que c'est par ces termes que les hébreux désignaient les astres et les étoiles et que c'est de là que provient le nom de sabéen. L'union du Phallus et de la Cteis, ou le Lingam et le Yoni dans une même combinaison se présente comme un objet d'adoration particulière dont le point à l'intérieur d'un cercle se présentait depuis longtemps comme la plus habituelle représentation. Aussi bien, les étoiles et leur énergie projetée sur Terre étaient l'image la plus courante de la Création du Monde par la dévotion qu'elle suscitait quant à la divinisation des pouvoirs prolifiques de la Nature. On sait que les plus anciennes divinités sont celles qui représentent la Grande Déesse dont les hommes sont les enfants générés par un Dieu disparu." (http://truthlurker.over-blog.com/article-7015951.html)

dont la II proposition dit: "*Le centre est partout*"[37]. C'est la centralité du Christ sur la Croix, "*au point de jonction des deux droites*"[38].

Plus généralement, sur le point dans le cercle et son interprétation maçonnique depuis la 47ème proposition d'Euclide, voir aussi http://www.freemasons-freemasonry.com/point_within_circle.html et http://www.freemasons-freemasonry.com/euclid_proposition.html, ou encore http://freemasonry.bcy.ca/aqc/1901/euclid.html, etc.

"*Parmi les symboles qu'elle soumet à la méditation de ses néophytes, la Maçonnerie anglo-saxonne attache une importance particulière au point marqué au centre d'un cercle. Deux tangentes verticales complètent la figure, à laquelle s'ajoute parfois l'inévitable Bible, que nous envisageons comme superfétatoire.*

Aucune explication n'accompagnait primitivement ce tracé traditionnel, que les Freemason's Monitors modernes ont cru devoir commenter discrètement. Nous apprenons ainsi que les deux perpendiculaires latérales figurent les deux patrons chrétiens de la Maçonnerie: saint Jean-Baptiste et saint Jean l'Evangéliste, auxquels s'associent les Saintes Ecritures. «En parcourant le cercle, nous est-il expliqué, nous touchons nécessairement aux deux lignes et au Livre Sacré (posé sur le bord supérieur du cercle); aussi, tant qu'un Maçon se maintient dans les limites de l'enseignement sacré, il est impossible qu'il se trompe matériellement.»" (http://hautsgrades.over-blog.com/article-le-point-au-centre-du-cercle-105252089.html)

[36]""Dieu est une sphère dont le centre est partout et la circonférence nulle part." Pascal" (http://www.lesconfins.com/centre_du_monde.pdf)"

[37]Jean Borella, *La crise du symbolisme religieux*, Lausanne, L'Âge d'Homme, 1990, p. 83 et note 72 même page.

[38]Marc Girard, *Les symboles dans la Bible: essai de théologie biblique enracinée dans l'expérience humaine universelle*, Paris, Bellarmin, 1991, p. 641 note 397.

Voir aussi: "*1. La croix métaphysique, image de la genèse*

Dans de nombreuses civilisations anciennes, le point de départ de la création ou de l'émanation est le point, le germe fécond, la graine dans laquelle tout est contenu de manière dense et concentrée.

A un moment donné, ce point se met à vibrer, à bouger, et il va dessiner deux axes: un axe vertical représentant l'Esprit (qui relie le Ciel à la Terre) et un axe horizontal (La Substance primordiale qui se déploie).

Par exemple, en Inde: Purusha et Prakriti

Purusha: le Ciel, l'esprit, la Pensée divine

Prakriti: la surface des Eaux ou la Substance primordiale.

Ce sont des éléments pré-cosmiques, c'est pourquoi on emploie les termes de Pensée et de Substance qui sont plus abstraits et métaphysiques que Esprit et Matière qui vont venir plus tard.

Ces deux axes vont à un moment se rencontrer et de leur croisement, va naître la Croix cosmique, la croix du monde. Nous sommes passés du 1, au 2, puis au Quatre. Le Cosmos est constitué. C'est la décade pythagoricienne, toutes les figures géométriques et volumes vont pouvoir se déployer à partir de cette croix initiale.

Dans le monde manifesté, le cosmos, les deux bras de la croix représentent l'Esprit (axe vertical) et la Matière (axe horizontal).

Ceci explique les nombreuses croyances relatives à la croix où les Anciens situaient l'origine de la vie, le séjour des dieux et des morts, l'évolution cyclique ... Toutes ces notions s'articulent autour des deux axes, croisés en forme de croix Nord-sud et Est-Ouest, qui constituent avec l'axe Zénith-Nadir, la sphère totale de l'espace cosmique et, symboliquement, de la destinée humaine.

La croix nous renvoie donc aux origines du monde, à l'organisation du chaos dans un espace orienté, structuré....

Pour René Guénon, l'axe vertical relie entre eux une hiérarchie de degrés ou d'états de l'être; l'axe horizontal représente l'épanouissement de l'être à un degré déterminé.

Ironiquement sans doute, c'est la crise du principe universel centralisé qui provoquera la multidimensionnalité du point[39] comme objet non plus divin, mais comme phénomène laïcisé, qui permettra à l'avant-garde de le travailler.

Le mouvement va faire tourner les branches de la croix, ce qui va donner la croix-roue ou la croix dans le cercle (roue solaire) et aussi le Svastika, qui symbolise les deux grands mouvements de l'univers.....
Toujours par rapport à la création de l'univers, nous avons deux exemples:
- L'univers vu comme un tissage: avec le croisement des fils de chaîne et de trame. Fils verticaux fixes et la navette qui est le chemin horizontal...... De nombreux tissus précolombiens avec des motifs cruciformes.....
- Croix ansée ou ankh égyptienne: symbole de la vie éternelle, des millions d'années, de l'immortalité. Portée par les dieux ou les pharaons. C'est un Tau sur lequel repose une sphère représentant le soleil. Le soleil au-dessus de l'horizon. Amulette signe de vie éternelle.
2. La croix spatio-temporelle
Une fois l'univers créé, la croix fait référence à l'espace et au temps manifestés. Découpés en 4, 5 ou 6 directions selon les civilisations. La croix permet de s'orienter dans l'espace, entre le haut et le bas, la droite et la gauche. Elle réunit bien des couples de complémentaires.
- Dans un plan horizontal: la croix donne les quatre orientations des points cardinaux: Nord/ Sud et Est/Ouest, et les 4 saisons: Hiver/Eté et Printemps/Automne
- Dans un plan vertical: les 4 Orientations cardinales sont dans le plan horizontal et le plan vertical relie le Zénith et le Nadir, ce qui donne 6 directions de l'espace en volume.
Zénith et Nadir sont deux directions moins connues, mais essentielles.
Zénith: vient d'un mot arabe signifiant chemin droit: point où la verticale, qui s'élève du lieu de l'observateur, perce la sphère céleste.
Nadir: vient aussi d'un mot arabe qui veut dire opposé: point qui se situe au terme d'une ligne verticale qui part des pieds de l'observateur, passe par le centre de la terre, se prolongeant à l'infini.
Le zénith marque le point supérieur d'une roue, dont la terre serait le moyeu, la nadir le point inférieur. On peut imaginer comme moyeu tout autre centre: une société, une personne humaine, la psyché ... C'est cet axe vertical qui permet de centrer la sphère céleste et d'avoir des repères essentiels, notamment pour l'orientation des habitats.
Zénith-nadir: circuit évolutif-involutif de toute existence. Zénith indique le sommet de l'hémicycle évolutif, et donc le commencement du déclin, le point de départ de l'hémicycle involutif. Le nadir le point le plus bas du processus involutif et le début du processus évolutif.
Zénith: percée de la calotte céleste en hauteur, indique le passage de la vie dans le temps à la vie dans l'éternité, le passage du fini à l'infini. Au contraire, le nadir marque l'immersion la plus profonde dans la matière la plus dense." (http://www.sagesse-marseille.com/lhomme-sage/symbolisme/le-symbolisme-de-la-croix.html)
[39]*"L'espace n'est donc pas, à proprement parler, constitué de points, mais d'un seul point potentiellement omniprésent, terme inaccessible de toute divisibilité. L'espace apparaît ainsi comme le «mouvement» même par lequel ce terme est visé, la tension par laquelle la divisibilité s'efforce d'approcher du point. Mais le Mais le terme est aussi, et nécessairement, le principe. Le mouvement de divisibilité ne ne vise pas seulement le point comme son terme, il part aussi du point comme de son origine; la tension est également une ex-tension."* (Ibid., pp. 85-86) Et, auparavant: *"Et sans doute est-il possible de voir une preuve symbolique de la disparition du centre, et donc aussi de la sphéricité qualitative du monde, dans le fait que «tandis que la physique médiévale et antique opposait le mouvement circulaire, naturel, au mouvement en ligne droite, violent, la physique classique invertit le rapport: pour elle, c'est le mouvement rectiligne qui est devenu naturel; et c'est le mouvement circulaire circulaire qui, désormais, fait figure de violent».*

I.1.b. Le point: des mathématiques à la théologie, une rapide dérive

En outre, dans un sens mathématique, à l'origine du symbolisme traditionnel, comme de la pensée d'avant-garde, pour Philolaos de Crotone: "*Le 1 est le point, le 2 la ligne, le 3 le triangle [le plan], le 4 la pyramide [le volume].*"[40], repris par pseudo-Jamblique, dans ses *Théologoumènes arithmétiques*: "*1 est le point, 2 la ligne, 3 le triangle, 4 la pyramide [tétraèdre]*"[41].

De fait, Aristote, dans sa *Métaphysique* (Delta, 6, 1016 b) expose, dans le même sens: "*Ce qui est absolument indivisible, mais avec position, est un point; ce qui est divisible selon une dimension est une ligne; ce qui est divisible selon deux dimensions est une surface; ce qui est absolument divisible en quantité et selon trois dimensions est un corps [un volume].*"[42]

Or, c'est chez Platon, déjà, que ce sens, purement mathématique, du point en prendra un autre, moral, similaire à celui que lui attribuera Paul Klee, et qui permettra, entre-temps, son introduction dans le champ théologique, par l'identité morale. Pour Platon, selon Aristote dans *De l'Âme*, I, 2: "*l'intellect est l'un [le point, aussi], la science est le deux car elle s'avance*

On comprendra peut-être moins bien que nous déclarions que la limite d'un tel univers est partout. Et cependant cela n'est pas moins évident, puisqu'il ne s'agit là que d'une conséquence rigoureuse de la spatialisation de la réalité corporelle. Le fini, indéfiniment répété, n'en demeure pas moins du fini; et même, si nous allons jusqu'au bout de cette évidence, une telle répétition ne fait jamais qu'accroître indéfiniment cette finitude, c'est-à-dire que la porter à son maximum. La vérité de l'infinitisation de l'espace c'est donc seulement la vérité de l'universelle limitation d'un tel cosmos. Tant que le monde est autre chose que de l'espace (et par exemple tant que, même chez Aristote, il est peuplé d'âmes et de formes intelligibles) sa finitude spatiale, sa clôture spatiale si l'on veut, n'a que peu d'importance: ce monde est intérieurement ouvert à l'infini. Mais lorsque la substance même du monde est réduite à de l'espace, alors il est définitivement enfermé en lui-même; plus encore il est identifié à la limitation même. Car enfin, qu'est-ce que l'espace géométrique ainsi réifié, qu'est-ce que cette extension dont nous parle Descartes? (*Ibid.*, pp. 84-85)

[40] Philolaos de Crotone, fragment A 13 = Pseudo-Jamblique, *Théologoumènes arithmétiques* (IVe s.): *Les présocratiques*, Paris, Gallimard, coll. "*Pléiade*", 1988, p. 494.
[41] http://fr.wikipedia.org/wiki/Symbolisme_des_figures_g%C3%A9om%C3%A9triques#cite_ref-3
[42] *Ibid.*

d'une direction unique vers un seul point [la ligne], le nombre de la surface est l'opinion, et celui du volume est la sensation"[43].

I.2. Le point gris
I.2.a. Le point gris en littérature

Il n'est donc, sans doute, pas sans effet que le "*point gris*" apparaisse comme tel, en hommage à Descartes, et pour le décrire, dans la huitième strophe du poème "*Pour le troisième centenaire de la naissance de Descartes*" (1897) de Sully Prudhomme[44] :

"*C'est un roc peu visible, à peine s'il émerge.*
Il est rebelle au soc, ignoré des oiseaux;
De toute approche encore il est demeuré vierge,
Point gris sur le désert tumultueux des eaux;"

On se souvient, en effet, que le problème de la centralité s'opère au temps de Descartes et de Pascal, dans les débats ouverts par ceux-ci, notamment par Descartes[45].

Quant à Francis Jammes, c'est dans le court poème, contemporain du précédent, "*Je regardais le ciel...*" (1898)[46] que s'opposent, non plus ici mathématiquement, mais, de nouveau, religieusement, le noir et le gris, autour du point:

"*Je regardais le ciel et je ne voyais*
que le ciel gris,
et un oiseau qui volait haut. Je n'entendais
pas un seul cri.

---

[43] *Ibid.* Repris d'Aristote, *De l'Âme*, traduction de Jules Tricot, Paris, J. Vrin, 1934, 2003, pp. 19-20: "*Platon s'exprime encore autrement: l'intelligence est l'Un, et la science, le deux, car elle s'avance, d'une direction unique vers un seul point ; le nombre de la surface est l'opinion, et celui du volume, la sensation.*"
[44] *Revue des Deux Mondes*, T. 139, 1897, p. 161.
[45] Borella, pp. 83-86.
[46] Francis Jammes, *De l'Angélus de l'aube à l'Angélus du soir*, 1898, Paris, Mercure de France, 1921, pp. 205-206.

Et l'on aurait dit qu'il ne savait où aller
  dans le ciel mou,
et qu'il se laissait tomber, au lieu de voler,
  comme un caillou.

Puis il est parti. — Alors j'ai regardé bas:
  j'ai vu les toits.
Que faisait cet oiseau si haut ? — Je ne sais pas;
  mais, cette fois,

en regardant ce point noir — je n'avais pensé
  qu'à ce point noir
et qu'au grand ciel gris où ce petit point passait.
  C'était hier soir."

I.2.b. Le point gris comme processus d'éloignement visuel

Dans de nombreux ouvrages, par contre, perdant son caractère moral ou mathématique, pour n'en acquérir que de visuel, le point gris devient symbole d'éloignement. Chez George Sand[47], Aloysius Bertrand[48], Mirbeau[49], Eugène-Melchior de Vogüé[50].

---

[47]George Sand, *La Mare au Diable*, 1846, Paris, Quantin, 1889, "*VII - Dans la lande*", p. 52: "*Sans doute, dit Germain, et la métairie, et même ta maison. Tiens, ce petit point gris, pas loin du grand peuplier à Godard, plus bas que le clocher.*"
[48]Aloysius Bertrand, *Gaspard de la nuit*, 1842, Paris, Mercure de France, 1920, "*II - Le maçon*", pp. 47-48: "*Il voit les tarasques de pierre vomir l'eau des ardoises dans l'abîme confus des galeries, des fenêtres, des pendentifs, des clochetons, des tourelles, des toits et des charpentes, que tache d'un point gris l'aile échancrée et immobile du tiercelet.*"
[49]Octave Mirbeau, *Dingo*, Paris, Charpentier-Fasquelle, 1913, cap. IV, p. 117: "*Dingo no peut se décider à rebrousser chemin. Il regarde toujours la voiture qui n'est plus maintenant qu'un point gris sur la route et qui se confond enfin avec les premières maisons de Montbiron.*"
Mirbeau, *Le Jardin des supplices*, Paris, Charpentier-Fasquelle, 1899, "*Première partie: En mission*", cap. VIII, p. 108: "*Et voilà que Clara ne serait bientôt plus qu'un fantôme, puis un petit point gris, à peine visible, dans l'espace...*"
Mirbeau, *Lettres de ma chaumière*, Paris, A. Laurent, 1886, "*Agronomie*", pp. 304-305: "*Mais nous marchions grand train, à droite et à gauche, la campagne semblait emportée dans une course folle, disparaissait... Au bout de quelques minutes, les voitures rivales ne furent plus qu'un petit point gris sur la blancheur de la route, et le point gris lui-même s'effaça.*"
[50]Eugène-Melchior de Vogüé, *Cœurs russes*, Paris, Armand Colin et Cie, 1893, "*Histoires d'hiver*", p. 5: "*Les paysans battaient le bois; quelques loups vinrent montrer à la lisière leurs têtes inquiètes; ils glissaient hors du fourré sans qu'une branche eût remué ni crié, légers et silencieux comme des souffles d'enfants; ceux qui échappaient à nos coups de feu forçaient dans la plaine; on les voyait fuir et se perdre au loin, de petits points gris.*"

Verlaine, après son poème "*L'Aube à l'envers*" (déjà sur le "*Point-du-Jour avec Paris au large*", 1882), a dédié un poème à ses "*Nouvelles variations sur le Point du Jour*" (1885)[51], dont la première strophe dit:

"*Le Point du Jour, le point blanc de Paris,*
Le seul point blanc, grâce à tant de bâtisse
Et neuve et laide et que je t'en ratisse,
Le Point du Jour, aurore des paris!"

On s'en rend compte, les deux poèmes (dont le premier vers du premier renvoie à la luminosité, et le titre du second à la série), s'inscrivent volontairement dans l'esprit de l'impressionisme pictural[52].

II. Couleur
II.3. Le gris
II.3.a. Le gris comme valeur colorimétrique

On nous excusera ce détournement, qui a consisté à considérer d'abord le point, mais cela nous semblait plus logique, pour la nécessité démonstrative.

Ainsi, on a bien vu, par les évocations poétiques précédentes, que le gris est, à la fois, la dimension de la distance et de l'éloignement, et, à la fois, celle de l'accusation de l'entrée dans l'espace, de Verlaine et son point du jour blanc (originel), au point noir de l'oiseau volant sur le ciel gris du soir chez Jammes.

---

[51] Poèmes et chronologie reproduits dans Philip Stephan, *Paul Verlaine and the Decadence, 1882-90*, Manchester University Press, 1974, pp. 131-132.

[52] Bien que, si l'on se reporte au titre de Huysmans *À rebours*, roman de 1884, il faudrait peut-être supposer que le premier poème n'est pas de 1882, mais au moins de la même année que le roman de Huysmans, et, par là, y associer son titre. L'influence serait, comme le titre de Stephan l'indique, alors directement décadente pour le poème de Verlaine, même si les motifs en restent impressionistes. Le roman même de Huysmans, descriptif, comme, postérieurement, le seront les nouvelles d'Azorín ou les poèmes de Machado, est impressioniste dans sa prétention descriptive, non narrative. Comme le sont les *Meules* de Monet. Quoiqu'il en soit, ces éléments ne changent rien à notre démonstration générale.

Ces deux auteurs, à eux seuls, nous offrent le parcours logique de l'entrée dans la couleur, associée à l'intensification colorimétrique, du blanc au noir, dont le centre est, bien sûr, le gris.

II.3.b. Le gris comme valeur morale

On rappellera, consécutivement, le titre de l'album *Entre gris clair et gris foncé* (1987) de Jean-Jacques Goldman, où, alors, le gris correspond, conformément au discours populaire, à une tonalité de tension morale non manichéenne.

De là, faisant le chemin à rebours, on se souviendra que le gris représente à peu près la même chose pour Gerhard Richter, dans son oeuvre, et en ses propres mots:

> *"The series of Abstract Paintings emerged, according to Richter's own testimony, as a response to the series of large-format monochrome gray paintings that were produced by semi-mechanical painting procedures (rollers, sponges) in 1975. Richter has has described the gray paintings as "the most complete ones I could imagine." For him, the gray monochrome paintings were*
> the welcome and only correspondence to indifference, to a lack of conviction, the negation of commitment, anomie. After the gray paintings, after the dogma of 'fundamental painting' whose purist and moralizing aspects fascinated me to a degree bordering on self-denial, all I could do was start all over again. his was the beginning of the first "color sketches," conceived in complete openness and uncertainty under the premise of "multi-chromatic and complicated," which obviously meant the opposite of anti-painting and of painting that doubts its proper legitimacy."[53]

Ce qui nous permet de considérer une certaine permanence idéologique de cette couleur.

C'est sans doute cette indéfinition morale entre le bien et le mal, si chère d'ailleurs au poète anglais, qui inspira à Oscar

---

[53] Benjamin H. D. Buchloh, *Neo-avantgarde and Culture Industry: Essays on European and American Art from 1955 to 1975*, MIT Press, 2003, pp. 395-396.

Wilde le nom de son plus célèbre personnage: Dorian Gray ("*gray*" = "*gris*" en anglais).

Le même point de vue moral d'entre-deux, d'"*ombre*" (littéralement, nous allons le voir dans ce même paragraphe) portée sur les valeurs habituelles de la société, se retrouve dans la relation sadomasochiste du film *Secretary* (2002, Steven Shainberg) entre la secrétaire amoureuse et soumise interprétée par Maggie Gyllenhaal[54] et son employeur exigeant, appelé Mr. Grey (avec un "*e*") et joué par James Spader, et dans la plus récente trilogie de romans, également érotiques et sadomasochistes "*soft*", *Fifty Shades of Grey* (2011) d'E. L. James (portée à l'écran à partir de 2015 avec le film de Sam Taylor-Johnson)[55].

II.4. Le point blanc

Alors que le point gris marque une distance, dans l'ordre de rapport d'éloignement, le point blanc évoque le phénomène d'apparition. Ainsi en va-t-il chez Dumas[56], ou encore Louis-Xavier de Ricard dans le poème au titre révélateur: "*Dernières Ténèbres*"[57]. Renforçant cette idée, chez Verne[58] ou G. Bruno[59], le

---

[54] Dont le nom même: Lee Holloway contient une forte composante sexuelle ("*hole*": "*trou*" [souvent utilisé dans les expressions sexuelles]; phonétiquement aussi: "*all ways*": "*tous les côtés*").
[55] Preuve d'ailleurs pour nous de cet implicite symbolisme des couleurs dans le présent titre est le titre, également, de la version comique du film: *Fifty Shades of Black* (2016, Michael Tiddes, écrit, produit et joué par Marlon Wayans).
[56] Alexandre Dumas, *Le Vicomte de Bragelonne*, Paris, Michel Lévy frères, 1876, "*Chapitre CCLVII - l'épitaphe de Porthos*", p. 782: "*Mais, une demi-heure à peine après que la voile eut été hissée, les rameurs, devenus inactifs, se courbèrent sur leurs bancs, et, se faisant un garde-vue de leur main, se montrèrent les uns aux autres, un point blanc qui apparaissait à l'horizon, aussi immobile que l'est en apparence une mouette bercée par l'insensible respiration des flots.*"
[57] *Le Parnasse contemporain: Recueil de vers nouveaux*, Paris, Alphonse Lemerre, 1866, T. I, pp. 113-114: "*Des horizons lointains, creusés par le mystère,*
Les vents tumultueux s'abattent sur la terre,
Et leurs ailes, planant avec un morne bruit,
Étendent à l'entour la tempête et la nuit.
L'Océan pleure; et ses immensités funèbres
D'une houle bruyante agitent les ténèbres
Où l'on entend les eaux, frissonnant vaguement,
Battre d'un flux rhythmé les bords du firmament:
Et, parfois, aux lueurs fantastiques que l'ombre

principe d'apparition s'associe à l'évocation maritime de la voile de l'embarcation salvatrice.

Le caractère moral du point blanc comme apparition se révèle également dans le poème "*IV - Mon Hôte*" de Joseph Autran[60], en référence au Mystère de la naissance de Jésus.

II.5. Le point noir

À l'inverse, le point noir évoque la finalisation de la lumière, par opposition simple à celle-ci, en particulier chez Nerval, dans son poème intitulé: "*Le Point noir*"[61], dédié à l'ombre

---

Étend sur l'infini mouvant de la mer sombre,
Un point blanc se soulève, aussitôt affaissé.
Oh ! la nuit, la tempête, et les cieux ont versé
Sur l'univers l'horreur d'une immense tristesse
Qui soupire, murmure, et s'augmente sans cesse
Des bruits des vents, des pleurs de l'homme et des sanglots
Alternés des forêts lugubres et des flots!"

[58]Jules Verne, *Le Chancellor*, Paris, Hetzel, 1876, cap. XLII, p. 133: "*Dans la direction indiquée par Flaypol apparaît un point blanc, en effet. Mais ce point se déplace-t-il? Est-ce une voile? Qu'en pensent ces marins, dont la vue est si perçante?*
J'observe Robert Kurtis, qui, les bras croisés, examine le point blanc. Ses joues sont saillantes, toutes les parties de sa face remontent par suite de la contraction de l'orbiculaire, son sourcil se fronce, ses yeux sont à demi fermés, et il met dans son regard toute la puissance de vision dont il est capable. Si ce point blanc est une voile, il ne s'y trompera pas.
Mais il secoue la tête, et ses bras retombent.
Je regarde. Le point blanc n'est plus là. Ce n'est pas un navire, c'est un reflet quelconque, une crête de lame qui a déferlé, – ou, si c'est un navire, le navire a disparu!"
[59]G. Bruno, *Le Tour de la France par deux enfants*, Paris, Belin, 1904, cap. CII, p. 259: "*Vers deux heures on aperçut du côté du sud un petit point blanc qu'on avait peine à distinguer de l'écume des flots. Mais en le regardant, les yeux du vieux pilote brillèrent:*
– Voici une voile, dit-il; puisse-t-elle venir vers nous!"
[60]Joseph Autran, *Dans le Lubéron*, Revue des Deux Mondes, T. 9, 1855, pp. 173-174: "*Descendant à Jaffa d'une barque latine,*
J'ai pu baiser le sol de cette Palestine
Que bénirent les pas du Dieu né dans Bethlem.
Au signal d'un point blanc découvert dans l'espace,
À mon tour j'ai crié comme un croisé du Tasse:
«Jérusalem! Jérusalem!»"
[61]Gérard de Nerval, *Petits châteaux de Bohême: prose et poésie*, Paris, Eugène Didier, 1853, p. 36:
"*Quiconque a regardé le soleil fixement*
Croit voir devant ses yeux voler obstinément
Autour de lui, dans l'air, une tache livide.

Ainsi, tout jeune encore et plus audacieux,
Sur la gloire un instant j'osai fixer les yeux:

que provoque à la rétine le regard direct vers le soleil (on retrouvera une représentation similaire dans la poésie de Francis Picabia, autour de l'évocation du gris[62]). Poème que reprendra Zénon Fière, dans ses sonnets, sous le même titre[63].

On peut mettre en comparaison ces poèmes et la chanson de Gainsbourg "*Sous le soleil exactement*" (1967) pour le téléfilm *Anna* de Pierre Koralnik[64], dont la première strophe commence,

---

Un point noir est resté dans mon regard avide.

Depuis, mêlée à tout comme un signe de deuil,
Partout, sur quelque endroit que s'arrête mon œil,
Je la vois se poser aussi, la tache noire!

Quoi, toujours? Entre moi sans cesse et le bonheur!
Oh! c'est que l'aigle seul — malheur à nous, malheur! —
Contemple impunément le Soleil et la Gloire."
[62]Francis Picabia, *Pensées sans langages: poème*, Paris, E. Figuière, 1919, p. 105: "*la misère est illustre*
comme une dieu triomphant
en gestes circulaires

elle a la couleur des petits bas gris
belles courtisanes sous l'avalanche
des ambitions

d'un seul bond sublime but
d'être si pur"
[63]Zénon Fière, *Sous l'éventail - Sonnets*, Paris, Sandoz & Fischbacher, 1878, p. 28: "*XXII - Point Noir*

Imité de Burger

Ami, quand tu fixas sur le soleil levant
Cet indiscret regard dont tu m'as dit l'histoire,
Ta prunelle expia son défi dérisoire
En gardant un point noir qui l'obséda souvent.

Tel fut aussi mon sort: je vis briller la gloire
Et je dardai sur elle un regard si fervent
Que mon oeil ébloui croit voir dorénavant
Son azur obscurci par une tache noire.

Et ce signe fatal en tout lieu me poursuit,
Et quel que soit l'objet dont l'éclat m'ait séduit
Ce point vient s'y poser comme un sinistre augure.

Il trouble-chaque jour ma joie & mon sommeil...
- C'est qu'il faut être l'aigle à l'immense envergure
Pour sonder sans péril la gloire & le soleil!... "
[64]http://fr.wikipedia.org/wiki/Anna_(t%C3%A9l%C3%A9film)

de fait, ainsi (avec l'image du point, de nouveau - c'est donc une constante thématique de notre groupe -):

"*Un point précis sous le tropique*
Du Capricorne ou du Cancer
Depuis j'ai oublié lequel
Sous le soleil exactement
Pas à côté, pas n'importe où
Sous le soleil, sous le soleil
Exactement, juste en dessous"[65]

On a vu que Jammes réutilisait, dans son propre poème "*Je regardais le ciel...*", l'image du point noir comme ombre du soir.

Ainsi, alors que le point blanc représente l'origine du jour, le point noir représente celle de l'ombre, aussi bien des forces telluriques qui l'impose ou d'où l'on sort, que de la mort, comme dans la première strophe du poème "*La Succube*" de Joséphin Soulary[66].

C'est le même symbole crépusculaire des oiseaux sur le fond du ciel mourant que l'on retrouve du poème cité de Prudhomme à celui (également dans ses dernières strophes), intitulé: "*La Plaine*", de Maurice Rollinat[67].

---

[65] http://lyrics.wikia.com/Serge_Gainsbourg:Sous_Le_Soleil_Exactement
[66] *Le Parnasse contemporain: Recueil de vers nouveaux*, Paris, Alphonse Lemerre,, 1876, T. III, p. 389: "*Ta langue à tout jamais doit-elle être scellée,*
O sphinx ! Et contre toi n'est-il aucun recours?
Du point noir d'où je viens au but sombre où je cours
Je sens ta force occulte à tous mes pas mêlée."
[67] Maurice Rollinat, *Paysages et paysans*, Paris, Fasquelle, 1899, p. 136: "*Dans le jour si pur qui trépasse,*
Entre ses horizons pieux,
Elle est pour le cœur et les yeux
Un sanctuaire de l'espace.

Sous ces rameaux dormants et grêles
On rêve d'évocations,
De saintes apparitions,
De rencontres surnaturelles.

C'est pourquoi, deux légers oiseaux

Comme chez Nerval, le point noir, d'oiseaux en vol, s'oppose, au plein midi, à la blancheur solaire absolue, dans *Les Trophées* de José Maria de Heredia[68] (en une de ses aimées évocations aviaires).

Chez Corbière même[69], le point noir s'associe à la pluie et au soir, qui percent le soleil et le jour.

D'un point de vue, nouvellement, moral, chez Rimbaud, c'est, ironiquement, le problème de Paris pour Bismarck, qui lui est un point noir sur la carte de ses conquêtes de France[70].

S'étant à l'improviste envolé des roseaux
Et s'élevant tout droit vers la voûte éthérée,

À mesure que leur point noir
Monte, se perd, s'efface... on s'imagine voir
Deux âmes regagnant leur demeure sacrée."
[68]José-Maria de Heredia, *Les Trophées*, Paris, Alphonse Lemerre, 1893, "*Midi. L'air brûle...*", p. 121:
"*Seul, tachant d'un point noir le ciel blanc et serein,*
Au loin, tourne sans fin le vol des gypaëtes;
La flamme immense endort les hommes et les bêtes."
[69]Tristan Corbière, *Les Amours jaunes*, Paris, Glady Frères, 1873, "*Après la pluie*", pp. 41 et 45:
"*J'aime la petite pluie*
Qui s'essuie
D'un torchon de bleu troué !
J'aime l'amour et la brise,
Quand ça frise...
Et pas quand c'est secoué.
.../...
Et, comme un grain blanc qui crève,
Le doux rêve
S'est couché là, sans point noir...
Donne à ma lèvre apaisée,
«La rosée
«D'un baiser-levant — Bonsoir —"
[70]Arthur Rimbaud, "*Le Rêve de Bismarck*", 25 novembre 1870, http://revueagone.revues.org/231:
"*Triomphant, Bismarck a couvert de son index l'Alsace et la Lorraine ! — Oh ! sous son crâne jaune, quels délires d'avare ! Quels délicieux nuages de fumée répand sa pipe bienheureuse !... Bismarck médite. Tiens ! un gros point noir semble arrêter l'index frétillant. C'est Paris. Donc, le petit ongle mauvais, de rayer, de rayer le papier, de ci, de là, avec rage, enfin, de s'arrêter... Le doigt reste là, moitié plié, immobile.*
Paris ! Paris ! — Puis, le bonhomme a tant rêvé, l'œil ouvert, que, doucement, la somnolence s'empare de lui: son front se penche vers le papier; machinalement, le fourneau de sa pipe, échapée à ses lèvres, s'abat sur le vilain point noir..."

L'opposition entre le point blanc et le point noir peut d'ailleurs être vue d'un point de vue entièrement, à la fois, physiologique et métaphorique, puisqu'il oppose les mondes du masculin et du féminin, de la joie et de la tristesse, de l'amour et de la haine, comme on le voit, dès lors que l'on oppose à la traditionnelle mouche, ou discrète, appelée point noir par Jammes[71], la violence contre le prétendant, qui, maltraité, se retrouve avec un point blanc dans l'oeil, chez Maupassant[72].

---

[71] Jammes, "*Je pense à Jean-Jacques...*", p. 222: "*Je crois entendre encore claquer un clavecin.
Une avait un point noir tout au coin de la lèvre,
et un autre pareil sur le milieu du sein!...
La lune qui brillait augmentait votre fièvre.*"
[72] Guy de Maupassant, *Monsieur Parent*, Paris, Paul Ollendorff, 1886, "*L'Épingle*", pp. 206-207: "*Il murmura: «Je l'aime» comme s'il eût dit: «Je vais mourir.» Puis, brusquement: — Ah ! pendant trois ans ce fut une existence effroyable et délicieuse que la nôtre. J'ai failli la tuer cinq ou six fois; elle a tenté de me crever les yeux avec cette épingle que vous venez de voir. Tenez, regardez ce petit point blanc sous mon œil gauche. Nous nous aimions! Comment pourrais-je expliquer cette passion-là? Vous ne la comprendriez point.*"

DEUXIÈME PARTIE [HISTORIQUE, DE CONTEXTUALISATION, THÉORIE ET PRATIQUE DES AVANT-GARDES SUR LE THÈME]: LE POINT GRIS CHEZ PAUL KLEE EXPLIQUÉ DANS [ET PAR] SON ÉPOQUE

III. Le point gris chez Paul Klee
III.6. Klee

En 1970-1971, Vera Molna reprenait les peintures de Klee dans une série en les reproduisant en camaïeu de gris[73].

L'origine, chez Klee lui-même, de cette problématique ne se reporte pas seulement aux accords de couleurs par "tesselles", pour ainsi dire, dans les tableaux de Klee, mais encore à l'aquarelle spécifique de celui-ci, intitulée: *Einst dem Grau der Nacht enttaucht* (1918), qui associe image et poème. Le texte complet en est:

"*Einst dem Grau der Nacht enttaucht
Dann schwer und teuer
und stark vom Feuer
Abends voll von Gott und gebeugt
Nun ätherlings vom Blau umschauert,
entschwebt
über Firnen,
zu klugen Gestirnen.*"

Que l'on pourrait à peu près traduire ainsi:

"*Une fois sorti de la grisaille de la nuit
Plus lourd et plus aimé et plus fort
que le feu de la nuit
Ivre de Dieu et plié en deux
Dans le présent éthérée
Entouré de bleu
Survolant les glaciers
Vers les constellations sages.*"[74]

---

[73] http://dam.org/artists/phase-one/vera-molnar/artworks-bodies-of-work/hommage-klee
[74] Cette traduction est nôtre, à partir de l'anglais: "*Once emerged from the gray of night / Heavier and dearer and stronger / Than the fire of the night / Drunk with God and doubled over. / At*

L'image reprend les indications de couleurs du poème, en divisant, en outre, les deux parties de l'oeuvre (selon une technique similaire au *Grand Verre* de 1915-1923 de Duchamp), par un champ gris[75], d'où, selon l'idéologie morale postérieure d'un Richter autour de la neutralité originelle, tout part.

Conformément aux essais de Klee[76] (mais aussi de Kandinsky) autour de l'association entre les tonalités en musique et en art, le poème fut musicalisé par Ton de Kruyf en 1964[77].

Les tonalités de gris seront travaillées par Klee dans *La Machine à gazouiller* (1922)[78], *Tapis du souvenir* (1914)[79], *Ville de Rêve* (1921)[80], *Suspension - L'île engloutie* (1923)[81], *Le Gris et la côte* (1938)[82], et autres[83].

---

present ethereal / Surrounded by blue / Soaring over the glaciers / Toward the wise constellations." (http://www.paulklee.net/once-emerged-from-the-gray-of-night.jsp)
[75]"*The structure of the poem determines the composition. The weft of the image is a wall of colored squares of more or less the same size. The black lines of the Arabic capitals determine other chromatic partitions like the stones of a mosaic. The two parts of the composition, separated by a band of silver paper, correspond with the two stanzas of the poem. Even the chromatic schema is impressed by the text: From the beginning to the end of the poem a luminous blue emerges, little by little, from the initial gray.*
Klee's first attempt to mix painting and poetry was in 1916, with a series of six watercolors conceived from Chinese poems. In this work, where the image is preceded exceptionally - but also necessarily - by the title-text, it should definitely be noted that the original order of the colored squares is imposed by the logos, even though the letters lose their linguistic function. This is no doubt what the wide gray band in the center of the surface confirms. Where the text disappears, there is only chaos, that is if we follow Klee's theory of color, which is the inorganic mix (pigmentary or subtractive) of colors that justly gives gray. "In the beginning was the verb ..." said Klee in the "Creative Credo." (*Ibid.*)
[76]Voir à ce propos Richard Verdi, "*Musical Influences on the Art of Paul Klee*", Art Institute of Chicago Museum Studies, Vol. 3, (1968), pp. 81-107.
[77]http://www.recmusic.org/lieder/get_text.html?TextId=42460
[78]http://fr.wikipedia.org/wiki/La_Machine_%C3%A0_gazouiller Laquelle nous semble avoir inspiré l'iconographie et l'activité des Shadoks
[79]https://www.youtube.com/watch?v=IWIIOwxL7vo
[80]http://www.cottet.org/ab/k1.htm
[81]http://archives.skafka.net/alice69/suspension/klee/a1923%20-%20ile%20engloutie.jpg
[82]https://www.youtube.com/watch?v=5lkTqiVp6uM
[83]https://www.pinterest.com/pin/557883472561867798/, http://integral-life-art.s3.amazonaws.com/Morrison/morrison.html

Non seulement Klee se dédie à définir les qualités du gris dans ses dessins pédagogiques autour de la description des mouvements de l'appareil perceptif de l'oeil (utilisant pour cela un schéma du gris clair au noir)[84], mais il fait, d'autre part, sa première leçon de 1921-1922 (publié postérieurement sous le titre *Esquisses pédagogiques*), sur "*la forme créatrice elle-même* (où elle) *commence: au point animé en mouvement*", distinguant, "*Durant le semestre d'été, cette analyse en remarquant que lorsque le point est actif, la ligne est active. Lorsque le point, par le détour d'un contour, arrive à un effet de surface, la ligne a un caractère intermédiaire; lorsque la ligne est passive, c'est qu'elle travaille en tant qu'élément élémentaire de surface*"[85] (c'est-à-dire comme point ou forme circulaire, comme surface plane[86]):

"*Selon son habitude (pour le "semestre d'hiver 1922-1923,... "Contribution à la théorie de la forme plastique"*), Klee part d'un phénomène de la nature pour présenter son sujet. C'est ainsi que pour sa première leçon sur la couleur, il part de l'arc-en-ciel. Celui-ci, tout en possédant une gradation de couleurs pures, reste néanmoins une représentation imparfaite, suspendue entre ciel et terre, sous une forme linéaire, médiane finie. La forme parfaite, on la trouve, d'après Klee, en outrepassant «les lacunes de l'apparence» et en libérant le pendule de la loi de la pesanteur, pour qu'il accède au mouvement total,
«symbolisé par le cercle où les couleurs pures sont véritablement chez elles (...) Le phénomène cosmique des couleurs a trouvé alors le mode de représentation qui lui est propre dans la forme géométrique du cercle. La vision terrestre des couleurs pures de l'arc-en-ciel, qui n'était que le reflet d'une totalité auparavant inconnue, se déploie maintenant d'une façon synthétique, établissant un rapport visible avec l'entité de l'au-delà. Nous avons maintenant sous les yeux le cercle chromatique»*.

---

[84]Élodie Vitale, *Le Bauhaus de Weimar: 1919-1925*, Liège, Pierre Mardaga, 1989, pp. 167-168.
[85]*Ibid.*, pp. 158-159.
[86]Même si nous ne partageons pas l'idée, car il nous semble que la centralité du point chez Klee est moins géométrique qu'idéologique, il est cependant notable l'idée, comme générateur de la ligne (comme nous le posons nous-même), que: "*Klee calls the point a planar element because it is only by its being set on a potential plane that a line can extend from it, or, more precisely, that it can set itself in motion so as to generate a line.*" (John Sallis, *Klee's Mirror*, State University of New York - SUNY Press, 2015, p. 56) Il est curieux que Sallis identifie les deux questions (peut-être est-ce une mauvaise interprétation de ce que comprennent mieux, ou, du moins, expriment plus clairement Gabriele Diana Grawe et Rainer K. Wick, *Teaching at the Bauhaus*, New York, Distributed Art Pub Incorporated, 2000, p. 250), mais cela prouve, séparément, la validité de notre interprétation: le point comme petit cercle, d'une part; le point comme première trace de la ligne sur le plan, d'autre part.

C'est l'acte créateur qui a ainsi permis de rendre visible l'invisible. Ce passage nous rappelle combien la théorie de Klee est symbolique et liée à sa conception totalisante du monde.
C'est le cercle qui permet d'apprendre les rapports des couleurs entre elles, ainsi que les mouvements des couleurs, à savoir le mouvement périphérique et "un certain nombre de mouvements orientés selon les diamètres du cercle". Ces derniers mouvements permettent de lire facilement les couleurs complémentaires, qui se trouvent sur des points diamétralement opposés de la circonférence. Les trois diamètres les plus importants sont le vert-rouge, le bleu-orange et jaune-violet. Tous les diamètres se recoupent au point gris, qui forme le centre du cercle.
Pour mettre en pratique le mouvement de va-et-vient entre couleurs complémentaires, Klee propose aux élèves un xercice qui consiste à appliquer sur sept cases du rouge et du vert, en commençant par une par une case rouge à gauche et en réduisant progressivement la quantité de rouge par rapport au vert, qui occupera seul la dernière case à droite. La case du milieu, qui contient autant de vert que de rouge sera donc grise. C'est l'illustration du mouvement pendulaire, qui rappelle par ailleurs, dit Klee, «la balance mobile qui ne trouve son point d'équilibre qu'au point d'intersection déterminé par le gris». Klee applique ici, avec ses élèves, l'exercice qu'il a fait lui-même, en 1908, avec le noir et le blanc."[87]

On ne s'étonnera plus alors que, redéfinissant cette neutralité que nous avons nommée de la non couleur, Klee voit dans le point (qui est un cercle *en chiquito*) gris l'origine de toute chose, et écrive:

"*Au commencement, qu'existait-il? (...) Chaos et anarchie, bouillonnement confus. Rien de définissable, ni lourd, ni léger (léger-lourd) : ni blanc, ni noir, ni rouge, ni bleu, ni jaune, rien qu'un gris quelconque. Même pas une quelconque précision dans le gris, absolument rien de précis, rien que l'indéfini, le vague. Ni là, ni là-bas, rien qu'un partout. Pas de long-court, rien qu'un partout. Pas de lointain-proche, ni aujourd'hui, ni hier, ni demain, rien qu'un demain-hier. Pas d'agir, rien qu'être.*"[88]

On retrouve chez Kandisnky la même idée et terminologie, mais pour le blanc:

"*Comme Goethe, Kandinsky attribue une valeur symbolique aux couleurs.../...*
Le vert mélangé, montant vers le jaune, devient gai et actif; descendant vers le bleu, sérieux et pensif. Mélangé avec le blanc, «c'est l'indifférence qui domine»; mélangé

---

[87] Vitale, p. 171.
[88] *Ibid.*, p. 164.

avec du noir, le repos. Ici, Kandinsky donne de nouveau des appréciations sur le noir et le blanc, où on voit la valeur mystique qu'il confère aux couleurs. Ainsi, le blanc, c'est le silence absolu, «un ‹rien› avant toute naissance, avant tout commencement». Il «regorge de possibilités vivantes». Notons que Klee s'exprime à peu près dans les mêmes termes quand il parle du gris. Le noir, par contre, est, pour Kandinsky, «comme un bûcher éteint, consumé (...) immobile et insensible comme un cadavre (...) C'est extérieurement la couleur la plus dépourvue de résonance». Le mélange du noir et du blanc donne du gris, mais un gris immobile, sans espoir. Un gris ouvert aux souffles, par contre, «naît du mélange optique du vert et du rouge, mélange spirituel de passivité comblée et d'activité dévorée d'ardeur», parce que le rouge, «couleur sans limite, essentiellement chaude, est une couleur débordante. Pourtant il ne dissipe pas, comme le jaune», mais est essentiellement tourné vers soi."[89]

Si l'on fait attention, les associations de couleurs entre Kandinsky et Klee (l'usage du rouge et du vert par rapport au gris) sont également identiques.

"Entre le blanc et le noir – de la même façon que le vert venait s'immiscer entre le jaune et le bleu – se place le gris. Couleur terne s'il en est, issue d'un mélange malheureux entre deux extrêmes: bâtard exsangue, marqué d'une tache de naissance: «Il est naturel qu'une couleur ainsi produite n'ait ni son extérieur ni mouvement. Le Gris est sans résonance et immobile (...). Il semble que le désespoir, à mesure que la couleur s'assombrit, l'emporte. L'étouffement devient plus menaçant.» Le gris est d'une nature renfermée, secrète, inhibée pourrait-on dire, en poursuivant dans le même registre terminologique que Kandinsky. «Il suffit d'éclairer le gris pour que cette couleur qui contient de l'espérance cachée s'allège, s'ouvre aux souffles qui la pénètrent. Un tel gris naît du mélange optique du vert et du rouge, mélange spirituel de passivité comblée et d'activité dévorée d'ardeur.»"[90]

De la même manière que l'on retiendra que l'ensemble des textes cités autour du point, blanc, noir et gris, apparaissent dans le mouchoir de poche temporel de la fin du XIXème siècle et du début du XXème siècle[91] (c'est-à-dire du moment d'avant-

---

[89] *Ibid.,* p. 199.
[90] Jean-Michel Olivier, *René Feurer l'emire de la couleur,* Lausanne, L'Âge d'Homme, 1984, p. 28, à propos sur *Du Spirituel dans l'Art.*
[91] Notons qu'on a voulu appliquer, citant textuellement à Kandinsky, cette théorie du gris comme neutralité négative à à peu près tout: Dostoïevski (Jacques Catteau, *La création littéraire chez Dostoïevski,* Paris, Institut d'études slaves, 1978, p. 512), Tchekhov (Françoise Darnal-Lesne, *Anton P. Tchekhov portraits de femmes: Un itinéraire d'ombre et de lumière,* Paris, L'Harmattan, 2007, pp. 25-26), le cinéma (Michel Bouvier et Jean Louis Leutrat, *Nosferatu,* Paris, Gallimard, 1981, p. 21), la peinture évidemment (Daniel Dobbels, *Staël,* Paris, Hazan, 1994, p. 81), voire l'alchimie (comme

garde), on notera que ces associations entre le gris et le bleu, dans les toiles de Klee citées dans cette partie, rappelle celle que l'on trouve dans le poème de Fière, les évocations maritimes de Verne et Bruno, ou dans le poème-oeuvre de Klee *Einst dem Grau der Nacht enttaucht.*

Or, identiquement, cette association rappelle l'importance qu'acquiert le bleu, de Hugo à Mallarmé, en passant par Rubén Darío[92], et, postérieurement, par Klein.

Le gris comme absence ou neutralité colorimétrique est une constante dans la littérature de l'époque qui nous intéresse et que nous venons de citer. Chez Doyle[93], les Goncourt[94], George

---

origine de la pensée, cette fois, de Klee [bien qu'en citant toujours Kandinsky], Françoise Bonardel, *Philosophie de l'alchimie: grand œuvre et modernité*, Paris,, Presses universitaires de France, 1993, p. 584).

[92]Voir Norbert-Bertrand Barbe, *La perspectiva política en Azul...*, Managua, Dirección de Extensión Cultural de la Universidad Nacional Autónoma de Nicaragua - UNAN, mars 1998; "*La perspectiva política en Azul...*", *El Nuevo Diario*, I partie: 10/3/1998, p. 11; II partie: 12/3/1998, p. 11; III parte: 13/3/1998, p. 11; IV parte: 14/3/1998, p. 11; V partie: 16/3/1998, p. 11; VI partie: 17/3/1998, p. 11; VII et dernière partie: 20/3/1998, p. 11; *Revista Literaria Katharsis*, Universidad de Málaga, No 4, enero 2004, http://www.literaturahispanica.com/rev_ene_05.html

[93]Arthur Conan Doyle, *Un crime étrange*, Paris, Hachette, 1903, "*Première Partie - Rédigée d'après les souvenirs personnels de John Watson ex-médecin-major dans l'armée anglaise. Chapitre I - Sherlock Holmes*", p. 45: "*Les vitres de l'unique fenêtre étaient si sales qu'elles semblaient ne laisser passer qu'à regret un jour douteux, ce qui répandait sur l'appartement tout entier une teinte grise et sombre que venait encore renforcer la couche épaisse de poussière dont chaque objet était recouvert.*"
"*Deuxième partie - Au pays des saints. ChapitreI - Dans le désert de sel*", pp. 117-119: "*Tantôt des rivières au cours torrentueux se frayent un passage à travers des gorges étroites; tantôt des plaines immenses s'étendent à perte de vue, toutes blanches l'hiver lorsque la neige les recouvre de son linceul, toutes grises l'été, grâce à la poussière alcaline dont elles sont imprégnées.../... Là, partout la vie semble suspendue; jamais un oiseau ne raie de son vol l'azur sombre du ciel; jamais une créature quelconque ne se meut sur cette terre grise, et l'impression qui domine toutes les autres est celle d'un silence intense, absolu.*"
P. 118: "*Tantôt des rivières au cours torrentueux se frayent un passage à travers des gorges étroites; tantôt des plaines immenses s'étendent à perte de vue, toutes blanches l'hiver lorsque la neige les recouvre de son linceul, toutes grises l'été, grâce à la poussière alcaline dont elles sont imprégnées. Mais partout, même aspect inhospitalier, même stérilité, partout même désolation. C'est la terre du désespoir; on n'y voit pas d'habitants.../...
Là, partout la vie semble suspendue; jamais un oiseau ne raie de son vol l'azur sombre du ciel; jamais une créature quelconque ne se meut sur cette terre grise, et l'impression qui domine toutes les autres est celle d'un silence intense, absolu.*"
Dans le sens de création ou d'apparition, voir pp. 120-121: "*Tout en s'asseyant il jeta à terre, en même temps que son fusil, devenu inutile, un fardeau volumineux qu'il avait porté jusque-là sur son épaule. C'était un gros paquet, enveloppé d'une couverture grisâtre et trop lourd évidemment pour ce qui lui restait de forces.*" Et, par opposition, de disparition (vieillesse): "*Pendant trois jours*

Lafenestre[95], René Bazin[96], Alphonse Lemerre[97]; chez les Goncourt, Lafenestre et Lemerre, dans le cadre d'une description

et trois nuits il ne s'était pas accordé un instant de repos, aussi ses paupières s'abaissèrent peu à peu sur ses yeux fatigués, sa tête se pencha de plus en plus sur sa poitrine et la barbe grisonnante de l'homme vint se mêler aux boucles blondes de l'enfant." Le gris est donc bien à mi-chemin entre les valeurs, également vues en littérature, on la confirme ici, du noir et du blanc.
Il s'oppose à la vivacité des couleurs, en général, en permettant, comme dans les oeuvres citées de Klee, notamment *Einst dem Grau der Nacht enttaucht*, de les faire ressortir (même dangereusement, comme ici), p. 128: "*Ils allaient se remettre en marche lorsqu'un des plus jeunes, doué d'une vue perçante, poussa une exclamation, en montrant du doigt la falaise dénudée qui les dominait. Tout en haut, un petit lambeau d'étoffe rose voltigeait au vent, piquant une note brillante et gaie sur la tonalité grise du rocher. Tous arrêtèrent leurs chevaux et saisirent leurs fusils, tandis que d'autres cavaliers accoururent au galop pour renforcer l'avant-garde. Le mot redouté de «Peaux-Rouges» était sur toutes les lèvres.*"
[94] *Journal des Goncourt: Mémoires de la vie littéraire*, Paris, Bibliothèque-Charpentier, 1891, "*Tome premier: 1851-1861*", "*Année 1852*", pp. 23-24: "*Là arrivent, tous les soirs, — car la bière vient du GRAND BALCON, et la femme a le don capiteux de produire autour d'elle une certaine excitation de l'esprit et de mettre les imaginations en verve, — là arrivent le peintre Hafner, le plus bredouilleur des Alsaciens; Valentin, le dessinateur de l'ILLUSTRATION; Deshayes, le petit maître aux tonalités grises, et le blond coloriste Voillemot, avec sa tignasse d'Apollon roussi, et Galetti, et le tout jeune Servin, et d'autres, et d'autres, et c'est toute la soirée un tapage et une débauche de paroles, que de temps en temps, solennellement, le maître de la maison réprime par un «Où te crois-tu !» indigné.*"
[95] George Lafenestre, "*La Peinture française à l'Exposition universelle (1789 — 1889)*", *Revue des Deux Mondes*, T. 95, 1889, p. 545: "*On a, depuis longtemps remarqué les affinités de ses procédés, dispositions par larges masses, simplifications des modelés, tonalité grise et sourde, avec ceux des fresquistes italiens, ou plutôt de Le Sueur.*"
Lafenestre, "*Le Salon de 1887*", *Revue des Deux Mondes*, 3e période, T. 81, 1887, "*I. Peinture*", p. 610: "*Le soleil est couché; du ciel vague où s'allument les premières étoiles tombe sur la plaine confuse une lueur douce et grise.*"
P. 624: "*Dans un autre ordre d'idées, M. Carolus-Duran, avec son entrain accoutumé, met vivement en scène un groupe de famille, une jeune mère et ses deux enfans, et M. Fantin-Latour nous présente, dans la tonalité grise et harmonieuse qui lui est familière, un portrait d'homme et un portrait de femme d'une simplicité exquise.*"
p. 630: "*Toute la cohue de troupiers, vus de dos, qui marche péniblement, sur une route boueuse, à travers les embarras de toute sorte, cacolets versés, chevaux tombés, fondrières ouvertes, dans la brume grisâtre du matin, vers les collines lointaines où l'appelle la bataille, est poussée en avant avec une vigueur et une décision rares.*"
p. 635: "*Le Pardon en Bretagne de M. Dagnan-Bouveret n'a peut-être pas la même unité d'aspect que son Pain béni de l'art passé. On pourrait signaler sur la droite une épaule une de dévote agenouillée dans les pierres qui détonne, sans raison, sur l'harmonie calme et grise de l'ensemble.*"
Lafenestre, "*La Peinture aux Salons de 1896*", *Revue des Deux Mondes*, 4e période, T. 135, 1896, p. 900: "*Leopardi entendait l'écho sur les lèvres de son pasteur errant dans ces champs de l'Asie; moins modernes, moins pessimistes, ils sont plus vrais dans leur extase naïve et profonde; le ciel, d'un gris perlé, délicat et exquis, les baigne d'une indescriptible et chaste volupté. Dans les cinq panneaux, d'ailleurs, les ciels sont délicieux, à la fois variés et raccordés, et justement nuancés pour la signification du personnage. Cette délicatesse de goût n'est pas nouvelle dans l'œuvre de M. Puvis de Chavannes mais elle s'y marque, cette fois, d'autant mieux, que ces effets divers, dans un même sentiment, y sont plus rapprochés. C'est ainsi que pour accompagner le doux Virgile, en robe mauve, qui suit le bord d'un ruisseau, regardant les ruches qui bourdonnent, il a trouvé, sur sa palette, des notes printanières, d'un vert aussi frais et aussi tendre que le gris du ciel oriental était profond et limpide et que, pour consoler le sublime Prométhée, enchaîné sur son rocher, il*

fait luire, autour de l'essaim des blanches océanides, un azur immobile et serein dont Eschyle s'enivre et s'inspire."
P. 909: "*L'exécution, à fond gris, avec des rehauts bleus et bleuâtres, est grave et brutale, vigoureuse et saccadée, comme l'action même. A quoi servirait une figure allégorique ou académique, la Misère ou la Famine, planant sur une mêlée suffisamment significative?*"
P. 911: "*Nos contemporains, en général, n'osent plus se hausser à ces hardies ou joyeuses aventures; c'est dans l'atténuation des coloris, dans l'abaissement des sonorités, dans l'uniformité, plus facile à réaliser, des teintes grisâtres ou jaunâtres, que les meilleurs d'entre eux cherchent, avec inquiétude ou timidité, cette indispensable unité. En voici des exemples bien frappans dans les plus importans tableaux d'histoire ou de genre historique qu'on voit aux Champs-Elysées: ceux de MM. Tattegrain, Buffet, Lionel Royer, Surand, Thirion, Boyé, Rouflet, etc. Non seulement les sujets choisis y sont tristes, quand ils n'y sont pas lugubres ou répugnans, mais la peinture y reste le plus souvent grise, mince et terne, alors même qu'elle aurait le droit, sans contredire au sujet, d'être chaleureuse, ferme et vibrante.*
La notation grise, sans doute, était de rigueur pour M. Tattegrain, puisque la scène terrible qu'il nous présente, avec un très remarquable talent, se passe en plein hiver, en Normandie, par un temps de neige."
P. 912: "*Si la grisaille hivernale et normande de M. Tattegrain est plus qu'excusable, j'ai de la peine, je l'avoue, à me faire aux grisailles carthaginoises de MM. Thivier et Surand, illustrateurs de Salammbô.*"
P. 922: "*Je rangerais volontiers dans la même catégorie, en y voyant un bon exemple de ce qu'un esprit délicat et poétique peut ajouter de charme à un ensemble d'images réelles par l'ingénieuse adaptation du paysage, la grande toile, un peu trop grande, d'une tonalité grise et assourdie, très délicatement nuancée, de M. Paul Steck, Tendre automne.*"
Lafenestre, "Les Salons de 1891", *Revue des Deux Mondes*, 3e période, tome 106, 1891, "*III. Le Salon du Champ de Mars*", pp. 186-187: "*Tout cela est groupé avec clarté, souvent avec esprit, dans un paysage de pierre d'une harmonie bien soutenue, mais au moyen d'une tonalité grise et sourde qui, jointe à la qualité mince et fine de la peinture, donne à ce grand décor une apparence de chose entrevue, avec attention, mais sans passion et sans émotion.*"
P. 188: "*Son Appel des mineurs à l'entrée d'une mine, pour le ministère des travaux publics, ne le fera pas excommunier par les décadens, parce qu'il s'y tient dans une note grise et blanchâtre qui glacerait Rubens et Delacroix.*"
Lafenestre, "Les Salons de 1897", *Revue des Deux Mondes*, 4e période, T. 142, 1897, "*II. La sculpture aux deux Salons — La peinture au Champ-de-Mars*", p. 194: "*Que n'est-il passé un peu plus de cet entrain et de cette gaieté dans le coup de pinceau qui reste timide, mince et gris?*"
Pp. 200-201: "*Chez les peintres de mœurs, paysans ou mondains, solitaires ou voyageurs, la plupart, d'ailleurs, paysagistes à leurs heures, nous trouvons même diversité dans les directions. Les uns sont plus sensibles aux subtilités lumineuses; les autres, au caractère et au mouvement des formes vivantes. Les premiers tombent volontiers dans les tonalités grises, fuyantes, vaporeuses; les seconds exagèrent aisément la dureté des formes, l'importance des détails, ou la brutalité des couleurs. Mais comme, après tout, il n'y a pas de peinture sans forme, sans couleur, sans lumière, la plupart s'efforcent de combiner le tout au mieux et nous assistons, dans ce sens, à des expériences et à des progrès intéressans. M. Carrière, cette année, ne nous présente pas de ces scènes familières dans lesquelles les visages très expressifs et les mains très modelées de ses grisailles poétiques ont quelque peine à se rejoindre dans le brouillard fin dont il les enveloppe. En revanche, dans une belle vision religieuse, le Christ en Croix, où il ne se départ, en rien, du reste, de son système de vaporisation, il nous donne du moins la satisfaction d'entrevoir, sinon de voir, le cadavre de Jésus, et sa tête douloureuse, modelés d'un bout à l'autre avec science et sensibilité.*"
P. 202: "*M. Lhermitte, lui, cette année, a trois tableaux, toujours exécutés dans les tons gris, par ce procédé de pointillage dont le plus grand charme est sans doute, pour ce crayonneur admirable, de lui rappeler le grain du papier sous le fusain. Quel autre on tirerait les mêmes effets?.../... C'est en Orient, en effet, que, depuis plus d'un demi-siècle, quand nous sommes fatigués de l'ombre et lassés du gris, nos peintres vont raviver leurs boîtes à couleurs.*"

des arts et des couleurs de l'art (les Goncourt, Lafenestre) et de la littérature (Lemerre).

Ce sont encore les "*yeux pers*" de l'ivrogne "*Gris*" du poème homonyme ("*Gris*") de Germain Nouveau[98]. Ou encore l'inconnu, "*l'homme au chapeau gris*", symbole d'anonymat[99], que poursuit inlassablement le Chéri-Bibi de Gaston Leroux.

III.7. "*Coquilles des moissons brisées par le soleil*"[100]
III.7.a. Whistler

On connaît parfaitement les *Symphonies en blanc No 1* (*The White Girl*[101], 1861-1862), *No 2* (*The Little White Girl*, 1864-

---

[96]René Bazin, "*Les Italiens d'aujourd'hui*", Revue des Deux Mondes, T. 118, 1893, "*I. Provinces du Nord. – La vie provinciale*", p. 51: "*Je sors. Un matin gris.*"
P. 55: "*Mais presque pas de toilettes: des fourreaux gris, mauves, bleus, des chapeaux du matin.*"
P. 57: "*Il y a des façades peintes en grisaille renaissance.*"
P. 58: "*Au début, une ou deux phrases sententieuses, dans les tonalités grises, appuyées d'un carissimo.*"
[97]Alphonse Lemerre, Anthologie des poètes français du XIXème siècle, Paris, Alphonse Lemerre, 1887, "*Jules Lacroix*", p. 264: "*S'il manque de souplesse et de couleur, il possède, par contre, de réelles qualités d'énergie. Bien que généralement d'une tonalité grise, il est parfois sombre et sculptural dans son vers, comme Mérimée dans sa prose.*"
[98]Germain Nouveau, Valentines et autres vers, Paris, Albert Messein, 1921, pp. 93-95. Édition posthume, établie sur des épreuves réalisées par Nouveau vers 1885-1887.
[99]Encore chez Peter Bichsel, À la ville de Paris: histoires, Lausanne, Editions d'en bas, 1996, "*Postface - L'homme au chapeau*", pp. 115ss.; ou chez Michel Louyot, Mémoires d'un chapeau, Paris, Publibook, 2010, pp. 70ss. c'est également, logiquement, le symbole de la mollesse, la neutralité morale: "*Arrêtons-nous devant cet homme en chapeau gris, en redingote brune, nonchalamment appuyé sur sa canne. La chaleur est extrême. Afin d'être plus à l'aise, il a sans façon retiré sa cravatte. Que si vous le rencontriez dans St-James-Park, son lieu de promenade favori, caracolant à cheval, ou bien allant de pied, sa large narine ouverte au vent, la tête levée, l'œil étincelant et dédaigneux : à sa haute taille, à son apparence robuste et militaire, Tous le prendriez pour quelque ancien colonel en retraite, non pas pour un premier lord de la trésorerie. C'est pourtant le vicomte Melbourne, le chef de notre gouvernement.
Mais examinez de plus près et attentivement cette physionomie, l'expression en est complexe; c'est un mélange de fierté, d'indolence et d'irritabilité. Vous avez là tout le secret du talent et de la fortune de ce ministre. C'est presqu'un miracle que sa paresse naturelle lui ait permis l'ambition d'aspirer de lui-même au premier poste de l'état; au moins je ne crois point qu'il eût eu l'énergie de s'y maintenir si l'on ne le lui eût disputé. C'est parce qu'il a été renversé une fois qu'il est debout aujourd'hui. En le précipitant, on a frappé le ressort de sa force; aussi at-il rebondi, aussi est-il remonté au pouvoir et s'y est-il replacé plus solide et plus déterminé qu'avant sa chute. Telles sont ces natures dont la vigueur endormie a besoin d'être réveillée par le fouet de l'affront. En 1834, lord Melbourne n'était qu'un whig inerte et impuissant; en 1835, c'est un whig radical; il fait capituler la cour, il frappe l'église, il menace la pairie, pourquoi?parceque vous l'avez offensé, parce que vous l'avez chassé.*" (Andrew O'Donnor, "*Le parlement anglais*", Revue universelle, IVème Année, IIème Volume, pp. 224-225)
[100]Nous empruntons ce vers au poème "*Un oiseau s'envole*" de Paul Éluard, http://www.poetica.fr/poeme-859/paul-eluard-un-oiseau-senvole/

1865) et *No 3* (1865-1867) de Whistler[102], images de jeunes femmes où se mélangent quelques touches de couleurs (comme le bleu du vase et de l'éventail dans le No 2, qui reprend celui du tapis du No 1, et le vert de l'herbe du No 3, dont l'organisation générale rappelle vaguement l'*Allégorie de l'amour sacré et l'amour profane* du Titien).

Or l'on connaît, de même, la série *Arrangement in Grey and Black* (*No.1: Whistler's Mother; No2: Thomas Carlyle; Arrangement in Black No. 3: Sir Henry Irving as Philip II of Spain*)[103].

III.7.b. Malevitch et les autres

Pareillement, on sait que: "*Du futurisme, Malévitch a retenu l'interpénétration dynamique du monde humain et des objets, écho au Manifeste des Peintres futuristes: «Nos corps entrent dans les canapés sur lesquels nous nous asseyons, et les canapés entrent en nous...». Du cubisme, la structure générale en surfaces géométriques et la palette d'ocres et de gris de la période analytique.*"[104]

Les rayonnistes, dans leur manifeste de 1913, intitulé: "*Le rayonnisme pictural*", exposent clairement, pour leur part, que: "*Toute forme existe objectivement dans l'espace de par les rayons de ce qui l'entoure*", "*Le rayonnisme* (étant) *la peinture des chocs et des accouplements des rayons "entre" les objets et la*

---

[101]Titre "*The White Girl*" mis au tableau par les propriétaires de la gallerie de Berners Street, sans l'accord de Whistler, qui s'en offusque, car, dit-il, il ne prétendait pas illustrer la nouvelle de Wilkie Collins, qu'il n'avait d'ailleurs jamais lue, Isabelle Enaud Lechien, *James Whistler: le peintre et le polémiste (1834-1903)*, Courbevoie, ACR, 1995, pp. 26-28.
[102]http://en.wikipedia.org/wiki/Symphony_in_White,_No._1:_The_White_Girl, http://en.wikipedia.org/wiki/Symphony_in_White,_No._2:_The_Little_White_Girl, http://en.wikipedia.org/wiki/Symphony_in_White,_No._3
[103]http://en.wikipedia.org/wiki/Whistler's_Mother, http://www.metmuseum.org/toah/works-of-art/10.86
[104]http://mediation.centrepompidou.fr/education/ressources/ENS-futurisme2008/ENS-futurisme2008-08-cubofuturisme.html

représentation dramatique de la lutte des émanations plastiques rayonnantes de toutes les choses: la peinture de l'espace révélé, non point par le contour des objets ni même par leur couleur formelle, mais par le drame toujours intense des rayons qui composent leur unité." De fait: *"Le rayonnisme donne à la seule couleur sa suprême importance, c'est pourquoi il a été amené naturellement à envisager le problème de la profondeur de la couleur."*[105]

Ne retrouve-t-on pas, de *Einst dem Grau der Nacht enttaucht*, émergeant les couleurs de la plaque grise qui leur sert de base ou de division entre dessus et dessous, jusqu'à l'expressionisme abstrait, l'usage de la couleur entendue comme un courant, comme un rayonnement, comme une explosion[106] d'interactions?

Or, ce principe dérive de l'impressionisme, comme l'importance du point, du pointillisme.

III.7.c. Des avant-gardes à l'après-guerre

On a dit que l'intérêt pour le gris en peinture surgissait essentiellement dans les années 1960[107] (on pense à Richter). Ce n'est pas tout à fait vrai, on l'a vu également ici.

---

[105] Michel Larionov, *Une Avant-garde explosive*, édition de Michel Hoog et Solina de Vigneral, Lausanne, L'Âge d'Homme, 1978, p. 84.
[106] De fait, se fondant sur le texte même de Klee (*"Affecter un point d'une vertu centrale, c'est en faire le lieu de la cosmogénèse. À cet avènement correspond l'idée de tout Commencement (conception, soleils, rayonnement, rotation, explosion, feux d'artifice, gerbes)"*), M. Frontisi, "*Paul Klee mythographe*", a parlé, à propos du concept de "*point gris*" chez Klee d'une explosion, d'un Big-Bang: "*Il s'investit d'un contenu cosmogénétique et fonde l'univers pictural dont il contient à l'état potentiel l'ensemble des composantes primordiales. Dans le même mouvement de pensée, Klee fait du point gris la figure d'un chaos originel. Bien éloignée du point irréversible de l'entropie, cette particule élémentaire condense la création en suspens. Au peintre de l'accomplir dans un geste quasi-démesuré imitant, parmi d'autres actes primordiaux, celui de la divinité qui, selon la Genèse, sépare précisément la lumière d'avec les ténèbres.*"
[107] "*Dans son histoire de la peinture monochrome, Denys Riout observe le moment où les couleurs fortes et pures telles que les rouges, les bleus vifs, ou a contrario le noir et le blanc, laissent place à*

Toutefois, on a pu comparé au "*Manifeste blanc*" de Malevitch le manifeste gris de l'artiste mexicain contemporain Caterina, qui s'exclame: "*Seul le gris est une couleur!*"[108]

---

[108] une couleur restée longtemps en discrédit: le gris. Johannes Itten, théoricien de la couleur, tenait lui aussi le gris pour un élément neutre, ne prenant vie que par les couleurs avoisinantes.
Les collections du Musée national d'art moderne peuvent brillamment illustrer cette période située entre la fin des années 1960 et celle de la décennie suivante. Citons, par exemple, le Grau, 1973 de Gerhard Richter, huile sur toile de la série des Graue Bilder commencée en 1967, un imposant écran opaque de 300 x 250 cm, d'un gris foncé, synthétisant les variations noires et blanches de la photographie. Par cette couleur d'une grande beauté, bien qu'elle ne dise et ne représente rien, Richter s'oppose à la cacophonie colorée des avant-gardes et au bleu mystique d'un Klein... Le Senza titolo d'Alighiero Boetti, autre gris de la fin des années 60, actuellement exposé dans la salle Expérimentations italiennes, raconte quant à lui une autre approche de la peinture." (http://mediation.centrepompidou.fr/education/ressources/ENS-monochrome/ENS-monochrome.html)
"Si le blanc et le noir ont joué un rôle déterminant dans l'histoire de l'art moderne (il n'est que de songer au Carré blanc sur fond blanc de Kasimir Malevitch et au Cercle noir sur fond noir d'Alexandre Rodtchenko et à la polémique entre ces deux grands artistes russes), et si ce rôle ne s'est jamais démenti jusqu'à maintenant (que l'on pense à Ad Reinhardt, Lucio Fontana, Alberto Burri, Robert Ryman, Piero Manzoni, Jannis Kounelis, Beatriz Zamora, Jean Degottex, Pierre Soulages, Robert Groborne, Gianni Burattoni, etc.», le gris a tenu une place mineure, sinon inexistante. Tout se passe comme si cette couleur qui a tenu son rang dans la peinture ancienne - mais ne tenant qu'un rôle technique essentiel et pas du tout symbolique - n'avait quasiment plus de réalité. Bien sûr, Fernand Léger a utilisé un gris sombre ou brillant pour les canons et Picasso l'a utilisé dans les toiles cubistes du début des années dix. Mais sa présence demeure marginale et en tout cas en dehors des grands débats théoriques sur les couleurs. Il n'a pas non plus de place réelle dans les âpres discussions sur la monochromie au sein des avant-gardes historiques. Il a fallu attendre les œuvres d'Agnes Martin (comme Greystone, 1963), de Françoise Janicot, de Pino Pinelli et de Bernard Ollier dans le champ de l'abstraction et celles de Gerhard Richter pour que le gris trouve enfin une résonance profonde et un statut philosophique dans l'art depuis la Seconde guerre mondiale et, surtout, soit l'élément principal d'une spéculation esthétique." (Gérard-Georges Lemaire, "Réflexions - Du gris à l'imaginaire des couleurs", http://www.visuelimage.com/verso/verso_54/couleur_01/index.htm)
[108"] "*Seul le gris est une couleur!*"
L'affirmation n'est pas ici boutade mais profession de foi, credo, dont l'accent provocateur n'est autre qu'une invite au massacre des lieux communs, une incitation au regard.
La sémantique du gris convoque l'ennui, la tristesse, le morne, le terne, le sale et la désolation qu'emblématisent le ciment, l'asphalte des villes modernes et de leurs périphéries. Or dans cette affirmation de Caterina, qui contresigne sa peinture et les titres de ses oeuvres, n'entrent aucun pessimisme intégral, aucun évangile du désespoir, aucune monomanie du néant. Ces gris ne parlent pas la langue de Cioran, ou de Schopenhauer, mais celle du coloriste philosophe qui a pensé les couleurs, réfléchi le phénomène gris. Perçu en premier lieu dans la génétique des couleurs, le gris est le produit et le centre de toutes les paires de contre-couleurs, la somme des trois couleurs primaires. Gris neutres, gris composés, gris colorés, de valeur plus ou moins foncée, de tonalié chaude ou froide: infinie est la richesse des nuances de gris. A se tenir au centre des couleurs opposées, le gris opère aussi comme unité dialectique supérieure et s'impose couleur de la conjonction, de la conciliation. Couleur androgyne philosophique, quasiment "philosophale", couleur encore de l'oxymore, le gris contient et assure le passage de l'opacicité à la transparence, du matériel à l'immatériel, de la couleur à la non-couleur, du temporel au permanent et réduit la semblable invisibilité du blanc et du noir.
A partir d'un gris neutre étale et qui fait silence, additionné de cyan, de magenta ou de jaune, décliné du clair à l'obscur, la peinture de Caterina enregistre "le trajet couvrant toutes les étapes

"*Le motif du carré peint d'une seule couleur apparait chez Malevitch en 1913 dans les décors et les costumes réalisés pour l'opéra cubo-futuriste La Victoire sur le soleil, de Matiouchine. En décembre 1915, il présente parmi 39 œuvres suprématistes son premier Carré noir et son Carré rouge à l'exposition «0,10» (Zéro-Dix). Dernière exposition futuriste de tableaux, où s'affichent toutes les surenchères avant-gardistes de l'époque.*
.../...
Pourtant, Malevitch ne semble pas le voir ainsi. Dans son texte Du cubisme au suprématisme. Le nouveau réalisme pictural (commencé en 1913 et publié en 1915) où il théorise le suprématisme, il n'évoque pas les marges de son Quadrangle, titre original qu'il donne à son œuvre, et qu'il date de 1913.
Le Carré noir n'est-il que l'une des formes-plans (si on se fie à la date donnée par le peintre) ou l'aboutissement de ses compositions suprématistes dont le but est de libérer la peinture du monde des objets?
Avec ses marges blanches, le Carré noir n'est pas un monochrome; et s'il n'est pas entièrement noir, carré il ne l'est pas non plus. Rares sont ceux qui, aujourd'hui, l'ont vu, car il n'est jamais sorti des réserves, depuis 1929, de la galerie Tretiakov à Moscou. Mais ses exégètes en attestent: ses qualités picturales, sa facture, sa forme et sa présence en font plus qu'une simple idée ou qu'une proposition radicale dans un contexte social et artistique révolutionnaire.
Malevitch a peint, comme s'il s'agissait de répéter le signe d'un système, plusieurs Carré noir, et c'est un Carré noir qui fut placé au-dessus de son lit de mort et sur sa tombe par ses proches. Outre le Quadrangle ou Carré noir de 1915, la galerie Tretiakov conserve une version de 1929. Celle du début des années 20 (1920 ou 1924?) appartient au Musée russe de Saint-Pétersbourg. La version conservée par le Musée national d'art moderne est peinte sur un parallélépipède de plâtre. S'amincissant sur la gauche, elle serait plus proche de la version originale.
.../...

---

du visible jusqu'aux confins du visible". Ainsi au "manifeste blanc" de Malevitch pourrait répondre le Manifeste gris de Caterina, érigeant, non pas en pierre de touche le pur concept de l'infini blanc mais le signe, le chiffre de l'espace et de la lumière.
Avec la Stèle la peinture du gris a trouvé son architecture, ajoutée à ses deux dimensions, une troisième.
Monolithe (non pas en pierre mais en métal), citation avouée de Kubrick, présence irréfutable, énigmatique, il recueille l'alpha et l'oméga du gris, du geste et de la nécessité picturale. Autour les tableaux fonctionnent comme les porteurs d'ombres et les ombres portées du parallélépipède, dont les oblitérations estompées de gris sombre sont la trace matérielle et temporelle. Tout à la fois instantané et stratifications d'ombres se consumant, se diluant en volutes de fumée, en écharpes de brume, l'image picturale, la chair de la peinture présentifient l'évaporation, la dilution, l'évanescence, les irisations, les nacres et les tempêtes d'un univers décis et indécis, pris entre immanence et transcendance, et métaphorisent la disparition sans cesse annoncée et toujours contrariée d'une vision en acte, d'un imaginaire qui s'incarne." (Danielle Delouche, 2000, Historienne de l'art, Commissaire d'exposition, http://www.greycat.fr/caterina.html)

Pas tout à fait carrée non plus, (Carré blanc sur fond blanc, 1918) témoigne, comme pour le Carré noir, d'une grande sensibilité. On peut lire sur le site du MoMA, où l'œuvre se trouve depuis 1936 que, même radicale et austère, elle n'a rien d'impersonnelle. La trace de la main de l'artiste est visible dans la texture de la peinture et ses subtiles variations de blanc; les contours imprécis du carré asymétrique produisant une sensation d'espace infini...

Le blanc, légèrement bleuté pour la forme centrale, plus chaud et ocré sur la périphérie, crée une matière dense et complémentaire au point qu'on ne peut séparer forme et fond. La position décentrée du carré, comme pesant sur la droite, et le léger cerne noir autour, dynamisent l'ensemble, contribuant à la sensation d'espace.

Pour Malevitch, le blanc représente l'infini, le cosmos. Il écrit dans le catalogue de l'exposition Création non-figurative et suprématisme (1919), où étaient présentés le Carré blanc sur fond blanc et quelques autres peintures blanches suprématistes: «J'ai troué l'abat-jour bleu des limitations colorées, je suis sorti dans le blanc, voguez à ma suite, camarades aviateurs, dans l'abîme, j'ai établi les sémaphores du Suprématisme. [...] Voguez! L'abîme libre blanc, l'infini sont devant vous.»

Le Carré noir et le Carré blanc sur fond blanc ne sont pas que de la couleur simplement posée sur une toile, au contraire d'autres tableaux tels ceux d'Alexander Rodtchenko, Rouge, Jaune, Bleu, exposés en 1921, à Moscou, dans l'exposition 5 x 5 = 25. Pour Rodtchenko, la toile n'est plus un passage vers un monde infini. En revenant aux trois couleurs primaires, il dit libérer la couleur et la peinture de toute finalité, de tout contenu. Mort de la peinture qui, implicitement, écrit Barbara Rose, signifie celle du capitalisme, la naissance de la peinture de chevalet en tant que propriété privée coïncidant avec celle du capitalisme dans l'Europe protestante du Nord.

Il faut aussi, parmi les artistes d'avant-garde de l'époque, citer Wladyslaw Strzeminski, – d'origine polonaise, Strzeminski est né en Russie –, élève et admirateur de Malevitch, qui aboutit au début des années 1930 à une forme de monochromie de ton blanc sur ton blanc.

.../...

Fin des années 1940, début des années 1950, la monochromie, qui a disparu en même temps que les avant-gardes historiques, réapparait aux États-Unis.

Dans l'après-guerre qui voit toujours (mais pour combien de temps?) le triomphe de l'art français sur la scène internationale, les artistes américains recherchent leur identité. Renonçant en premier lieu à la composition, à la représentation, aux contrastes de valeurs propres à la peinture traditionnelle européenne, ils s'impliquent dans une rencontre physique avec leur médium, dans un art direct qui impose sa simplicité et son émotion. De grand format, leurs toiles sont des champs d'expérience de l'espace et de la couleur (Color-field), tant pour l'artiste que le spectateur. Dans cette recherche de vérité, de foi en la peinture, une première génération d'artistes (Clifford Still, Barnett Newman, Mark Rothko) va frôler la monochromie, la seconde (Reinhardt,

Ryman...) *y entrer de plain pied. Une troisième voie, celle de Robert Rauschenberg, noue des liens entre monochrome et ready-made.*"[109]

On retrouvera donc le monochrome, après-guerre, chez Barnett Newman, Mark Rothko, Robert Rauschenberg, Ad Reinhardt, puis, dans les années 1950-1970, chez Yves Klein, le Groupe Zéro, constitué en 1957 à Düsseldorf par Heinz Mack, Günter Uecker et Otto Piene, dans le groupe, galerie, revue milanais *Azimuth* d'Enrico Castellani et Piero Manzoni, dans le groupe hollandais Nul, et chez son fondateur Jan Schoonhoven, mais encore chez Lucio Fontana, Alighiero Boetti, Roman Opalka. Après les années 1970, on le retrouve encore chez Robert Ryman, Ellsworth Kelly, Claude Rutault, Pierre Soulages, Clément Mosset, et Allan McCollum[110].

Deux éléments nous intéressent ici dans cette liste: l'utilisation, chez Rodtchenko, des couleurs primaires, comme substitut du problème monochromaique, pour "*libérer la couleur et la peinture de toute finalité, de tout contenu*"; et l'insistance, chez Malevitch, Klee, et, postérieurement, Caterina, du blanc, du noir, et de leur intermédiaire, le gris, comme expression de ce point de départ du problème du retour à la couleur pur (non narrative), dérivation de la question impressioniste (absence de mélange, mise côte-à-côte des couleurs primaires, afin que l'oeil du spectateur recrée les combinaisons secondaires), problème du retour à une pureté de l'art parallèle à celui de la forme pure (en général le carré, ou le cube, chez Malevitch ou Adolf Loos[111]), à la même époque, et chez les mêmes artistes (ainsi retrouve-t-on

---

[109] http://mediation.centrepompidou.fr/education/ressources/ENS-monochrome/ENS-monochrome.html
[110] *Ibid.*
[111] Voir notre ouvrage *Sens et contexte du "Carré noir sur fond blanc" de Kazimir Malévitch: un objet testimonial et argumentatif des avant-gardes dans leurs controverses avec l'art figuratif à propos des questions de composition formelle et colorimétrique*, 2010, et notre article "*Adolf Loos*", Letras Salvajes, Nueva Época, No 16, novembre-décembre 2014, pp. 68-76.

l'usage géométrique simple, associé à celui des couleurs primaires, chez la plupart des artistes et architectes de la Bauhaus, on pense notamment à Itten, Kandinsky, Gropius, et, hors de celle-ci, à Kupka[112]).

III.7.d. Pourquoi le gris?

"*Dans son histoire de la peinture monochrome, Denys Riout observe le moment où les couleurs fortes et pures telles que les rouges, les bleus vifs, ou a contrario le noir et le blanc, laissent place à une couleur restée longtemps en discrédit: le gris. Johannes Itten, théoricien de la couleur, tenait lui aussi le gris pour un élément neutre, ne prenant vie que par les couleurs avoisinantes.*"[113]

De même chez Kandinsky[114]:

"*La composition de (Dans le gris, 1919), souvent critiquée, appartenant à une période d'incertitude due au climat pessimiste de la guerre, est exubérante et complexe à l'extrême.
Kandinsky lui-même, peut-être parce qu'elle lui rappelle une période pénible, ne l'expose plus à partir de 1930 et ne la mentionne pas dans son catalogue. En 1936, il confie à l'un de ses mécènes: "Im grau est la conclusion de ma dramatique période, celle où j'accumulais tellement de formes... C'était le temps de la guerre et des premières années de la révolution que j'ai vécues à Moscou. Je ne voudrais pas renouveler cette expérience".
Pourtant, ce sont sans doute la douleur et le pathos dont cette peinture témoigne qui font sa grande qualité, en écho au thème de l'Apocalypse si souvent traité par Kandinsky avant la guerre, devenu en 1919 réalité.
Des éléments paysagers, ainsi qu'une autre "douga", flottent et semblent se déliter dans une atmosphère grise, éthérée, comme si le gris symbolisait le destin entropique des couleurs et des formes. Dans sa théorie des couleurs, le gris exprime en effet un arrêt de mouvement, voire une dégradation de tout élan vital. Ici, il peut être interprété comme un sentiment de mélancolie revendiqué face au nouveau visage qu'offre le*

---

[112] *Ibid.*, N.-B. Barbe, *Sens et contexte du "Carré noir sur fond blanc" de Kazimir Malévitch.*
[113] http://mediation.centrepompidou.fr/education/ressources/ENS-monochrome/ENS-monochrome.html
[114] D'ailleurs: "*Kandinsky, comme R. Roussel, avait effectué les mêmes observations concernant la couleur grise: "le gris est sans résonance et immobile". Mais c'est peut-être Klee qui exprime le mieux l'importance du gris dans sa "Note sur le point gris"...*" (Jacques Sivan, *Machine-Manifeste*, Paris, Léo Scheer, 2003, p. 187)

monde, mais aussi de défiance par rapport aux nouvelles idéologies qui s'affirment à Moscou à la suite de la Révolution bolchevique."[115]

"Chez Steinberg, comme chez d'autres artistes associés au même milieu, cette «mythification» de l'avant-garde historique s'est traduite par une revendication explicite de son héritage, dont il croyait pouvoir reprendre le flambeau. Ses œuvres, dont on peut douter du caractère avant-gardiste mais qui se distinguent néanmoins de manière frappante de la masse de la production artistique «officielle» d'Union soviétique, se présentent ainsi comme des variations suprématistes sur le mode mineur. On y retrouve les formes géométriques chères à Malevitch, dont le carré noir, mais les couleurs sont en général moins franches: les teintes de gris, de beige, de bleu pâle, dominent là où Malevitch privilégiait les couleurs primaires. Ce choix esthétique a valu à Steinberg les railleries d'une partie de ses collègues davantage tournés vers l'art conceptuel, dont Ilia Kabakov, qui rejeta fermement cette idée selon laquelle il serait possible de reprendre le travail des avant-gardes historiques là où il a été interrompu de force, comme si rien ne s'était passé dans l'intervalle. Tandis que, chez Steinberg, l'avant-garde est perçue sous son jour héroïque, comme une production placée au-dessus du monde et non souillée par lui, Kabakov soutient que les réalisations de l'avant-garde ne peuvent plus être regardées de la même façon, dans le contexte post-stalinien, qu'à leur époque de création. Désormais, nous dit-il, le dogmatisme et l'autoritarisme des mouvements d'avant-garde font désagréablement écho aux mécanismes mêmes du régime totalitaire qui fut responsable de leur disparition."[116]

---

[115] http://mediation.centrepompidou.fr/education/ressources/ENS-abstrait/ENS-abstrait.html
[116] Geneviève Cloutier, Université du Québec à Montréal, "*Portraits d'un imaginaire de l'avant-garde: le Carré noir sur fond blanc de Kazimir Malevitch et ses réincarnations artistiques*", http://www3.csj.ualberta.ca/imaginations/?p=2930, qui continue: "*C'est de cette manière de voir qu'est issu, dans les années soixante-dix, le mouvement du Sots Art, qui, dans une esthétique postmoderne, se caractérise entre autres par sa propension à mettre en parallèle les icônes de l'avant-garde et celles du très officiel réalisme socialiste. C'est ainsi que, dans le cadre de cette production, le Carré noir s'est vu juxtaposé notamment aux images de Staline et de l'étoile rouge (Carré noir avec liséré rouge d'Eduard Gorokhovski, 1998) et à celle de Lénine (Lénine et le Carré noir de Leonid Sokov, 2002). L'approche du Sots Art s'est rétrospectivement vu donner un fondement théorique dans les travaux de Boris Groys, dont le controversé essai Gesamtkunstwerk Stalin, publié pour la première fois en 1988, développe amplement sur cette question de la filiation entre avant-garde et totalitarisme. Reprenant l'idée communément acceptée selon laquelle, à l'origine de l'avant-garde, il y aurait une volonté d'abolir la frontière entre l'art et la vie, ou de «passer de la représentation du monde à sa transformation», pour reprendre ses termes exacts, Groys y présente ce courant artistique et, au premier chef, le suprématisme malevitchien, comme une sorte de présage du stalinisme, qui, à sa différence, aurait toutefois réussi à mener à bien son projet ambitieux d'«organiser toute la vie de la société selon des formes artistiques uniques». Il est toutefois important de préciser que ce lien présupposé entre l'avant-garde russe et le système qui l'a exterminée est loin d'aller de soi. Si on peut à la rigueur admettre que l'avant-garde et le totalitarisme soviétique partageaient certaines ambitions communes, si certains artistes, dans les années qui ont suivi la révolution, ont bien voulu collaborer avec le nouveau régime, séduits par l'utopie communiste, cela ne fait pas d'eux des hérauts du stalinisme pour autant. C'est sans mentionner, évidemment, le caractère éminemment réactionnaire de l'esthétique réaliste socialiste, qui n'a absolument rien d'une avant-garde artistique. La position consistant à amalgamer avant-garde et totalitarisme a néanmoins fait un certain nombre*

d'adeptes, même hors du domaine du Sots Art, comme en témoigne entre autres le titre d'un essai de l'américain d'origine bulgare Vladislav Todorov, *Red Square, Black Square*, où le Carré noir et la Place rouge (à laquelle l'auteur s'intéresse surtout en sa qualité de siège du mausolée de Lénine) se voient juxtaposés en tant que symboles de l'utopie soviétique.

Nombreuses sont en outre les œuvres de récupération plus ou moins récentes du Carré qui, sans faire directement allusion au totalitarisme soviétique, entretiennent une perception négative du suprématisme en retenant du tableau cette seule dimension vaguement autoritaire propre à la plupart des gestes et des prises de parole des mouvements d'avant-garde du début du vingtième siècle. Parmi celles-ci, on peut penser au tableau de Sigmar Polke intitulé «Höhere Wesen befahlen: rechte obere Ecke schwarz malen!» («Les êtres supérieurs l'ont ordonné: Peignez le coin droit supérieur en noir!», 1969), qui fut présenté notamment lors de l'exposition *Das schwarze Quadrat: Hommage an Malewitsch* à Hambourg, ou encore aux multiples copies de formats variés réalisées par Allan McCollum (*Plaster Surrogates*, 1982-84), qui illustrent bien l'affirmation de Nakov, citée plus haut, sur le caractère dogmatique acquis par le Carré noir à force de répétition. Mais le désenchantement à l'égard de l'avant-garde et de ses promesses libératrices qui ressort de telles œuvres ne se traduit pas seulement par une mise en parallèle du Carré noir et des symboles du totalitarisme: il se traduit aussi par une tendance à associer ce tableau avec des notions ou des symboles a priori peu compatibles avec les représentations communes de l'avant-garde. La mort (avec le tableau *Morte mi dano* de Gerhard Merz (1988), où cette phrase est inscrite au-dessus d'un carré noir, ou encore avec l'installation plus récente *Corpse of Art* de Irwin (2003-2004), qui met en scène une version «épurée» d'une célèbre photographie représentant Malevitch sur son lit de mort, entouré de ses tableaux) est un thème récurrent dans les œuvres de récupération de ces dernières années, tout comme celui du commerce: la mutation du Carré noir en code-barres, par exemple, a été exécutée plus d'une fois, et c'est sans doute la version d'Alexandre Sigutin, datée de 2003, qui possède le titre le plus évocateur: *Alternative au Carré noir*. Comment ne pas lire de telles œuvres comme un message sur l'échec définitif, dans le monde contemporain, de l'avant-garde et de son projet ambitieux de régénérer le monde et de changer la vie?

1992 — Le Carré noir politique: le collectif Irwin et la performance Black Square on Red Square

Parmi les œuvres de récupération du Carré noir qui méritent qu'on s'y attarde un peu plus longtemps qu'aux autres figure la performance *Black Square on Red Square* (ici encore, le titre est évidemment intraduisible si on veut préserver le parallélisme) du collectif d'artistes slovènes Irwin. L'expérience, qui eut lieu à Moscou le 6 juin 1992 et fut immortalisée sur pellicule par Michael Benson pour son film *Predictions of Fire*, consistait à déployer, au centre de la Place rouge, une toile noire carrée de quelque 22 mètres de côté. Nul besoin d'en savoir davantage pour comprendre la nature double, à la fois artistique et politique, d'un tel projet. Que venait donc faire un collectif d'artistes slovènes au cœur symbolique de la Russie et de l'empire soviétique, et ce en plein démantèlement de cet empire, au moment même où, partout dans le monde, et surtout dans les anciens pays communistes d'Europe, on célébrait ce démantèlement en adoptant allègrement les modèles de vie et d'organisation sociale venus de l'Ouest? Que venait-il faire, surtout, en y transportant le symbole par excellence de l'avant-garde russe, se l'appropriant ostensiblement?

Les réponses à ces questions sont multiples. Il faut d'abord savoir que la position du groupe Irwin dans le paysage artistique que lui-même qualifie d'est-européen (désignant par là tous les anciens pays communistes d'Europe), est une position ouvertement engagée et, sous plusieurs aspects, à contre-courant par rapport aux attitudes dominantes dans cette partie du monde depuis la chute des régimes communistes. Irwin et le collectif plus vaste dont il fait partie, Neue slowenische Kunst (NSK), ont en effet pour particularité de revendiquer ouvertement leur appartenance à cet espace est-européen, qu'ils considèrent comme un espace cohérent et, encore aujourd'hui, distinct par rapport au reste du monde. Depuis le début des années 2000, Irwin est derrière un vaste projet, *East Art Map*, qui vise à cartographier et à documenter la production artistique de cette région depuis l'après-guerre jusqu'à aujourd'hui. Le collectif est également à l'origine d'un «nouveau» courant artistique créé a posteriori, la «rétro-avant-garde», regroupant une variété de pratiques artistiques est-européennes fondées sur une approche critique de l'avant-garde historique. Dans une intention polémique, il est même allé jusqu'à faire de ce courant l'équivalent est-européen du modernisme occidental.

La prise de position qui sous-tend ce projet controversé qu'est le East Art Map est un refus du discours dominant qui veut que les pratiques culturelles de l'Est aient désormais rejoint celles de l'Ouest après quelques décennies où elles auraient été écartées de la marche de l'histoire, refus qui se voit combiné à une volonté de revaloriser le parcours propre des artistes de cette partie du monde. En s'affirmant contre la tendance générale à l'homogénéisation culturelle, les membres de Irwin s'affirment aussi contre le refoulement d'une partie importante de l'histoire dont ils estiment, aussi douloureux qu'en soit le souvenir, qu'elle est constitutive de l'identité culturelle de la population est-européenne. Par ailleurs, ils soutiennent que cette histoire doit être confrontée directement si on veut éviter de voir se répéter les erreurs du passé. Replacée dans un tel contexte, la performance Black Square on Red Square, que ses auteurs n'ont accompagnée d'aucun appareil textuel, ne s'explique peut-être pas davantage d'elle-même, mais il est plus facile de cerner les enjeux qu'elle soulève, notamment en ce qui a trait au rôle de l'avant-garde historique comme élément constitutif de l'identité culturelle non seulement russe, mais est-européenne. Le fait d'aller à Moscou déployer un carré noir sur la Place rouge a sans doute, de la part d'artistes slovènes, quelque chose d'un geste de réconciliation ou, à tout le moins, de pacification, considéré dans le contexte géo-politique du début des années quatre-vingt-dix. Mais en accomplissant leur action, non seulement les membres de Irwin s'associent à l'œuvre de Malevitch, ils se posent aussi en «gardiens» du Carré. On peut donc voir cette performance comme un pied-de-nez tardif à l'endroit de la domination culturelle soviétique, comme une manière de laisser entendre que, pendant que l'URSS tentait de contrôler la culture des autres pays de l'Est, c'est là-bas que l'on préservait cet échantillon négligé de la culture russe que, désormais, Irwin s'approprie comme sien en faisant mine de le ramener cérémonieusement chez lui.

Selon Inke Arns, les membres de Irwin, en déployant leur carré noir sur la Place rouge, ont voulu confronter un puissant système idéologique avec un autre système tout aussi fort, mais dans le domaine de l'art (Arns, 9). Il y a manifestement derrière leur projet une volonté de faire ressortir ce qui est perçu comme un lien intrinsèque entre le Carré noir, la Russie et l'impérialisme soviétique et, par extension, d'attirer l'attention sur les liens qui unissent l'art et la politique. En ce sens, Black Square on Red Square s'inscrit donc dans la suite du Sots Art et de sa critique des failles, réelles ou imaginées, de l'avant-garde. Cependant, le déroulement des événements, en ce jour de juin 92, est venu donner une autre teinte à cette performance. En effet, comme le rapporte Michael Benson, alors que les participants s'attendaient à se faire interrompre par la police dès le début de leur action, ils ont pu réaliser celle-ci en toute quiétude, sous les yeux mêmes des forces de l'ordre.

Elena Kurliandzeva has tears in her eyes. She points to a Militia member. «Go talk to him», she says. «Finally, I can believe that things have really changed». The uniformed officer is undistinguishable from the legionaries who once cordoned off the Western embassies of Moscow. «It's a black square, it's a painting», he explains. «I don't understand this work—but I don't see anything wrong with it». (Arns, 196)

S'appuyant sur l'imaginaire du totalitarisme associé à la Place rouge, la performance Black Square on Red Square s'est ainsi retrouvée, contre toute attente, à célébrer à la fois la fin du totalitarisme dans une Russie en transition et la victoire de l'art sur l'idéologie.

2000 – Le Carré noir en Russie aujourd'hui: autour de quelques expositions

Au cours des quelques dernières années, plusieurs expositions consacrées à l'héritage du Carré noir dans les arts visuels ont eu lieu, en Russie et ailleurs, mettant en vedette des œuvres de différents pays. Parmi celles-ci, l'une, présentée à galerie moscovite Pop/Off/Art à l'été 2008, fut consacrée uniquement à son héritage dans l'art russe contemporain. Peu avant, en décembre 2006, le Art Basel de Miami Beach proposait pour sa part une exposition d'art russe intitulée «Modus R – Russian Formalism Today», qui, sans y être consacrée entièrement, accordait elle aussi une importance considérable aux nouvelles incarnations du Carré noir chez les artistes de la jeune génération. Ces expositions et la documentation qui nous en reste sont, il va sans dire, une précieuse source d'informations en ce qui a trait à la réception du Carré noir dans le monde de

l'art russe. Elles ont également ceci de caractéristique qu'elles s'inscrivent—en toute conscience de la part de leurs organisateurs—dans un contexte problématique: celui de la difficile relation des Russes à leur avant-garde en général et au Carré noir en particulier. Elles traduisent toutefois une volonté explicite de revaloriser l'héritage mal-aimé de l'avant-garde, soutenue par une conviction que cet héritage est appelé à prendre une place importante dans le futur de l'art russe, voire même à jouer le rôle d'une «nouvelle» tradition dans cette culture en quête de nouveaux symboles depuis la fin de l'époque soviétique. Sergeï Popov, le directeur de la galerie Pop/Off/Art, affirmait ainsi dans une entrevue au sujet de son «100% Blacksquare» que, selon lui, la vitalité de l'art, de l'architecture et du design russes pour les années à venir ne pourra passer par d'autres voies que celle de la reconnaissance de l'héritage des avant-gardes historiques («Galeristy Moskvy zanialis reklamoi "Chernogo kvadrata" Malevicha»). La commissaire de «Modus R», Olesya Turkina, tenait en 2006 un discours semblable sur la nécessité, pour les Russes, de se réapproprier l'héritage de leur avant-garde. Mais, dans son article introductif au catalogue de l'exposition, elle soulevait aussi la question d'un nouveau rapport à l'avant-garde qui, selon elle, est en train de s'instaurer dans l'art actuel, par rapport à ce que l'on pouvait observer à l'époque du Sots Art. Dans ce qui semble être une réponse à Boris Groys, Turkina affirme que maintenant enfin, en Russie, «alors qu'apparaît une nouvelle génération d'artistes ayant grandi sans connaître l'expérience de la vie dans un état moderniste, le "politique" et le "formaliste" peuvent être séparés». Il est vrai que, de plus en plus, les artistes qui revisitent l'héritage de l'avant-garde dans leurs œuvres semblent s'intéresser surtout à la production des artistes qui y sont associés, à certaines œuvres précises, bien plus qu'à l'avant-garde elle-même comme moment de l'histoire de l'art doté d'une lourde charge émotive, comme ce fut le cas pour les artistes des générations précédentes. Faut-il alors parler de tournant «esthétisant» dans l'approche des artistes russes contemporains à l'égard de l'avant-garde historique? L'œuvre qui occupait l'espace central de l'exposition «100% Blacksquare», une installation d'Oleg Tatarintsev intitulée Champ (Pole), semble en tout cas aller dans ce sens. L'installation en question consistait en vingt-cinq larges bols de céramique couverts de laque noire brillante ou mate et disposés sur le plancher de manière à former un grand carré. Les propos de l'artiste au sujet de son œuvre, marqués par son laconisme même, sont éloquents: «De la laque brillante et de la laque mate: cela fait contraste. Il n'y a là aucun sens caché. Vous avez dit que mon carré, c'était en fait des cercles—je n'y avais même pas pensé» («Metamorfozy "Chernogo kvadrata"». Ma traduction).
L'exemple de l'œuvre Champ de Tatarintsev, sélectionnée parmi d'autres du même type, vient témoigner de ce que la volonté de faire de l'avant-garde un nouveau pilier de la culture russe ne pourra se réaliser qu'au prix d'une certaine limitation du discours à son sujet, d'une certaine aseptisation qui, manifestement, a déjà commencé à se produire. Cela n'est peut-être pas uniquement mauvais. Après toutes ces années où, sur son propre territoire, l'art de l'avant-garde russe a été subordonné à la politique, il pourrait être temps de passer à autre chose. Pour revenir aux théories de Hal Foster ainsi qu'aux propos d'Olesya Turkina cités plus haut, peut-être que l'époque contemporaine en Russie inaugure enfin celle, «post-traumatique», où l'œuvre de l'avant-garde pourra être appréhendée dans toute sa force, libérée des interférences de la politique et de l'émotivité.
Le Carré noir et l'héritage de l'avant-garde
L'imaginaire de l'avant-garde qui se dégage des multiples œuvres de récupération du Carré noir est fait d'images fortes et parfois difficilement conciliables. Néanmoins, celles qui semblent s'imposer le plus tendent vers la formulation d'un constat d'échec de l'avant-garde comme entreprise artistique. Les idées de totalitarisme, de mort et de commerce auxquelles le Carré se voit régulièrement associé dans les œuvres de récupération incarnent sans ambiguïté l'idée de la fin de l'avant-garde, tout comme le fait, sur un autre plan toutefois, son «esthétisation» dans nombre d'œuvres contemporaines. La situation n'est pas sans être paradoxale, pourtant. C'est que malgré ce discours sur la mort de l'avant-garde dans lequel s'inscrivent les œuvres de récupération du Carré, la persistance même de ce tableau dans l'art contemporain ne manque pas d'attester de sa force d'attraction et de sa constante pertinence. Cela est particulièrement marquant dans le domaine de l'art russe. Pour montrer qu'il était encore possible de créer après le Carré, les artistes, au lieu de le reléguer aux oubliettes, se le sont approprié; ils l'ont maquillé,

"Au début de 1919, Kandinsky devient le premier directeur du Musée de culture artistique de Moscou. Pendant deux ans, il se consacre essentiellement à la création de vingt-deux musées à travers tout le pays. Parmi les six tableaux peints en 1919, Dans le gris est l'un des plus grands. Kandinsky a d'abord réalisé de nombreuses études et aquarelles où apparaissent assez clairement des motifs figuratifs - des montagnes abruptes, un soleil, des barques avec des rameurs et d'autres figures. Ces formes individuelles deviennent, dans la peinture à l'huile, des espèces de hiéroglyphes - dans des tons froids, gris-bleu-brun -, suspendus ou en mouvement rotatif. Comparé à la production munichoise, Dans le gris apparaît plus froid, plus austère par ses plages de couleurs informelles.

«Dans le gris se trouve être le point final de ma période «dramatique», c'est-à-dire du très épais amoncellement de formes si nombreuses», explique-t-il rétrospectivement. Parallèlement à la géométrisation croissante des formes, l'autre trait marquant de cette période est la prise en considération du cadre dans la perception globale de l'œuvre. Dans Ovale blanc, le cadre est pour la première fois introduit sur la surface de la toile et constitue un élément de la composition. Ainsi, le format rectangulaire rigide du support est aboli au profit d'un espace indéfini créé par le noir, où sont disposés les éléments de la composition. La surface blanche, qui suggère un mouvement rotatif par sa disposition en diagonal, accueille des formes organiques mais aussi des éléments géométriques. Le trait noir, qui traverse la composition, indique des valeurs directionnelles opposées à celle de la surface blanche, et sépare le tableau en deux parties: l'une relativement ordonnée et calme, l'autre plus explosive et dense."[117]

On retrouve donc, encore une fois, dans *Einst dem Grau der Nacht enttaucht* comme dans *Ovale blanc*, dans l'exacte même période (1918-1919), une identité de nature (la division

---

camouflé, profané, ridiculisé, transformé en symbole totalitaire, si bien que, pour reprendre les mots d'une historienne de l'art dans un article récent, l'art des quelques dernières décennies, en Russie, n'est peut-être pas tant un art après Malevitch qu'un art sur Malevitch (Karasik, 329). Aussi, si l'œuvre, tout comme l'image de l'avant-garde historique qu'elle incarne, a été indéniablement et durablement transformée par toutes ces manipulations, on peut néanmoins se demander où se situe le rapport de force.

Dans un article intitulé «Apropos Appropriation», Jan Verwoert reprend cette question posée par Derrida dans Spectres de Marx: «Posséder un spectre, n'est-ce pas être possédé par lui, possédé tout court? Le capturer, n'est-ce pas être par lui captivé?» pour, à son tour, demander: «If through appropriation one seeks to (re-)possess an object, what then if that object had a history and thus a life of its own? Would the desire for possession then not inevitably be confronted by a force within that object which resists that very desire?» (Verwoert, n.p.). À notre tour, à propos du Carré noir, on peut se poser la question suivante, qui pourrait également être reformulée pour inclure l'avant-garde dans son entier: Est-ce l'art contemporain qui a investi le Carré noir, ou le Carré noir qui a investi l'art contemporain?

[117] http://mediation.centrepompidou.fr/education/ressources/ENS-kandinsky/ENS-kandinsky.html

spaciale), parallèle à un regard sur le gris, chez deux artistes différents.

On voit là les limites de l'interprétation pratique (comme conséquence de la guerre chez Kandinsky), et la réaffirmation de ce que nous avons dit dans d'autres travaux: le symbolique appelle le symbolique.

III.8. L'avant avant-garde
III.8.a. Une lecture coïncidente à rebours

Nous avons montré que la double question du gris et du monochrome, d'une part, de la forme géométrique de l'autre (qui perdure, obligatoirement associée à la forme carrée du cadre[118]), perdure de l'avant-garde jusqu'à la fin du XXème siècle. Mais devons-nous rester dans ce champ historique, ou bien pouvons-nous le reporter à des considérations antérieures?

On sait que la question de la simplification formelle comme élément de décomposition de l'espace fictif du tableau, formalisé par les cubistes (mouvement du spectateur autour du sujet dans l'espace[119]), et par les futuristes (en ce qui concerne la

---

[118]Voir en cela notre ouvrage *Sens et contexte du "Carré noir sur fond blanc" de Kazimir Malévitch* sur la question de la permanence du carré dans le langage formel de l'avant-garde, thème abordé par Rosalind Krauss également; l'article du Centre Pompidou sur le Monochrome renforce pour l'après avant-garde cette constatation, http://mediation.centrepompidou.fr/education/ressources/ENS-monochrome/ENS-monochrome.html; et sur la question de la modification du cadre chez les informalistes uruguayens, notre article: "*Tipologías XVIII: De la utilización y la comprensión de la forma geométrica simple en la enseñanza de la composición arquitectónica*", http://tipologias-xviii.blogspot.com/

[119]Poétiquement conçu par Pablo Antonio Cuadra (*Poesía*, Managua, Fundación Vida, 2003, T. I, p. 18) dans le poème "*Tijera*" de son premier recueil *Canciones de Pájaro y Señora* (1929-1931):
"*Desperezando tus brazos
hembra sensual y sadista
te adelantas en conquista
con tus cortantes abrazos.*

*Metamorfosis cubista
te hizo en pirueteria,
pájaro de barbería
que hasta se atreve a posar
con su canto peculiar
sobre la cabeza mía.*"

décomposition du mouvement du sujet dans l'espace)[120], provient d'une inquiétude impressionniste, celle de Cézanne, qui pensait que la question de l'art se réduisait aux éléments tridimensionnels suivants: "*le cône, le cube, le cylindre, la sphère*".

"*Alors il m'expliquait toutes ses idées sur la forme, sur la couleur, Sur l'art, sur l'éducation d'un artiste: tout dans la nature se modèle selon la sphère, lecône et le cylindre, il faut s'apprendre à pein- dre sur ces figures simples, on pourra ensuite faire tout ce qu'on voudra.*"[121]

"*Permettez-moi de vous répéter ce que je vous disais ici: traiter la nature par le cylindre, la sphère, le cône, le tout mis en perspective, soit que chaque côté d'un objet, d'un plan, se dirige vers un point central. Les lignes parallèles à l'horizon donnent l'étendue, soit une section de la nature ou, si vous aimez mieux, du spectacle que le Pater omnipotens æterne Deus étale devant nos yeux. Les lignes perpendiculaires à cet horizon donnent la profondeur.*"[122]

On note que Cézanne[123] dirige déjà le concept vers le point (comme départ et centre de l'objet représenté, comme point focal) et la ligne (comme tension vers le lointain, et l'établissement la perspective). Division que l'on percevait chez les rayonnistes, dont on entend bien que le positionnement géométrique, malgré leur déni implicite du poussinisme aussi bien que du rubénisme ("*non point par le contour des objets ni même par leur couleur formelle*"), provient d'une conception coloriste (la touche, que de Rubens à Delacroix s'entend comme ce rayon qui illumine et délimite la tridimensionalité du corps représenté; en termes rayonnistes, dans la même phrase: "*la

---

[120] De fait, à son tour, inspiré des travaux photographiques d'Étienne-Jules Marey et d'Eadweard Muybridge.
[121] Émile Bernard, *Souvenirs sur Paul Cézanne et Lettres*, Saint-Amand, Impr. A. Clerc, 1921, p. 39.
[122] *Ibid.*, p. 72.
[123] Ainsi Alliez, p. 422, qualifie la question du point chez Klee de "*post-cézannien*(ne)". Voir aussi Jörg Becker, *Naturentwürfe: Arbeiten auf Papier von Cézanne bis Beuys*, Städtische Galerie Albstadt, 2000, pp. 109-110.

peinture de l'espace révélé,..., mais par le drame toujours intense des rayons qui composent leur unité").

Or, ce sera chez le même Cézanne que l'on trouvera l'origine du gris comme symbole de l'idée contemporaine:

"*La couleur que Cézanne choisit pour les murs de son atelier est un gris qu'il a conçu à base de noir, de blanc, d'ocres et de bleus. Il disait: «On n'est pas un peintre tant qu'on n'a pas fait un gris». Et ce gris, il l'avait observé en plein air, lorsqu'il allait peindre ses paysages. Il avait constaté que pour qu'une séance de peinture soit bonne, il fallait que le ciel soit gris clair.*"[124]

Quant au point, il en dit:

"*Pour les progrès, il n'y a que la nature, et l'oeil s'éduque à son contact. Il devient concentrique à force de regarder et de travailler: je veux dire que, dans une orange, une pomme, une boule, une tête, il y a un point culminant et ce point est toujours – malgré le terrible effet: lumière, ombre, sensations colorantes – le plus rapproché de notre œil. Les bords des objets fuient vers un centre placé à notre horizon.*"[125]

Et encore:

"*Or, vieux, soixante-dix ans environ, les sensations colorantes qui donnent la lumière sont causes d'abstractions, qui ne me permettent pas de couvrir ma toile ni de poursuivre la délimitation des objets quand les points de contact sont ténus, délicats; d'où il ressort que mon image ou tableau est incomplète. D'un autre côté les plans tombent les uns sur les autres, d'où le néo-impressionnisme qui circonscrit les contours d'un trait noir, défaut qu'il faut combattre à toute force.*"[126]

III.8.b. De Seurat à Chevreul

"*Les impressionnistes ont appliqué la théorie de Chevreul qui divise les couleurs en deux groupes: les couleurs primaires - bleu, jaune, rouge, et les couleurs secondaires*

---

[124]http://espacesinstants.blog.tdg.ch/archive/2010/11/20/ennuyeux-le-gris-%C2%BFaburrido-el-gris.html Sur l'atelier de Cézanne peint en gris, voir aussi Bernard, p. 24: "*c'était une grande pièce peinte à la colle, en gris, prenant le jour sur le nord, par un éclairage à hauteur d'appui*".
[125]Bernard, pp. 77-78.
[126]*Ibid.*, p. 86.

obtenues par mélange de deux primaires. Ce principe en déduit également qu'une secondaire se renforce auprès de la primaire non composante, par exemple: le violet s'exalte auprès du jaune, le vert près du rouge. Chevreul constate alors que les couleurs complémentaires mélangées entre elles se détruisent en donnant un gris-marron incolore.
Les impressionnistes par principe hostiles à la non couleur, comme le gris, éviteront les mélanges sur la palette et préféreront poser directement sur la toile de petites touches de teintes primaires ou secondaires, en confiant à l'oeil du spectateur le soin de reconstituer les couleurs intermédiaires souhaitées.
La technique de Monet et de ses camarades reste cependant empirique, plus commandée par la sensation et par l'intuition; les artistes ne se référant à Chevreul que pour s'abriter derrière un bouclier scientifique."[127]

La tension du gris est, chez Klee, comme chez Mallarmé, génératrice, par sa neutralité même. On le voit dans le "*frémissement gris*" d'*Igitur*[128] (1869). Frémissement gris qu'Éric

---

[127] http://verat.pagesperso-orange.fr/la_peinture/kant24.htm

[128] " *Voici en somme Igitur, depuis que son Idée a été complétée :* — *Le passé compris de sa race qui pèse sur lui en la sensation de fini, l'heure de la pendule précipitant cet ennui en temps lourd, étouffant, et son attente de l'accomplissement du futur, forment du temps pur, ou de l'ennui, rendu instable par la maladie d'idéalité : cet ennui, ne pouvant être, redevient ses éléments, tantôt, tous les meubles fermés, et pleins de leur secret ; et Igitur comme menacé par le supplice d'être éternel qu'il pressent vaguement, se cherchant dans la glace devenue ennui et se voyant vague et près de disparaître comme s'il allait s'évanouir en le temps, puis s'évoquant ; puis lorsque de tout cet ennui, temps, il s'est refait, voyant la glace horriblement nulle, s'y voyant entouré d'une raréfaction, absence d'atmosphère, et les meubles tordre leurs chimères dans le vide, et les rideaux frissonner invisiblement, inquiets ; alors, il ouvre les meubles, pour qu'ils versent leur mystère, l'inconnu, leur mémoire, leur silence, facultés et impressions humaines,* — *et quand il croit être redevenu lui, il fixe de son âme l'horloge, dont l'heure disparaît par la glace, ou va s'enfouir dans les rideaux, en trop plein, ne le laissant même pas à l'ennui qu'il implore et rêve. Impuissant de l'ennui.*
Il se sépare du temps indéfini et il est ! Et ce temps ne va pas comme jadis s'arrêter en un frémissement gris sur les ébènes massifs dont les chimères fermaient les lèvres avec une accablante sensation de fini, ne trouvant plus à se mêler aux tentures saturées et alourdies, remplir une glace d'ennui où, suffoquant et étouffé, je suppliais de rester une vague figure qui disparaissait complètement dans la glace confondue ; jusqu'à ce qu'enfin, mes mains ôtées un moment de mes yeux où je les avais mises pour ne pas la voir disparaître, dans une épouvantable sensation d'éternité, en laquelle semblait expirer la chambre, elle m'apparût comme l'horreur de cette éternité. Et quand je rouvrais les yeux au fond du miroir, je voyais le personnage d'horreur, le fantôme de l'horreur absorber peu à peu ce qui restait de sentiment et de douleur dans la glace, nourrir son horreur des suprêmes frissons des chimères et de l'instabilité des tentures, et se former en raréfiant la glace jusqu'à une pureté inouïe, — *jusqu'à ce qu'il se détachât, permanent, de la glace absolument pure, comme pris dans son froid,* — *jusqu'à ce qu'enfin les meubles, leurs monstres ayant succombé avec leurs anneaux convulsifs, fussent morts dans une attitude isolée et sévère, projetant leurs lignes dures dans l'absence d'atmosphère, les monstres figés dans leur effort dernier, et que les rideaux cessant d'être inquiets tombassent, avec une attitude qu'ils devaient conserver à jamais.*" ("*III. Vie d'Igitur*", http://fr.wikisource.org/wiki/Igitur)

Alliez attribuera à Seurat[129], "*cet autre messie*" "*dont la lumière idéale raréfie les distantes évocations jusqu'à suggérer «ce point de statique», «cette recherche de dégagement absolu» où toutes les sensations revêtent les couleurs d'un autre spectre, le "frémissement gris" d'un absolu sans visage.*"[130]

Seurat, auteur d'un *Temps gris, Grande-Jatte* (1886), qui semble comprendre le concept atmosphérique cézannien pour la bonne peinture (on note que les toiles de Seurat tendent à présenter, à droite [*Une baignade à Asnières*, 1883-1884; *Les Poseuses*, 1886-1888] ou à gauche [*Un dimanche après-midi à l'Île de la Grande Jatte*, 1884-1886; *Le Chahut*, 1890; *Les Pêcheurs à la ligne*, 1883; *La Seine à la Grande Jatte - Printemps*, 1888; *La Seine à Courbevoie*, 1885], voire en haut [*La Banlieue*, 1882-1883; *Vue de Fort-Samson*, 1885; *Jeune femme se poudrant*, 1889-1890; *La Tour Eiffel*, 1889], une plage grise-bleue [ce que les images de bords d'eau, par les plaques aquatiques, lui donne l'occasion de reproduire avec plus de facilité contextuelle]), "*invente la technique du chromo-luminarisme (plus couramment appelé pointillisme), qui s'inspire des écrits théoriques du critique Charles Blanc (Grammaire des arts du dessin, 1867) et de sa*

À comparer, dans le même texte, avec: "*Et du Minuit demeure la présence en la vision d'une chambre du temps où le mystérieux ameublement arrête un vague frémissement de pensée, lumineuse brisure du retour de ses ondes et de leur élargissement premier, cependant que s'immobilise (dans une mouvante limite), la place antérieure de la chute de l'heure en un calme narcotique de moi pur longtemps rêvé ; mais dont le temps est résolu en des tentures sur lesquelles s'est arrêté, les complétant de sa splendeur, le frémissement amorti, dans de l'oubli, comme une chevelure languissante, autour du visage éclairé de mystère, aux yeux nuls pareils au miroir de l'hôte, dénué de toute signification que de présence.*" ("*I. Le Minuit*")
Cet Igitur est, bien sûr, le poète à l'ouvrage, créateur de mondes, dans son bureau secret, et confirme, tout puissant jeteur de dés ("*IV. Le coup de dés*"), notre analyse du plus fameux poème de Mallarmé, dans notre ouvrage *Un Coup de Dés: ou Stéphane Mallarmé et la question de l'art abstrait*, 2006.
[129]L'un des quelques artistes dont Klee étudia les textes "*assidûment*" durant ses années de formation, avec ceux de Leonard, Philipp Otto Runge, Delacroix, Feuerbach et Van Gogh, voir *The notebooks of Paul Klee*, Volume 1: *The thinking eye*, édition de Jürg Spiller, New York, George Wittenhorn, et Londres, Lund Humphries, 1961 (la numérotation reprend après les premières 42 pp. de la première partie, de présentation), p. 21 de la première partie (et numérotation).
[130]Alliez, p. 343.

lecture de la loi du contraste simultané des couleurs du chimiste Michel-Eugène Chevreul et de la La Théorie scientifique des couleurs, (1881), d'Ogden Rood[131].

Si l'on reprend, à présent, à l'inverse les thèses de Chevreul, à savoir que le gris provient de l'association des trois couleurs primaires, on peut dire que les trois couleurs primaires (même si cela est faux dans la pratique, en cela que, si l'on peut créer du gris par leur mélange, on ne peut, à l'inverse, les récupérer par soustraction dans le gris ainsi produit) existent dans le gris, ou s'y contiennent.

De là que l'on comprend mieux *Einst dem Grau der Nacht enttaucht* de Klee[132].

---

[131]Georges Roque, *Art et science de la couleur: Chevreul et les peintres, de Delacroix à l'abstraction*, Paris, Gallimard, Coll. «*Tel*» (n° 363), 2009, p. 350; et http://fr.wikipedia.org/wiki/Georges_Seurat#cite_ref-2

[132]De fait: "*In 1921, Itten published his first theoretical color model in the almanach Utopia, which was a color sphere divided into «7 light values and 12 tones.»* In The Art of Color, *which was originally published in 1961, he conclusively put together findings from decades of research.*
Paul Klee too sought to understand the universe of color as a comprehensive system. His color universe has a gray core at the center of a color sphere. Its poles are black and white respectively, and at the equator we find the entire scale of pure colors, which combine to form the different tones as we proceed step by step towards the poles. The gray core is the touchstone for all harmonic color combinations. Harmony of tones and colors can be verified on the grounds of their passage through the gray center of Klee's universe of color: If colors opposite one another at the periphery meet at the core to form gray they create color harmonies. Klee's «elementary color star» or «totality star of the hue gradation» of 1922 palpably demonstrates the value he attributed to gray. We do not do justice to Klee's universe of color if we see it as just a direct derivative of Goethe's color disc, because Goethe neither included gray nor all the other neutral colors. Klee's theory seems to be much more in line with Philipp Otto Runge's sphere of color in which gray builds the center of all colors and is therefore the center of a color universe as well as the touchstone for harmonic color combinations. Klee indeed goes way beyond Runge's conception by reinterpreting the order of color as the result of a dynamic process. This can be discerned in his sketch for the «Canon of Color Totality», in which the individual color areas overlap in moon-shaped movements and in this way merge." (Itten Klee Cosmos of Color, Kunst Museum, Bern, 30.11.2012-01.04.2013,
http://www.kunstmuseumbern.ch/admin/data/hosts/kmb/files/page_editorial_paragraph_file/file_en/643/kmb_ausstellungsfuhrer_itten_klee_en.pdf?lm=1353427268, "*3 Color Theory*")
Pour cela, et parce que: "*Johannes Itten and Paul Klee are leading figures in 20th century art due to their famous and far-reaching theories about color. Both of them firmly believed that the order of colors presents a self-contained universe that obeys set principles. Newly discovered documents show that both artists drew on a mutual source of intellectual history and that they shared, to a degree, an interest in esoteric teachings, while reciprocally inspiring one another too. Both developed their ideas on color over decades of reflection and work, exploring and applying them comprehensively in their art as well. The lives and careers of Paul Klee who was born in*

C'est ainsi que le gris, tant pour Cézanne, jusque dans son atelier, comme le gris, le blanc et le noir, pour Chevreul dans ses essais sur la loi du contraste simultané (qui insiste sur l'importance du gris - voir du blanc et du noir - comme fond neutre pour faire ressortir les couleurs[133]), ou Malevitch dans ses oeuvres, apparaît à Klee, par exemple dans *Einst dem Grau der Nacht enttaucht*, comme le siège visuel de division de la couleur, d'où elle naît, division que l'on retrouve autour des couleurs primaires chez Kandinsky, dans *Ovale blanc*.

Chevreul écrit:

"C'est encore pour cette raison que les surfaces grises et noires qui sont contiguës à des surfaces de couleurs très franches, telles que le bleu, le rouge, le jaune, sont modifiées par ce voisinage plus que ne le serait une surface blanche."[134]

III.8.c. Le surréalisme

Dans *L'homme au complet gris clair* (1931) du surréaliste belge Marcel Lecomte, s'opposent clairement, dans une ville

---

Münchenbuchsee near Bern and Johannes Itten who grew up in the Bernese Oberland converged at many points: For example, Paul Klee's father was the first to inspire Johannes Itten in his artistic pursuits, and conversely, Paul Klee acquired a teaching appointment at the Bauhaus in Weimar chiefly through Itten's support. Well-nigh simultaneously in 1914/1915, both artists began their lifelong investigation of color theory and the order of the universe of color - in Klee's case on a trip to Tunisia, in Itten's while in Stuttgart through Adolf Hölzel's art theory. Over many years, both artists took an interest in each other's art and even exchanged works.

The exhibition maps out Itten's and Klee's thematic focus on color in art chronologically and in eleven sections grouped around key works by both artists. The choreography of the presentation takes up Klee's and Itten's idea of gray as the middle point of the color cosmos by mounting the works on gray walls. And, additionally, the background colors used for the different room numbers are from Itten's color disc, so that our visitors pass through the whole range, so to speak, during their visit." (Ibid., "Introduction")
Ce qui renforce encore notre concept du gris comme neutralité ou *medium* entre le noir et le blanc: "*The color sphere, with its basic polarity of light and darkness, bright and dark, its neutral gray point in the center, and its wealth of colors rich in connections both on the surface and in the interior is particularly well suited to Klee's striving for harmony and totality.*" (Grawe et Wick, p. 250)

[133] M. E. Chevreul, *De la loi du contraste simultané des couleurs et de l'assortiment des objets colorés, considéré d'après cette loi dans ses rapports avec la peinture*, Paris, Pitois-Levrault et Cie, 1839, pp. 62-63, 93, 112, 252, 270-271, 314, 373-374, 409, 466, 548, 642, .

[134] *Ibid*, p. 77. Voir aussi p. 111.

"*avec cette mélancolie d'une ville du Sud, ses perspectives géométriques, sa densité onirique très particulière, sa forme d'énigme bouclée sur elle-même, hermétiquement*"[135], un héros, artiste ou lié au théâtre, sans préoccupation, mais sachant que "*Ne peut-on penser en effet que si la misère comme la maladie transforme complètement la lumière et la couleur des journées, elle peut amener à la longue et cela fréquemment un sentiment de liberté excessif ou au moins privé de sa nécessité véritable.*"[136], contre un bourgeois inculte, qui perturbe l'enquête, et l'assassin au complet gris clair, qui finira par mourir, en lieu et place de sa victime, et une femme en noire.

On y comprend bien l'opposition entre les tons éteints de la bourgeoisie (le gris, le noir, le deuil), mortelle, aussi bien pour elle que pour la jeunesse, et la maladie des couleurs, de la lumière, dans une opposition qui, si on la reporte au monde visuel, renvoie à l'assise des couleurs et de leur vivacité sur le fond (ou la barre) gris(e), par exemple, de Klee. Principe que l'on retrouve chez Seurat, et chez Kandinsky ou Malevitch (en ce qui concerne les essais monochromatiques).

À propos de Félicien Rops, Péladan écrit déjà (en terminant son texte):

"*L'Art, comme l'homme, est tour à tour vertueux ou vicieux, c'est-à-dire, religieux ou pervers, et quoiqu'il y ait quelque chose de choquant pour plusieurs dans l'absolu de cette formule, je la maintiens. Ce qui n'est ni blanc, ni noir, ni pur, ni impur, est gris ou bourgeois, et le gris est un préjugé de la couleur et le bourgeois un préjugé de la zoologie, sans réalité.*"[137]

---

[135] Érika Pinto de Azevedo, U*ne étude et une traduction de l'Homme au complet gris clair, nouvelle de Marcel Lecomte, écrivain surréaliste belge francophone*, Maîtrise en Littérature française, UFRGS, Porto Alegre, 2007, sous la dir. de Robert Ponge, 2007, inédit, https://www.lume.ufrgs.br/bitstream/handle/10183/10251/000592140.pdf?sequence=1, p. 95.
[136] *Ibid.*, p. 82.
[137] Joséphin Péladan, "*Les Maîtres contemporains - Félicien Rops (Première étude)*". *La jeune Belgique*, 1884-1885, T. IV, p. 83.

III.9. la couleur grise, la morale et ses sous-cadres socio-économiques et lingüistiques

La valeur morale du gris se comprend, également, donc, d'un point de vue social, comme le montre *L'homme au complet gris clair*, parfaitement préfacé, en cela, par le cycle en forme de trilogie (commun chez l'auteur, on le retrouve pour *Joseph Balsamo*) de Dumas sur *Les Trois Mousquetaires*, notamment *Vingt ans après* (1845) et *Le vicomte de Bragelonne ou Dix ans plus tard*[138] (1847-1850), où, en première instance, les couleurs, rouge, noire et grise, opposent, en plusieurs endroits, les caractères et les personnes de Richelieu et Mazarin (comme le confirme le premier chapitre de *Vingt ans après*).

Pareillement, dans le monde laïque, auquel se superposent les intrigues religieuses des quatre prélats que sont Richelieu, Mazarin, le coadjuteur Jean-François Paul de Gondi (dans *Vingt ans après*, dont la figure, pourrait-on dire, correspond à celle, laïque, de le surintendant des finances Nicolas Fouquet dans *Le vicomte de Bragelonne*) et Aramis (aspirant aussi au chapeau rouge, dans *Le vicomte de Bragelonne*, avant de devenir le chef de l'ordre mystérieux des jésuites), dans *Vingt après*, le gris apparaît pour définir les couches sociales:

> "*Le coadjuteur regagna le quai par la rue de la Monnaie; sur le quai, des groupes de bourgeois en manteaux noirs et gris, selon qu'ils appartenaient à la haute ou à la basse bourgeoisie, stationnaient immobiles, tandis que des hommes isolés passaient d'un groupe à l'autre.*"[139]

Antérieurement, dans le même livre, c'est la couleur, maladive, qui définit Mordaunt, le fils de Milady, au chapitre qui lui est dédié, dans sa première rencontre avec le fils d'Athos, celui des mouquetaires qui mit fin à la carrière de sa mère:

---

[138]Titre de l'édition de Paris, Michel Lévy Frères, 1848-1850, 26 vol.
[139]Alexandre Dumas, *Vingt ans après*, Paris, Dufour et Mulat, 1849, pp. 314-315.

"*Ils avaient fait plus d'une lieue et distinguaient déjà les premières maisons du village dont les toits couverts de tuiles rougeâtres se détachaient vigoureusement sur les arbres verts qui les environnaient, lorsqu'ils aperçurent, venant à leur rencontre, monté sur une mule, un pauvre moine qu'à son large chapeau et à sa robe de laine grise ils prirent pour un frère augustin. Cette fois le hasard semblait leur envoyer ce qu'ils cherchaient.*
Ils s'approchèrent du moine.
C'était un homme de vingt-deux à vingt-trois ans, mais que les pratiques ascétiques avaient vieilli en apparence. Il était pâle, non de cette pâleur mate qui est une beauté, mais d'un jaune bilieux; ses cheveux courts, qui dépassaient à peine le cercle que son chapeau traçait autour de son front, étaient d'un blond pâle, et ses yeux, d'un bleu clair, semblaient dénués de regard."[140]

Dans *Le vicomte de Bragelonne*, cette différenciation produite par la couleur grise se reproduit, tout d'abord lorsque D'Artagnan se déguise pour le service du Roi:

"*Donc, au lieu de d'Artagnan, je serai Agnan tout court; c'est une concession que je dois naturellement à mon habit gris, à mon chapeau rond et à ma calotte râpée.*"[141]

Comme dans *Vingt ans après*, où le chapitre XXXV rappelle, dans son titre, que "*La nuit tous les chats sont gris*", qui renvoie à l'idée que l'obscurité ne laisse voir que des ombres indéfinies, il nous semble que c'est dans le domaine francophone que s'exprime le mieux la notion de la couleur grise comme passage, obscurcissement[142], vers le noir, dès que l'on amplifie le contexte du concept à l'expression populaire "*être gris*". Si:

"*L'expression être gris n'est autre chose qu'une traduction libre de graecari, qui, chez les Romains, signifiait faire la débauche, littéralement faire le Grec. De là, dans le vieux français, être Griu ou Gris.*"[143]

---

[140] *Ibid.*, p. 218.
[141] Dumas, *Le vicomte de Bragelonne*, édition illustrée par J.-A. Beaucé, Paris, Michel Lévy Frères, 1876, p. 199.
[142] Bien que l'on en trouve une aussi bonne expression dans *Crisis on Infinite Earths* (DC Comics, 1985-1986), dont nous citons ici la versión mexicaine en espagnol (partie "*Réplica*", p. 7): "*La luz, compuesta de rojos y azules y amarillos y verdes, se convierte en una interminable visión gris... y el gris se vuelve oscuro y ominoso hasta que el espacio a su alrededor se convierte en un interminable negro.*"
[143] *Bibliothèque universelle de Genève*, Genève, Joël Cherbuliez, 1856, T. XXXII, p. 229.

Il n'en est pas moins vrai que le *Dictionnaire de l'Académie française*:

"*Fig. et fam., Être gris, un peu gris, Être a demi ivre. A la fin du repas, nous étions tous un peu gris. Celte femme est grise.*"[144]

Coïncide avec l'opinion courante pour considérer qu'"*être gris*" n'est qu'être à moitié ivre, alors qu'"*être noir*" est l'être complètement[145]. On en déduit que l'emphase s'opère autour de l'augmentation du brouillard, pour ainsi dire, qui entoure le buveur, de gris ("*plus très clair*", "*pas net*", comme dit d'ailleurs aussi le langage populaire), on perd complètement la conscience dans, comme l'exprime bien le terme anglais du point de vue des couleurs, un "*blackout*" total.

Le Français a ainsi construit un verbe: "*se griser*", qui désigne cette évasion par l'enivrement, de quoi que ce soit d'ailleurs, pas obligatoirement l'alcool:

"*Grigou est un terme de mépris dû à la mauvaise opinion qu'avaient les croisés du caractère et des mœurs des Grecs: c'est une altération de Grœcus, Grœciscus (Grec); on trouve dans les vieux fabliaux grigois (idiome grec) et Gris, Grec, d'où est venu le verbe se griser (s'enivrer), se comporter comme un Grec (grœcari en lat.). Griego, grigou en esp., grego en port., sont plus rapprochés que le français du mot dont ils dérivent. Le nom du feu grégeois, et le substantif grègues (culottes) ont la même étymologie.*"[146]

---

[144] *Dictionnaire de l'Académie française*, Bruxelles, Société typographique belge, Adolphe Wahlen, et Cie, 1838, T. I, p. 532.
[145] "*Être noir: Etre ivre (alcool).../... Être gris: Être légèrement ivre*" (http://www.francaisfacile.com/exercices/exercice-francais-2/exercice-francais-2898.php)
"*«Être gris» signifie en langage courant «être légèrement ivre», probablement parce qu'alors, la vision se trouble, et qu'on voit comme dans la grisaille d'un brouillard.*" (https://fr.wikipedia.org/wiki/Gris#Expressions_et_proverbe)
"*- être gris: être légèrement ivre, très gai après avoir bu un peu d'alcool.../... noir
- être noir: être bien ivre Usage: populaire.*" (http://forum.wordreference.com/threads/expr-couleurs-colours.48202/)
[146] Adolphe de Coston, *Origine, étymologie & signification des noms propres et des armoiries*, Paris, Chez Aug. Aubry, 1867, p. 205.

Alors que, parallèlement, l'évocation du caractère Grec, originellement mis en relation par les étymologistes avec l'action de se griser, qui veut dire s'étourdir, s'en éloigne dans le monde contemporain, comme le prouve l'identité d'être Grec avec le fait d'avoir une connaissance profonde d'un objet culturel, comme en témoigne l'exclamation des détectives d'Émile Gaboriau, respectivement le Père Tabaret dans *L'affaire Lerouge* (*Le Pays*, 1863; *Le Soleil*, 1866):

"*Ce n'est pas la peine de développer, dit-il. Dieu merci! ce que vous lisez est assez explicite. Je ne suis pas un Grec en pa-reille matière, je suis simple comme le serait un juré; pourtant, je comprends admirablement.*"[147]

Et Monsieur Lecoq dans *Le crime d'Orcival* (1867):

"*Comment! Tenez, docteur, je ne suis pas un grand Grec en pareille matière, ayant eu rarement l'occasion d'étudier sur le vif les sentiments des demoiselles bien nées, et pourtant la chose me semble fort simple.*"[148]

Expression, également, de M. Jal, sur la navigation antique, dans le *Journal des Savants*:

"*Excepté la galère birème, il rejette l'existence de tout vaisseau à un plus grand nombre de rangs de rameurs. Il croit qu'aucun d'eux n'est établi sur la foi de monuments auxquels la critique puisse avoir une confiance entière, qu'il n'en est aucun qui ne trouve contre lui un texte aussi respectable que celui à l'aide duquel on l'a voulu restituer. Il croit fermement que, jusqu'au jour où un helléniste habile aura deviné le sens des mots de la langue maritime, tout à fait inconnue aujourd'hui, la question des galères grecques et romaines restera insoluble. Il ajoute modestement: «Je ne serai pas cet homme heureux; il me faudrait une connaissance du grec que je suis loin d'avoir; car je ne suis pas grec du tout, et je n'ai guère espérance de le devenir.»*"[149]

De fait, l'origine, supposée unique, de griser et grivois:

"*GRIVE; on ne connaît pas l'origine du mot. Quelques-uns ont pensé au son gri gri que cet oiseau fait entendre; d'autres le rangent, sans trop de façon, sous la racine gris. A*

---
[147] Émile Gaboriau, *L'affaire Lerouge*, Paris, E. Dentu, 1867, p. 81.
[148] Gaboriau, *Le crime d'Orcival*, Paris, E. Dentu, 1868, p. 298.
[149] *Journal des Savants*, Juin 1847, p. 335.

côté de pareilles explications j'oserais bien risquer à mon tour une conjecture, en faisant venir grive d'un type gripa, du verbe gripare, gripper. Ldiqrice serait! oiseau grippeur; et le nom serait analogue à celui de l'oiseau dit proyer (de proie). C'est bien aussi un dimin. de gripare qu'il faut rattacher au verbe griveler, faire de petits profits illicites, à moins qu'on ne préfère une origine du flam. Kribbelen, racler. L'adjectif grivelé, grivolé (dans "plumage grivelé") - bigarré, tacheté, paraît être un dérivé de grive, d'où procèdent encore les noms d'oiseau grivelin, grivelette. Génin, pour qui l'ad. gris, tant comme nom de couleur, que dans son acception de "ivre" et surtout dans cette dernière, représente le vfr. griu (prononcé griv) = graecus, avait beau jeu pour en tirer le mot grive, puisque cet oiseau aime beaucoup à fréquenter les vignes et à se griser (de là le proverbe "soûl comme une grise"). De ce même primitif griu, fém. grive, viendrait, d'après le même auteur, aussi grivois, soldat qui aime à boire. Ne pouvant admettre la prémisse d'où elles partent, je dois rejeter les étymologies qu'en a déduites l'étymologiste français.
GRIVELER, voy. grive. - D. grivelée.
GRIVOIS, soldat éveillé et alerte, drille; fém. grivoise, vivandière; de là le mot a pris l'acceptation "libre, hardi." Ce vocable, qui paraît ne date que de la fin du XVIIe siècle, serait-il tiré de la grive, l'oiseau maraudeur? Voy. l'art. grive.
GRIVOISE, râpe à tabac. Pour faire l'étymologie de ce mot, on a tout bonnement établi le premier usage du tabac aux grivois (v.c.m.). D'autres, plus scrupuleux, ont songé à l'all. reibeisen, râpe, qu'en Suisse on prononce rib-isen. Cette étymologie est ingénieuse à la vérité et même correcte, mais on n'ose guère l'adopter."[150]

(Nous reproduisons la dernière entrée pour bien marquer les difficultés réelles et incertitudes de toute étymologie.) Peut bien s'expliquer par une autre voie, plus directe:

"GRIS, b. I. grisius, couleur blanche et noire, — ail. gries, grau, vieille femme à cheveux gris; angl. grey. — Grisou, homme dont les cheveux grisonnent, deviennent gris, qui se fait vieux.
— Avec la même idée de gris, on a fait, ce qui est tout le contraire, grisette, idée d'une jeune fille, généralement ouvrière et coquette, à cause de l'usage, bien passé, où étaient les jeunes femmes de médiocre condition de se vêtir d'étoffes grises. — Grisaille, peinture où le gris domine. — Gris, à moitié ivre; a l'homme ivre, tous les objets sont gris, comme aux chats la nuit, selon le proverbe; dans ce sens, griser, se griser.
grivois, bon vivant, éveillé, leste en paroles, chansons grivoises; mot assez récent et qui parait être emprunté à la grive, oiseau jaseur, voleur et buveur, ou du moins fort amateur du raisin qu'il va piller dans les vignes."[151]

---

[150] Auguste Scheler, *Dictionnaire d'étymologie française*, Bruxelles, Auguste Schnée, et Paris, Firmin Didot Frères, 1862, pp. 164-165.
[151] M.A. Mazure, *Dictionnaire étymologique de la langue française usuelle et littéraire*, Paris, Eugène Belin, 1863, art. "*Gris*", pp. 442-443.

Or:

"*(Libertin) (1690) Apparait avec le sens de «soldat», composé de grive et -ois, grive étant attesté au sens de «guerre» en 1648 → voir grief[152].*
(Relatif à Grives) Mot composé de Grives et -ois."[153]

L'abbé Vincelot est de la même opinion:

"*MERLE GRIVE. —- Turdus musicus.*
L'épithète grive me semble avoir été donnée a ce merle parce qu'il aime à fréquenter les vignes, à manger les raisins, à se griser. En effet, le mot se griser vient du latin græcari, signifiant faire le grec, se livrer à Pierognrrie, à une gaité bruyante, exploiter les autres en s'emparant avec une adresse plus ou moins grande de ce qui leur appartient, etc. Les mots grec et gris étaient synonymes dans le moyen âge, comme il est facile de s'en convaincre par ces expressions du vieux roman d'Alexandre : Il fut bien escouté dflliæandre et des gris. D'où le mot gris n'indiquait pas seulement la couleur désignée par ce nom, mais encore une conduite semblable à celle des Grecs, et pour représenter les habitudes de ceux qui se livraientaux excès du vin et à toutes les tristes conséquences de l'ivresse, on pouvait dire indifféremment qu'ils faisaient les grecs ou les gris. Du mot gris, on a formé, selon Génin, griu et le féminin griue et enfin grive. Villehardouin appelle la Grèce , la Griève.
L'adjectif grivois donné aux soldats ou aux personnes qui se livrent à une joie folle, l'ruit de l'ivresse, vient encore corroborer cette opinion. Il en est de même du nom par lequel on désigne ces femmes
dissolues qui s'abandonnent à toute espèce de désordres, préparés, fortifiés presque toujours par l'usage immodéré du vin et des liqueurs.
L'habitude du merle grive , de manger des raisins avec une avidité insatiable, justifierait alors complètement la signification de Pépithète qui lui a été donnée. Grivelée signifiait autrefois petite volerie. Enfin le proverbe populaire sont comme une grive, sanctionne encore la justesse de cette étymologie et s'appuie liii-même sur les faits recueillis par les chasseurs. Ceux-ci ont constaté chez les grives une véritable ivresse manifestée

---

[152]"*(XIe siècle) De l'ancien français grieve ou grief. Du latin gravis («grave») refait en latin populaire en *grevis influencé par son antonyme levis. Alors que la forme adjectivale savante grave préserve le sens métaphorique de grave, honorable, et implique ipso facto un comportement digne, noble et sérieux, l'adjectif grief venu de grevis signifie grivois, égrillard et le substantif grief désigne un dommage, puis une plainte contre un dommage, et enfin une réclamation pour obtenir réparation d'un acte de vilenie ou d'un abus dommageable.*
(Nom commun) Déverbal de grever ou substantivation du précédent, du latin populaire grevare."
(https://fr.wiktionary.org/wiki/grief#fr)
[153]https://fr.wiktionary.org/wiki/grivois

dans leur vol et dans l'ensemble de leurs mouvements pendant leur séjour dans les vignes."[154]

Cette question du noircissement qu'illustre[155] le langage[156], définit, bien sûr, dans le sentiment populaire, la question du point gris (de renforcement [du blanc vers le noir], mais aussi d'indéfinition [basse couche sociale, brouillard visuel et/ou sensitif - des ivrognes dans la langue française, avant qu'ils ne tombent dans l'obscurité de l'inconscience -, intermédiaire, donc, entre le pas du tout et le complètement]).

IV. Le point chez Kandinsky
IV.1. Le gris, entouré
IV.1.a. Le gris et la forme chez les impressionistes et postérieurs

On n'oubliera pas qu'entre les blancs de Whistler, et les gris de Klee, Malevitch, Cézanne, ou Whistler lui-même, il y a les

---

[154] Abbé Vincelot, "*Essais 'etymologiques sur l'ornithologie du Maine et Loire*", Annales de la Société Linnéenne du Département de Maine et Loire, Angers, Imprimerie de Cosnier et Lachèse, 2ème année, 1859, pp. 111-112.
[155] Bien qu'en Français (pas moins que la plupart de notre *corpus* littéraire - facilité culturelle pour nous que, nous l'espérons, voudra bien nous pardonner le lecteur -), il n'en est pas moins révélateur. Et sans vouloir, pour justifier notre démonstration, qui tend juste (sans plus) à démontrer le sens de la couleur grise comme processus d'obscurcissement (important comme création du point, du blanc, non noté, vers le noir, totalement marqué), et de sa connotation morale (d'indéfinition, de brouillard, d'indifférence, voire de bassesse, dans l'ordre des classes sociales), non à prouver une origine (ce qui serait recherché, idiot, et sans objet) linguistique francophone du concept géométrique lié à l'activité artistique de Klee autour du "*point gris*", on n'en notera pas moins, au moins pour justifier l'interaction socialeet culturelle, de la mentalité de l'époque (qu'implique, pour être beaucoup français, notre *corpus* autour du point et de ses [non-]couleurs dans la littérature), que Klee résida à Paris en 1905-1906, y exposa et voyagea en France en 1925, et qu'"*Après la deuxième exposition du Cavalier bleu, Klee sort de son isolement et il se rend à Paris chez Wilhem Uhde où il voit les œuvres de Robert Delaunay, Henri Rousseau, Georges Braque, Pablo Picasso, Maurice de Vlaminck. Un dialogue s'instaure entre Delaunay et lui. Klee traduit en 1913 une communication de Delaunay intitulée De la lumière, et il achève des illustrations pour le Candide de Voltaire. Dans la période qui suit, Klee va faire appel, dans ses œuvres, aux principes exposés par Robert Delaunay dans sa communication.*" Puis, de même, en 1914, "*il entreprend un voyage en Tunisie avec August Macke et Louis Moillet. C'est là qu'il a la «révélation de la couleur».*" (https://fr.wikipedia.org/wiki/Paul_Klee)
[156] Partant de la couleur pour faire entendre un état d'âme, plus que source directe pour nous de Klee, il nous permet d'en cercler la pensée dans son époque et les symboles du monde qui la pense et produit.

noirs[157] de l'*Enterrement à Ornans* (1849-1850) de Courbet, ou de *La Loge* (1878) de Mary Cassatt[158], qui, influencée par Manet (*L'homme mort*, 1864; *Portrait de Zacharie Astruc*, 1866; *Portrait d'Émile Zola*, 1868; *Le balcon*, 1869; *Berthe Morisot au bouquet de violettes*, 1872; *Le Chemin de Fer*, 1872-1873; *Femme aux éventails*, 1873; *Sur la plage*, 1873; *Le serveuse de bocks*, 1879; *Promenade*, 1880; *Le Bar aux Folies-Bergère*, 1881-1882), inspirera (avec cette oeuvre particulière), selon nous très directement, *New York Movie* (1939) d'Edward Hopper.

Paul Signac, en essayant, à son tour, de déterminer l'évolution de l'art vers l'abstraction du trait, explique:

"La division, c'est un système complexe d'harmonie, une esthétique plutôt qu'une technique. Le point n'est qu'un moyen.
Diviser, c'est rechercher la puissance et l'harmonie de la couleur, en représentant la lumière colorée par ses éléments purs, et en employant le mélange optique de ces éléments purs séparés et dosés selon les lois essentielles du contraste et de la dégradation.
La séparation des éléments et le mélange optique assurent la pureté, c'est-à-dire la luminosité et l'intensité des teintes; la dégradation en rehausse le lustre; le contraste, réglant l'accord des semblables et l'analogie des contraires, subordonne ces éléments, puissants mais équilibrés, aux règles de l'harmonie. La base de la division, c'est le contraste: le contraste n'est-ce pas l'art?
Pointiller, est le mode d'expression choisi par le peintre qui pose de la couleur sur une toile par petits points plutôt que de l'étaler à plat. C'est couvrir une surface de petites touches multicolores rapprochées, pures ou ternes, en s'efforçant d'imiter, par le mélange optique de ces éléments multipliés, les teintes variées de la nature, sans aucune volonté d'équilibre, sans aucun souci de contraste. Le point n'est qu'un coup de brosse, un procédé, et, comme tous les procédés, n'importe guère.

---

[157] Et tout le débat, depuis Delacroix, de nouveau, impressionniste, pour ou contre le noir, voir à ce sujet Christine Peltre, "*Eugène Delacroix et la rhétorique contrastée du noir contre le clair au XIXème siècle*", *Études transversales: mélanges en l'honneur de Pierre Vaisse*, Presses Universitaires Lyon, 2005, pp. 77-126. Cette réticence, accessoirement, nous offre un point d'entrée vis-à-vis du gris plutôt que du noir dans l'apologie de Klee.
[158] Jean-Jacques Lévêque, *Les années impressionnistes: 1870-1889*, Courbevoie, ACR, 1990, pp. 410-411.

Le point n'a été employé, vocable ou facture, que par ceux qui, n'ayant pu apprécier l'importance et le charme du contraste et de l'équilibre des éléments, n'ont vu que le moyen et non l'esprit de la division.
Des peintres ont tenté de s'assurer les bénéfices de la division, qui n'ont pu y réussir. Et certainement dans leur œuvre, les tableaux où ils s'essayèrent à celte technique sont inférieurs, sinon en luminosité, du moins en harmonie, à ceux qui précédèrent ou suivirent leurs périodes de recherches. C'est que seul le procédé était employé, mais que la «divina proportione» était absente. Ils ne doivent pas rendre la division responsable de cet échec: ils ont pointillé et non divisé...
Jamais nous n'avons entendu Seurat, ni Cross, ni Luce, ni Van de Velde, ni Van Rysselberghe, ni Angrand parler de points; jamais nous ne les avons vus préoccupés de pointillé. – Lisez ces lignes que Seurat a dictées à son biographe Jules Christophe:
«L'Art c'est l'Harmonie, l'Harmonie c'est l'analogie des Contraires, l'analogie des Semblables, de ton, de teinte, de ligne; le ton, c'est-à-dire le clair et le sombre; la teinte, c'est-à-dire le rouge et sa complémentaire le vert, l'orangé et sa complémentaire le bleu, le jaune et sa complémentaire le violet... Le moyen d'expression, c'est le
mélange optique des tons, des teintes et de leurs réactions (ombres) suivant des lois très fixes.»
Dans ces principes d'art, qui sont ceux de la division, est-il question de points? trace d'une mesquine préoccupation de pointillage?
On peut d'ailleurs diviser sans point Hier.
Tel croqueton de Seurat, enlevé d'après nature, sur un panneau, dans le fond d'une boîte à pouce, en quelques coups de brosses, n'est pas pointillé, mais divisé, car, malgré le travail hâtif, la louche est pure, les éléments sont équilibrés et le contraste observé. El ces qualités seules, et non un pignochage minutieux, constituent la division."[159]

L'origine de l'apport des néo-impressionistes étant, pour lui, la touche divisée, à laquelle il dédie une chapitre, d'où sort l'extrait antérieur, il évoque la touche en virgule des impressionistes comme antécédent de la touche divisée des néo-impressionistes:

"La touche en virgule des impressionnistes joue, en certains cas, le rôle expressif de la hachure de Delacroix, par exemple lorsqu'elle imite la iorme d'un objet – feuille, vague, brin d'herbe, etc.; – mais, d'autres fois, comme la touche divisée des néo-impressionnistes elle ne représente que les éléments colorés, séparés et juxtaposés, reconslituables par le mélange optique. Il est clair, en elTet, que, lorsque l'impressionniste veut peindre des objets d'apparence unie et plate – ciel bleu, linge

---

[159]Paul Signac, *D'Eugène Delacroix au néo-impressionnisme*, Paris, H. Floury, 1921, pp. 79-81.

blanc, papier monochrome, nu, etc. — et qu'il les traduit par des virgules multicolores, le rôle de ces touches ne s'explique que par le besoin d'orner les surfaces en y inultipliant les éléments colorés, sans souci aucun de copier la nature. La virgule impressionniste est donc la transition de la hachure de Delacroix à la touche divisée des néo-impressionnistes — puisque, selon les circonstances, elle joue le rôle de l'une ou de l'autre de ces factures.
De même, la touche de Cézanne est le trait d'union entre les modes d'exécution des impressionnistes et des néo-impressionnistes. Le principe — commun, mais appliqué différemment — du mélange optique unit ces trois générations de coloristes qui recherchent les uns et les autres, par des techniques similaires, la lumière, la couleur et l'harmonie. Ils ont le même but et, pour y arriver, emploient presque les mêmes moyens... Les moyens se sont perfectionnés."[160]

Ces deux extraits nous révèlent, de nouveau, en nous les confirmant, deux éléments fondamentaux pour nous: l'association entre le problème colorimétrique et celui de la touche (géométrique); et la dérivation d'un langage mathématico-lingüistique (ici la virgule, chez Klee le point) pour exprimer les mouvements ou statiques données aux objets ou formes sur la toile.

Or la division, c'est aussi, on le voit chez Chevreul, la superposition, qui, lisons à présent Delacroix, cité par Signac, la distance:

"Distance. Pour éloigner les objets, on les fait ordinairement plus gris: c'est la touche. Teintes plates aussi."[161]

En outre, dans son *Journal*, au même jour, du 13 janvier 1857, apparaît également la fameuse sentence:

"Gris et couleurs terreuses. L'ennemi de toute peinture est le gris. La peinture paraîtra presque toujours plus grise qu'elle n'est par sa position oblique sous le jour: bannir

---

[160] *Ibid.*, pp. 78-79.
[161] Delacroix, *Journal*, texte établi par Paul Flat, René Piot, Paris, Plon, 1893, T. 3, 13 janvier 1857, p. 208.

toutes les couleurs terreuses. Voir mes notes du 15 septembre 1852 sur un feuillet détaché."[162]

Comme on l'a dit, à propos de la littérature, on voit que le concept de distanciation est présent dans l'ordre référenciel idéologique de représentation du gris pour le romantisme, l'impressionisme, et jusqu'à l'avant-garde.

Dit autrement encore, l'idée littéraire autour du gris expose, en réalité, l'imagerie sociale conceptuelle de la couleur ou tonalité grise.

Cette imagerie est renforcée par les travaux physiques de colorimétrie du chimiste[163] Chevreul:

"Le ton de deux plages de couleur paraît plus différent lorsqu'on les observe juxtaposées que lorsqu'on les observe séparément, sur un fond neutre commun.
Les plages doivent être d'une dimension suffisante pour qu'on les perçoive dans leur étendue, et ne pas occuper une part trop importante de l'espace visuel.
Si les plages diffèrent par la luminosité, la juxtaposition augmente la perception de la différence de luminosité; si les plages diffèrent par la teinte, la différence de teinte est magnifiée. Les deux effets peuvent se produire simultanément.
Les artistes avaient depuis longtemps noté et utilisé les effets de contraste. Chevreul a énoncé la loi en termes généraux, après l'avoir étayée par une série d'expériences systématiques et un raisonnement fondé sur une arithmétique de la composition des lumières."[164]

La neutralité du gris, double, puisqu'aussi bien il n'est pas une couleur, mais n'offre pas la force obscure du noir, ni l'éclat

---

[162] *Ibid.*, pp. 208-209.
[163] De la même façon, nous basant en particulier sur le poème de Nerval, on peut avoir l'idée que, comme les études colorimétriques des impressionnistes, de Klee, et de l'avant-garde en général se basent sur les analyses physiques, on peut, supposition d'ailleurs répandue, assumer que le symbolisme du point noir provient des développements contemporains de l'astronomie (nous renvoyons, ainsi, sur le même sujet, le lecteur au point 3 de la partie 0.3.b. du présent travail), voir par ex. François Arago, *Astronomie populaire*, Paris, Gide et J. Baudry, et Leipzig, T.O. Weigel, 1855, T. 2, "Livre XIV - Le soleil", "Chapitre XIII - Du noyau", p. 128: "*D'après Herschel, avant l'apparition d'un grand noyau, on aperçoit ordinairement à la place où il va se former, un très-petit point noir (un pore), qui s'élargit peu à peu, et non pas plusieurs points à la fois. On dirait, ajoute l'illustre observateur, que la matière lumineuse solaire est graduellement écartée dans tous les sens, par un courant ascendant dirigé vers ce premier point noir, germe de la tache.*"
[164] http://fr.wikipedia.org/wiki/Loi_du_contraste_simultan%C3%A9_des_couleurs

du blanc, mais qu'en outre si on le mélange avec l'une des couleurs opposées du spectre colorimétrique, il permet d'associer les contraires, en rabaissant la stridence qui existe entre elles, la neutralité du gris, disons-nous, permet à Klee de travailler la saturation tonale, aussi bien dans le central, pour nous, on l'a répété, *Einst dem Grau der Nacht enttaucht* (les tons du haut étant les mêmes, mais obscurcis, que ceux du bas[165]), que dans *Architecture* (1923), *Blanc polyphoniquement serti* (1930), *La lumière et les arêtes* (1935) dans lequel le jeu colorimétrique se dédouble par celui de l'inversion (géométrique, comme laisse bien supposer le titre) des arêtes des triangles qui forment le motif central du tableau, système de bidimensionnalisation spatiale par la division en deux plans (plus clair et plus foncé) qu'il reproduira (en tant que jeu tonal, proche donc de ses préoccupations, et de celles de Kandinsky, pour la musicalité de la peinture et des couleurs - comme le prouve, avec le même principe de division par renforcement obscur des composantes du tableau, le titre de la toile de 1925 *Ancient sound* -) dans sa série *Polyphonie* (de titre également révélateur de l'intension tonale et musicale)[166].

On note que Klee peint, dans le même sens, en 1930 *En Rythme* (toujours la relation musicale), échiquier monochromatique en blanc, noir et gris, que reprendra Kandinsky, en le simplifiant, comme forme centrale de son oeuvre *Trame noire* (1944)[167].

Division, distance, touche en virgule ou en rayon, sont donc les éléments constitutifs de la représentation contemporaine, de l'impressionnisme aux avant-gardes.

---

[165] http://de.wikipedia.org/wiki/Datei:Paul_Klee,_Einst_dem_Grau_der_Nacht_enttaucht.jpg
[166] Voir à ce propos Adelaide Russo, *Le peintre comme modèle: du surréalisme à l'extrême contemporain*, Villeneuve d'Ascq, Presses Universitaires du Septentrion, 2007, pp. 28-31ss.
[167] http://www.panoramadelart.com/kandinsky-trame-noire

IV.1.b. Le gris chez Huysmans

Dans son oeuvre, qui vient "*cristalliser une longue tradition catholique sur la correspondance entre les couleurs physiques et les sensations métaphysiques*"[168], Huysmans exprime une vision du gris proche de celle de Lecomte ou de Delacroix, au Chapitre III de *La Cathédrale* (1898):

"*Ce Roman, quel tremplin de rêves! reprenait Durtal; n'est-il pas également la châsse enfumée, l'écrin sombre destiné aux Vierges noires? cela paraît d'autant moins indécis que les Madones de couleur sont toutes grosses et trapues, qu'elles ne se joncent point telles que les Vierges blanches des gothiques. l'Ecole de Byzance ne comprenait Marie que basanée, «couleur d'ébène grise luysante», ainsi que l'écrivent ses vieux historiens; seulementelle la sculptait ou la peignait, contrairement au texte du Cantique, noire mais peu belle. Ainsi conçue, Elle est bien une Vierge morose, éternellement triste, en accord avec les caves qu'Elle habite. Aussi sa présence est-elle toute naturelle dans la crypte de Chartres, mais dans la cathédrale même, sur le pilier où Elle se dresse encore, n'est-elle pas étrange, car Elle n'est point dans son véritable milieu, sous la blanche envolée des voûtes?*"[169]

Mais, au Chapitre VII, il change l'idée originale:

"*Le gris, la cendre de la pénitence, le symptôme des tribulations, selon l'Evêque de Mende, le signe du demi-deuil, substitué naguère au violet dans le rite Parisien, pendant le temps du Carême; mariage du blanc et du noir, des vertus et des vices, des joies et des peines; miroir de l'âme, ni bonne, ni mauvaise, de l'être médiocre, de l'être tiède que Dieu vomit; le gris ne se relevant que par l'adjonction d'un peu de pureté, d'un peu de bleu, pouvant, alors qu'il se mue en un gris perle, devenir une nuance pieuse, un pas vers le ciel, un acheminement dans les premières voies de la Mystique.*"[170]

"*Le gris, emblème de la pénitence, de la tristesse, de l'âme tiède, ébauche, d'après une nouvelle exégèse, l'image de la Résurrection — le blanc pénétrant le noir — la lumière entrant dans la tombe, en sortant avec une nouvelle teinte, le gris, nuance mixte,*

---

[168] Nella Arambasin, *La conception du sacré dans la critique d'art: en Europe entre 1880 et 1914*, Genève, Droz, 1996, p. 283. C'est de cet auteur que nous reprnnons l'association entre Delacroix et Péladan autour du gris, *ibid.*, pp. 283-284.
[169] Huysmans, *La Cathédrale*, Paris, Plon, 1915, p. 70.
[170] *Ibid.*, p. 181.

encore alourdie par les ténèbres de la mort qui ressuscite, en s'éclairant, peu à peu, dans le blanc des lueurs."[171]

"Le noir, le brun, aux intentions hostiles de trépas et d'enfer, changent, dès que les fondateurs d'ordres s'en emparent pour en tisser la robe des cloîtres. Le noir nous rappelle alors le renoncement, la pénitence, la mortification de la chair, selon Durand de Mende; – le brun et même le gris ravivent la mémoire de la pauvreté et de l'humilité."[172]

Y trouvant, au Chapitre X, un sens esthétique:

"En vérité, ne serait-il pas plus simple d'accepter le système du vitrail incolore de Cîteaux dont le décor était obtenu par les dessins réticulés des plombs ou de copier ces belles grisailles, nacrées par le temps, qui restent encore à Bourges, à Reims, ici même, dans la Cathédrale?"[173]

Qui se transforme en anagogique, dans le cadre, comme on le voit, sans se l'expliquer, chez Klee, et les autres artistes cités, d'une substitution visuelle du cadre gris aux motifs de couleurs, dans le Chapitre (significativement, pour nous) XIII:

"Seulement, ce système de verreries substituées aux bas-reliefs, n'est pas sans inconvénient; aperçus du dehors, ces mîtres diaphanes ressemblent à des toiles d'araignées pleines de poussière. Dans le contre-jour, les fenêtres sont, en effet, grises ou noires et il faut pénétrer dans l'Eglise et se retourner pour voir sémiller le feu des vitres; c'est l'extérieur sacrifié au dedans, pourquoi?
Peut-être, se répondit Durtal, est-ce un symbole de l'âme éclairée dans ses parties intimes, une allégorie de la vie intérieure..."[174]

On retrouve cette même dérivation du point gris vers l'espace colorimétrique, dans un passage du terne au sens[175], dans le *Journal* de Klee; en effet:

---

[171] *Ibid.*, pp. 191-192.
[172] *Ibid.*, p. 192.
[173] *Ibid.*, p. 266.
[174] *Ibid.*, p. 393.
[175] Du moins dans la lecture qu'en fait Frontisi: "*D'ailleurs, durant les années qui précèdent la disparition du peintre, ce type d'imagerie mêlant l'humour au drame prend une ampleur inégalée et, recourant à toutes sortes de références allusives, accumule les représentations de divinités*

"*Dans son Journal, Klee commente ainsi l'une de ses gravures de l'époque intitulée Persée. L'esprit a triomphé du malheur (Invention 8):*
Ce nouveau Persée a, par décapitation, donné le coup de grâce au monstre «Chagrin», triste et impuissant [stumpf]. L'incident se joue de manière physionomique sur les traits de l'homme dont la face doit constituer unmiroir de l'action."[176]

IV.1.c. *Fugue en rouge*

Est-il besoin de rappeler que, dans *Fugue en rouge* (1921), Klee illustra le principe de fugue musicale en mettant, sur un fond noir, des figures rouges, vaguement évocatrices de batteries, dont le mouvement est évoqué, à la fois comme évolution dans l'espace (à la manière futuriste) et comme percussion (comme amplification statique), par les mêmes formes, derrière (le gris agit toujours comme fond, ce que rappelle Delacroix, on l'a vu), en gris, et, sur le devant, comme reflet, en blanc.

Le langage et la forme musicale, que l'on trouve si fréquente chez Klee (comme chez Kandinsky, dans ses illustrations du jazz [jusque dans la représentation décomposée du jazzman sorte de totem, ou des vibrations de la musique par des formes serpentines, comme dans *Composition VIII*, 1923]), a ainsi fait que Boulez lui dédia un ouvrage entier en 1989, intitulé: *Le pays fertile: Paul Klee*.

Dit autrement, la décomposition, visuelle, de l'oeuvre (en formes géométriques simples, à partir de et selon Cézanne), et du retour aux couleurs primaires (de l'impressionnisme aux avant-gardes), basé celui-ci sur les études scientifiques de Chevreul, s'accompagnent aussi de la préoccupations de réduire l'harmonie des couleurs à une notation, sinon mathématique, du

---

issues de tous les horizons. À tous égards iconoclastes, cette source fournit une veine intarissable à la création kleeienne. Au-delà de l'illustration érudite ou anecdotique, le mythe sert de tremplin aux associations les plus insolites, poétiques, satiriques ou politiques et d'assise aux énoncés conceptuels et didactiques."
[176] *Ibid.*

moins musicale, c'est-à-dire à une gamme systématique, qui puisse être travaillée sans relation avec le thème. C'est la préoccupation d'Itten (qui en arrive ainsi à représenter les saisons par des harmonies abstraites de couleurs, comme Vivaldi l'a fait par des accords de l'alphabet des notes limitées de la gamme), de Klee, ou de Kandinsky.

On retiendra ainsi que Klee, plus systématiquement que Kandinsky, qui peut le faire, mais dans des ensembles plus libres (à tel point que parfois ils sont très proches de Miró) de formes libres, curvilignes, Klee, donc, divise la toile, à la manière d'Itten, en cela tout aussi systématique (comme enseignant, en outre), ou Kukpa, comme les impressionnistes, non en touches, mais en ce que l'on nommerait aujourd'hui un *patchwork*[177], et que, pour cela, nous avons nommé des tesselles, puisque ce ne sont plus ni des points, ni des touches (virgules ni divisée, ni autre). Ce sont de petits carrés, ce qui correspond, là encore, parfaitement, aux thèses de Chevreul, sur la loi du contraste simultané[178].

IV.2. Le point, vers la ligne
IV.2.a. Hermann Minkowski

La forme primaire de cette grammaire sera donc le point, qui dans le théorème de Minkowski s'intègre à des réseaux[179], comme en arts le réseaux des couleurs primaires, pour les impressionnistes, Klee, ou Itten, crée, dans l'oeil du spectateur, leur union en couleurs (harmonies) secondaires.

De fait, on trouvera, parallèlement (dans cette correspondance, sur laquelle nous insistons, entre Klee et

---

[177] Eugène Sue aurait dit un arlequin, comme il qualifie la courtepointe au début du chapitre VIII: "*Une maison de la rue du Temple*" de la Première Partie des *Mystères de Paris* (1842-1843).
[178] Nous avons déjà cité: "*Les plages doivent être d'une dimension suffisante pour qu'on les perçoive dans leur étendue, et ne pas occuper une part trop importante de l'espace visuel.*" (http://fr.wikipedia.org/wiki/Loi_du_contraste_simultan%C3%A9_des_couleurs)
[179] http://fr.wikipedia.org/wiki/Th%C3%A9or%C3%A8me_de_Minkowski

Kandinsky dans leurs préoccupations formelles), une oeuvre de Klee (de fait, paradoxalement, vu son titre, en tonalités de gris, mais partant bien du point gris (duquel se génèrent les autres points de couleurs), inséré dans le cône [pyramide alchimique reprise, pour l'histoire des styles] de Cézanne) identique aux schémas issus des interactions de réseaux créés par le théorème de Minkowski, intitulée: *Canon de la totalité de la couleur*[180].

IV.2.b. *Point Ligne Plan*

Kandinsky, en 1925, dans son ouvrage *Point Ligne Plan*, développera ce vocabulaire minimum d'où naît la forme en art, en exaspérant les concepts de Cézanne (qui, moins drastique, se contentait de former un vocabulaire de formes géométriques simples, non d'objets simples).

Il aborde ainsi l'idée du signifié interne du point, en tant que passage du néant à la forme, de l'intérieur vers l'extérieur, du silence vers le son[181]. C'est ainsi un "*pont*" entre deux formes d'existence, il existe, à son tour, "*en relation à la plus grande breveté possible*", désigné dans le langage, son paradoxe est qu'il "*signifie le silence*".

---

[180]Paul Klee, *La Pensée créatrice. Écrits sur l'art I*, textes recueillis et annotés par Spiller Jürg, trad. française Girard Sylvie, Paris, Dessain et Tolra, 1973, p. 488.
[181]Kandinsky, p. 25: "*The geometric point is an invisible thing. Therefore, it must be defined as an incorporeal thing. Considered in terms of substance, it equals zero.*
Hidden in this zero, however, are various attributes which are "human" in nature. We think of this zero—the geometric point—in relation to the greatest possible brevity, i.e., to the highest degree of restraint which, nevertheless, speaks.
Thus we look upon the geometric point as the ultimate and most singular union of silence and speech.
The geometric point has, therefore, been given its material form, in the first instance, in writing. It belongs to language and signifies silence.
In the flow of speech, the point symbolizes interruption, non-existence (negative element), and at the same time it forms a bridge from one existence to another (positive element). In writing, this constitutes its inner significance.
Externally, it is merely a sign serving a useful end and carries with it the element of the "practical-useful," with which we have been acquainted since childhood. The external sign becomes a thing of habit and veils the inner sound of the symbol.
The inner becomes walled-up through the outer.
The point belongs to the more confined circle of habitual everyday phenomena with its traditional sound, which is mute."

Ce qui correspond exactement à la définition que l'on en trouve (du point) chez Klee:

"Le chaos comme antithèse de l'ordre n'est pas proprement le chaos, le chaos véritable; c'est une notion «localisée», relative à la notion d'ordre cosmique et son pendant. Le chaos véritable ne saurait se mettre sur le plateau d'une balance, mais demeure à jamais impondérable et incommensurable. Il correspondrait plutôt au centre de la balance.
Le symbole de ce "non-concept" est le point, non pas le point réel, mais le point mathématique."

Kandinsky étudie ainsi le point, premier objet qu'il observe, du point de vue mathématique ("*Le point géométrique*") et lingüistique ("*Le mot écrit*").

Deux qualificatifs nous permettrons, sans plus de nécessité d'interprétation ou d'argumentaire subséquent, par rapport à ce que nous avons déjà exposé, d'en comprendre l'importance dans notre cadre, puisque Kandinsky, aussitôt, le décrit[182] comme élément de shock (comme le rayon des rayonnistes) et de perturbation (comme la division-distance de Delacroix et Signac, ainsi Kandinsky compare cette perturbation à un phénomène de lien: "*l'oeil* (nous citons Kandinsky) *réceptif et l'oreille réceptive* (qui) *transforment les moindres vibrations en expériences d'impression*").

---

[182] *Ibid.*, p. 26: "*Sometimes an unusual shock is able to jolt us out of such a lifeless state into vigorous feeling. Frequently, however, the most thorough shaking fails to revitalize the deadly condition. The shocks which come from without (sickness, accident, sorrow, war, revolution) wrench us violently out of the circle of our customary habits for a shorter or a longer time, but such shocks are, as a rule, looked upon as a more or less violent "injustice." Therefore, the desire to re-establish as soon as possible the traditional habits, temporarily abandoned, outweighs all other feelings.*
Disturbances originating from within are of a different character; they are brought about by the human being himself and, therefore, find in him their appropriate foundation. This foundation is not the capacity merely to observe the "street" through the fragile—although hard and firm —"pane of glass," but consists of being able to enter the street. There, the receptive eye and the receptive ear transform the slightest vibrations into impressive experiences. Voices arise from all sides, and the world rings."

Mais, plus précisément encore, Klee, parallèlement à Kandinsky, dans une perspective pédagogique, et d'un point de vue d'analyse (en vérité plus que basique[183]) géométrique, présente, dans ses carnets (concrètement dans *L'oeil pensant*), le point comme origine de la ligne:

"*From line to point*
The line as element
Linear and planar character
Shortly after application of the pencil, or any other pointed tool, a (linear-active) line comes into being. The more freely it develops, the clearer will be its mobility.
But if I apply a line, e.g. the edge of a black or colored crayon, a plane is produced (at first and when the freedom of movement is very limited).
If we had a medium that made it possible to move planes in a similar way, we should be able to inscribe an ideal three- dimensional piece of sculpture in space.
But I'm afraid that is utopian.
.../...
Linear-active
The point is not dimensionless but an infinitely small planar element, an agent carrying out zero motion, i.e. resting. Mobility is the condition of change. Certain things have primordial motion. The point is cosmic, a primordial element. Things on earth are obstructed in their movement; they require an impetus. The primordial movement, the agent, is a point that sets itself in motion (genesis of form). A line comes into being. The most highly-charged line is the most authentic line because it is the most active."[184]

Il faut spécifier que Klee[185] fait la différence entre les caractères linéaires, actifs ("*In "active" the point goes to work, and*

---

[183]Comme la plupart de ses contemporains (Chagall, Ernst, Duchamp, Miró, Malevitch, etc.), Klee n'était pas un grand dessinateur, l'exception confirmant cette règle étant le couple de frères ennemis Picasso-Dalí. Ces cahiers pégagogiques, orientés uniquement vers les formes géométriques (avec un comique, pour nous - on voudra bien nous en excuser -, l'exemple "*Actor's Mask*" de l'exercice de "*Lively figuration of an individual figuration and both elements of articulation, the dividual or structural and the higher element*" de *Paul Klee Notebooks*, Volume 2: *The nature of nature*, édition de Jürg Spiller, Londres, Lund Humphries, 1973 [comme pour le premier volume, la numérotation reprend après les premières 79 pp. de la première partie, de présentation], p. 181, qui, s'il remplit les règles prétendues par Klee, est bien loin d'un portrait vivant ou vécu), et leurs évidences délayées sur des centaines de pages (en reconnaissant l'effort - et que le réalisme n'est jamais synonyme d'importance, comparons la force évocatrice et de développement de l'art contemporain entre ces avant-gardistes médiocres dessinateurs, et le joli mais en général pauvre, et par là grotesque, réalisme stalinien -), pourront surprendre si on voulait les comparer avec ceux de Léonard ou de Dürer, voire de Du Cerceau ou Lebrun.
[184] *The thinking eye*, pp. 103-105.
[185] *Ibid*., p. 115.

the effect is linear in keeping with the point progression."), qui sont les lignes elles-mêmes, les caractères moyens (*"middle character"*), qui (*"point line progression, planar impression"*) sont les formes géométriques contournées, sans fond (on comprend que l'effet vient de la ligne qui s'y ferme: *"In linear-"medial" (middle) the point progression leads indirectly, by way of the contour to a planar impression."*), et les caractères plans (*"Planar active - linear passive"*), qui sont les formes géométriques remplies (ou noircies) par le trait (raison pour laquelle *"In linear-"passive" the line works as a planar element. Active plane, linear side effect (passive lines)."*).

Or, dans:

> *"The genesis of composite forms*
> *A new type of structure arises when the parts do not lie side by side but overlap.*
> *The nature of suche structure is characterized by the word interpenetration.*
> *.../...*
> *Interpenetration and division of the common territory on the basis of the inner constructive relations and elementary formal factors."*[186]

Les images qui y sont associées sont des formes géométriques dont certaines parties se connectent, et sont, pour cela, remplies en grisaille[187] (la superposition impliquant, implicitement donc, pour Klee, l'apparition d'une densité de texture).

Ainsi:

> *"Planar results from both kinds of linear progression.*
> *.../...*
> *The mesh of the planes indicate the body contents.*
> *.../...*
> *Body. The line moves and produces the plane; the plane moves and the body comes into being."*[188]

---

[186] *Ibid.*, p. 117.
[187] *Ibid.*, pp. 117-118.
[188] *Ibid.*, pp. 124-125.

Dit autrement, l'"*interpénétration*" des figures du plan créent l'illusion de la tridimensionnalité[189] (concrètement illustrée ici par le cube transparent, divisé en modules, juste définis par leurs arêtes, leurs axes et leurs angles[190]). De là que l'on comprend mieux encore le point gris comme ce double passage, du point vers la ligne d'une part, du blanc vers le sombré (vers la définition d'intensité de fond)[191] d'autre part.

De fait, dans son "*Système Général*" (des *Lectures* [ou *Leçons*] de 1921-1924, publiées dans *Unendliche Naturgeschichte* en 1970 par Jürg Spiller), il produit, sur la même page, parallèlement, les exercices de "*Dimension: From point to line to area to solid*" à partir de la révision colorimétrique:

"*1.   Lighting (above-bellow)*
Graded from white to black

2.   Horizontal extent (left-right/front-back)
a. Peripheral colour
b. Diametrically tripartite red, green, yellow, purple

---

[189] Voir *The nature of nature*, pp. 156-157, notamment Fig. 1 p. 157, et la description des figures de cette page: "*Possibilities: Several unequal forms, interpenetrating. Representation constructive or impressive. One above the other or side by side. Organism organically interlinked from main forms or bodily-spatially permeated.*"
[190] *The thinking eye*, p. 125.
[191] Voir *The nature of nature*, pp. 299-411 ("*The pictorial means*", il est intéressant que ce soit à partir du blanc et du noir, et des camaïeu de gris que Klee l'étudie [peut-être un élément de réponse à cette question se trouve-t-il dans le fait que, précisément: "*En comparant ce premier manuscrit* [de *Contribution à la théorie de la forme plastique*, qui forme, partiellement *The thinking eye*, "*Klee... a d'ailleurs lui-même utilisé, pour sa publication des Esquisses pédagogiques, uniquement des dessins et des commentaires tirés de la Contribution à la théorie de la forme plastique. Le fait qu'il ait constamment remanié ce manuscrit (changeant certains textes, ajoutant en marge des dessins, etc..) montre bien que Klee l'utilise même plus tard comme base de son enseignement.*"] avec le livre Esquisses pédagogiques, nous constatons que Klee a changé l'ordre des chapitres afin d'arriver à une meilleure cohérence formelle. Il a également supprimé la dixième et la onzième leçon, qui traitent de la couleur. Il estimait probablement que ce sujet n'appartenait plus à la question de la forme (d'ailleurs le manuscrit s'arrête brusquement à la fin du onzième cours).*", Vitale, p. 158+++], non depuis les colours, à l'inverse des impressionnistes, notamment [de même, il étudie l'origine du mouvement à partir de la forme de la coquille marine, "*Resonance-relation to the original force*", pp. 288-291]), qui reprend, pp. 324 et 385, la question (liée à la dimensionnalité [passage du point à la ligne et au plan, puis au volume, ou solide, on l'a vu], voir p. 301), que nous verrons à continuation, de la flèche noire, et celle, plus intéressante pour nous, de la concentration par points (passifs dans la théorie de Klee, mais ici d'intensification colorimétrique), p. 405.

> *Warmth contrast: blue-orange*
> *Complementary contrast without warmth differential*
>
> 3. *(Solid)three-dimensional*
>   *white red black*
>   *white yellow black*
>   *white blue black"*[192]

Ce qui permet à Klee d'exprimer par une relation d'opposition néolithique[193] (flèche-point, mais aussi couleurs-gris) la relation de la ligne (directionnelle: la flèche, archétypique de son oeuvre, en tant qu'élément d'orientation visuelle des tensions formelles, comme nous venons de le dire, de direction, en sens compositif du terme) au point, et de celui-ci à une colorimétrie depuis le gris (comme centre) vers les couleurs, lorsqu'il postule[194] (concepts 40, 42 et 43 de ses *Carnets pédagogiques*, publiés en 1925 dans le numéro 2 du *BauhausBücher*[195]):

1. Le mouvement:

> *"40. Formation of a black arrow (Fig. 76).*
> *This arrow forms when a given, or adequate, or actual white receives intensified energies from additive, acting, or futural black. Why not the other way around? Answer: The stress lies on rare specialty as against broad*

---

[192] *Ibid.*, pp. 28-29 (ces pages sont de la première partie du volume).
[193] Voir la représentation des os vers le cerveau, *ibid.*, pp. 165-167.
[194] Klee combine les images du point créant, par la ligne, les circonvolutions d'une coquille, et le carré aux différentes textures, en camaïeu de gris, dans *The nature of nature*, p. 144. Sur la différence de poids de cette densité des modules dans la figure, exprimée par le carré subdivisé en camaïeu, voir les antérieures pp. 142-143, et sur son origine dans l'intégration de points de gris intégrés à la forme vide, voir pp. 137-141. "*Two relations are crucial:/ a. The sequence of points/ b. Their nearness or distance.*" (p. 125) "*Seed. From a single source (a seed) paths spread out, with a display of influences (from within and without) I-IV./ The point stirs into motion and an essential structure grows, resting on figuration.*" (p. 117)
[195] Dont le croquis (que l'on retrouve, bien que théoriquement moins clair, dans *The nature of nature*, pp. 107, 111 et 213) Fig. 12 du concept 5 (*Paul Klee Pedagogical Sketchbook*, introduction et traduction de Sibyl Moholy-Nagy, New York, Frederick A. Praeger, 1953, p. 21), qui reprend les antérieures explications, est sans doute plus clair que l'explication sémantique qu'en donne Klee:
"*Semantic explanation/ of the terms active, medial and passive:*
Active: I fell (the man fells a tree with his ax).
Medial: I fall (the tree falls under the ax stroke of the man).
Passive: I am being felled (the tree lies felled)."

generality. The latter affects us as competently static and cus tomary; the first one as unusual, activating. And the arrow always flies in the direction of action.

In a well-arranged equilibrium of both characteristics, the direction of movement manifests itself so forcefully that the ambiguous symbol (arrow) may be eliminated.

The given white, much-too-much-seen and tiresome white, is noticed by the eye with little sensation; but the contrasting peculiarity of sudden action (black) sharpens the vividness of vision toward the climax or the termination of this action.

This extraordinary increase in energy (in a productive sense) or of energy food (in a receptive sense) is decisive for the direction of movement."[196]

2. L'organisation du mouvement:

"*42. The organization of movement.*
the preceding diagrams (Figs. 76-81) are suggestions for The rendering of mobile factors in composition. The composition itself: kinetic coordination is an intricate task and demands a concept of advanced maturity. As norm for such a composition we may postulate: a harmonization of elements toward an independent, calm-dynamic, and dynamic-calm entity. This composition can only be complete if move ment is met by counter-movement or if a solution of kinetic infinity has been found. (To the first case see Fig. 82; also Fig. 65.)"[197]

3. Le mouvement chromatique:

"*42. The infinite movement, chromatic.*
Passing on to infinite movement, where the actual direction of movement becomes irrelevant, I first eliminate the arrow. Through this act heating and cooling-off, for instance, become one. Pathos (or tragedy) turns into ethos which encompasses energy and counter-energy within itself.
At first, movement and counter-movement: so --> or <-- so. In this way a center is prepared-the central grey (Fig. 83). The purer the presentation of the grey, the narrower its reach, theoretic ally confined to a mere point.
Left of the grey point, green is in the ascendancy; right, close to the grey point, already red. Consequently one could be tempted to arrive at the following diagram (Fig. 85):
It is, however, not logical to bring the steps green-red and violet-yellow in contrast to blue-orange (Fig. 85). Therefore a diagonal presentation of the main scale is indicated (Fig. 86).

---

[196] *Paul Klee Pedagogical Sketchbook*, p. 57.
[197] *Ibid.*, p. 59.

We have arrived at the spectral color circle where all the arrows are superfluous. Be cause the question is no longer: "to move there" but to be "everywhere" and consequently also "There!"[198]

Origine, comme la lettre "*O*" du poème *Chef-d'OEuvre* de José Coronel Urtecho[199], en particulier du rayonnement postérieur de la ligne, par vibration et shock, vers les éléments réceptifs, pouvons-nous ajouter, par la comparaison que nous venons de faire avec Minkowski, des forces colorimétriques, nous avons donc, en tant qu'espace descriptif, le point ainsi défini comme un objet-tesselle, tel qu'on le retrouve bien chez Klee:

"Le point est dans la pratique une petite tache de couleur déposée par l'artiste sur la toile. Le point qu'utilise le peintre donc n'est pas un point géométrique, il n'est pas une abstraction mathématique, il possède une certaine extension, une forme et une couleur. Cette forme peut être carrée, triangulaire, ronde, en forme d'étoile ou plus complexe encore. Le point est la forme la plus concise, mais selon son emplacement sur le plan originel il va prendre une tonalité différente. Il peut être seul et isolé ou bien être mis en résonance avec d'autres points ou avec des lignes.
La ligne est le produit d'une force, elle est un point sur lequel une force vivante s'est exercée dans une certaine direction, la force exercée sur le crayon ou sur le pinceau par la main de l'artiste. Les formes linéaires produites peuvent être de plusieurs types: une ligne droite qui résulte d'une force unique exercée dans une seule direction, une ligne brisée qui résulte de l'alternance de deux forces possédant des directions différentes, ou bien une ligne courbe ou ondulée produite par l'effet de deux forces qui agissent simultanément. Une surface peut être obtenue par densification, à partir d'une ligne que l'on fait pivoter autour d'une de ses extrémités."[200]

C'est bien cette même valeur de départ, d'origine, qu'a le gris, en sens mystique, pour Huysmans, et en sens, pour le moins, formatif pour les artistes chez Cézanne.

---

[198] *Ibid.*, pp. 60-61 (mal numérotées).
[199] Voir notre travail sur "*"Obra Maestra" de José Coronel Urtecho, "No" de Carlos Martínez Rivas y la propuesta educación del lector burgués*" dans *Estudios darianos*, 2002.
[200] http://fr.wikipedia.org/wiki/Vassily_Kandinsky#Point_Ligne_Plan, en référence, chaque paragraphe cité de l'article de Wikipédia (comme celui-ci l'indique aux notes 62 et 63), respectivement, à Kandinsky, *Point et ligne sur plan*, Paris, Gallimard, 1991, pp. 25-63, et pp. 67-71.

Et Klee dérive explicitement la valeur grise de cette nécessité, conceptuelle, en quelque sorte, de faire entrer le point (comme départ - ce que rend la littérature, on l'a vu -) dans l'ordre de la représentation:

"Cet être-néant ou ce néant-être est le concept non-conceptuel de la non-contradiction. Pour l'amener au visible (prenant comme une décision à son sujet, en établissant comme le bilan interne), il faut faire appel au concept gris, au point gris, point fatidique entre ce qui devient et ce qui meurt.
Ce point est gris, parce qu'il n'est ni blanc ni noir ou parce qu'il est blanc autant que noir. Il est gris parce qu'il n'est ni en haut ni en bas ou parce qu'il est en haut tout en étant en bas. Gris parce qu'il n'est ni chaud ni froid. Gris parce que point non-dimensionnel, point entre les dimensions et à leur intersection, au croisement des chemins."

C'est son indétermination même (ni blanc, ni noir, comme on le retrouve dans l'ordre de la pensée populaire, comme du titre de l'album cité de Goldman)

La base de *Einst dem Grau der Nacht enttaucht* ("*Une fois sorti de la grisaille de la nuit*") se comprend désormais comme l'expression de la mer (ou univers, plaque) primordiale d'où jaillit le monde qui arrive à l'entourer; et, comme nous l'avons vu chez Cézanne (en sens éducatif pour le peintre), Huysmans (en sens génétique de l'imagerie théologique), Chevreul (en tant que base d'essais de sa théorie, puis fond d'application pour les contrastes simultanés), pour Klee le caractère original (d'un point de vue formel, comme pour Signac ou les rayonnistes) du point, en impliquant son association avec le gris (on l'a dit, en processus de colorisation, et Klee l'exprime lui-même: "*il faut faire appel au concept gris, au point gris, point fatidique entre ce qui devient et ce qui meurt./ Ce point est gris, parce qu'il n'est ni blanc ni noir ou parce qu'il est blanc autant que noir.*"), oblige, alors, à considérer le gris comme un phénomène rayonnant, de déflagration (le shock et la perturbation, appliquées au point, on vient de le dire, chez Kandinsky également):

"*Établir un point dans le chaos, c'est le reconnaître nécessairement gris en raison de sa concentration principielle et lui conférer le caractère d'un centre originel d'où l'ordre de l'univers va jaillir et rayonner dans toutes les dimensions.*"

CONCLUSION EN FORME DE BIG-BANG
V. Visions (autour) de Klee et du "*point gris*"
V.1. Synthèse générale

> "*Coccinelle, demoiselle, bête à bon Dieu*
> *Coccinelle, demoiselle, monte vers les cieux*
> *Petit point rouge, elle bouge*
> *Petit point blanc, elle attend*
> *Petit point noir, coccinelle au revoir.*"[201]

Ainsi, au bout de ce rapide parcours, on peut dire que le "*point gris*" de Klee, dans son contexte, c'est, dans l'espace, tel que le définit Kandinsky, l'apparition du fond vers la forme; du blanc vers la couleur; du neutre vers la couleur (Huysmans); du motif bidimensionnel vers le trait, la ligne, le pourtour (Cézanne), donc, vers la forme.

Et, d'après les textes pédagogiques de Klee lui-même, là encore, identiquement, et en sens purement géométrique (comme chez Kandinsky) - ce que les exégètes semblent ne pas avoir compris, confondant ainsi le purisme suprématiste de Malevitch avec la pratique beaucoup plus concrète (et bauhausienne, comme pour Kandinsky, Itten ou Moholy-Nagy, dont on connaît le portrait photographique au Bauhaus vêtu, en ce sens, d'ingénieur) -, à la fois du blanc vers l'intensité de fond (et vers le noir), du statique vers la ligne et le mouvement, et du mouvement vers le volume.

---

[201] Anonyme, "Coccinelle", https://fr.wikisource.org/wiki/Coccinelle

V.2. Appendice
V.2.a. Une correspondance entre Klee et Jung autour de la centralité originelle

> "*It was not the first time that Dr. Lacan had been the center of controversy in his field. In 1953, he and his followers were expelled from the International Psychoanalytical Association for what were termed deviant practices. For example, Dr. Lacan rejected the standard 50-minute analysis session. There were times, he believed, when 10, 5, even 3 minutes on the analytical couch were sufficient.*
>
> *In a country where psychoanalysis has never really taken hold - in a poll taken last year, 65 percent of all respondents said that they would reject analysis even if it were free - Dr. Lacan tried to fashion a Gallic version of Freudian theory.*"
> (*The New York Times*, section "*Obituaries*"[202])

Toutefois, cette apparente absence de mysticisme ne doit pas nous confondre.

Ainsi, plus généralement, il faudra prendre soin de noter la coïncidence entre l'idée du "*point gris*" de Klee et celle du "*point central*" des mandalas chez Carl Jung, comme "*centre, pôle de l'évolution individuelle positive*"[203], "*L'énergie du point central se manifeste dans la compulsion et le besoin quasiment irrésistible de devenir ce que l'on Est*"[204] (Jung peignant son premier mandala en 1916[205], et "*While he was stationed at Château d'Oex in 1918-19, he began to draw and experiment with 'mandala' drawings*"[206], même si c'est dans les années 1950-1960 qu'il se

---

[202] Frank J. Prial, "*Jacques Lacan, 80, a leader of psychoanalysis in France*", The New York Times, 11/11/1981.
[203] Jacques Viret, *Le chant grégorien et la tradition grégorienne*, Lausanne, L'Âge d'Homme, 2001, p. 288.
[204] Pascale & Marc Polizzi, *Le Transpersonnel*, Lulu.com, 2013, p. 94.
[205] *Ibid.*
[206] Ruth Snowden, *Jung - The Key Ideas: Teach Yourself*, Oxon, Bookpoint Ltd, 2010, cap. 3, s/n.

dédiera plus précisément à la question des mandalas, dans leur relation entre leurs "*deux éléments essentiels... le point central et la périphérie*"[207], et de la quaternité, dans des ouvrages comme *Mysterium* coniunctionis de 1955-1956 ou le posthume *L'homme et ses symboles* de 1961, publié en 1964). Le point central, ce "*Dieu en nous*", selon le mot de Jung[208]. "*Le point central symbolise le centre d'énergie, le lieu de naissance de toute existence.*"[209]

"*Carl Jung and the Mandala In his writings on mandala symbolism, Carl Jung refers to the mandala as "the psychological expression of the totality of the self." Within everyone's psyche, to one degree or another, can be found a seed-center of the self surrounded by a chaotic maelstrom of issues, fears, passions and countless other psychological elements. It is the very disordered state of these elements that creates the discord and emotional imbalances from which too many of us suffer on a regular basis. The mandala is a template for the mind, a state of peace and order, a resolution of the chaos within. In Jung's words, "The severe pattern imposed by a circular image of this kind compensates the disorder and and confusion of the psychic state — namely, through the construction of a central point to which everything is related.*"[210]

---

[207]Viret, p. 288.
[208]"*A la dernière étape, toutes les structures de l'individu commencent à se réorganiser vers un centre qui est le Soi. Le moi individualisé a atteint son but, le point central dépassant toute définition rationnelle, le Soi qui correspond pour Jung là à «Dieu en nous».*
"*L'individuation n'exclut pas l'univers, elle l'inclut, dit Jung, car elle réintègre l'homme particulier au sein de l'archétype de l'homme universel, porteur de toute l'expérience de l'humanité.* "
(http://www.sagesse-marseille.com/lhomme-sage/psychologie/jung-et-le-jeu-des-contraires.html)
"*L'énergie du point central se manifeste par la compulsion à devenir ce que l'on est ; cette présence désirée peut être appelée le soi. Le soi est entouré, dans le mandala, par un espace qui contient les paires d'opposés composant la personnalité; l'ensemble du mandala contient la conscience, un inconscient personnel et un vaste espace d'inconscient collectif dont les archétypes sont communs à toute l'humanité.*" (http://www.cgjungfrance.com/Les-archetypes-de-l-inconscient)
[209]Thierry Mauger, *Des Mandalas en Arabie*, Lille, TheBookEdition, p. 77.
[210]Peter Patrick Barreda, *Mandala: Spiritual Visions of Our Ancient Self : Original Mandalas and Writings*, Charleston, BookSurge Publishing, 2008, p. 39. La citation de Jung est extraite de Jung, "*Zur Empirie des Individuationsprozesses*", *Gestaltungen des Unbewussten*, Zurich, Rascher, 1950, reproduit dans *Collected Works of C.G. Jung, Volume 9 (Part I): Archetypes and the Collective Unconscious*, Princeton University Press, 2014, p. 304.
On citera encore, dans le même sens de relation à notre *corpus* et à notre thème: ""*The mandala symbolizes, by its central point, the ultimate unity of all archetypes as well as the multiplicity of the phenomenal world, and is therefore the empirical equivalent of the metaphysical concept of a unus mundus.
The alchemical equivalent is the lapis and its synonyms, in particular the Microcosm.*"
C.G Jung Mysterium Coniunctionis Page 463 Paragraph 661." (http://jungcurrents.com/jung-mandala-archetype)

En 1929[211], Jung offre une interprétation des mandalas dans son *Commentaire* à *The Secret of the Golden Flower*, notamment du "*joyau*", le "*symbole central*" (en Occident, le Christ sur la Croix)[212], comme "*diagramme de la psychis*"[213]. Dés en 1928-1929, il aborde le sujet[214], et il le reprend en 1936 à partir de l'analyse des rêves de 400 patients[215]. Il commence à peindre des mandalas dès 1916 après sa rupture avec Freud, mais son effort, continue entre 1918-1920, puis dans les années 1920 s'intensifie en 1927 avec le rêve "*Pool of Life*", puis dans les années 1938-1940. Ce n'est qu'en 1928 qu'il définit précisément "*The relations between the ego and unconscious*", mais dès 1916 il commence à utiliser le concept d'"*individualité*" qu'il remplacera postérieurement par celui de "*Self*" (dès 1921). Ainsi, la même année, en 1916, il décrit ce concept d'individualité comme "*the innermost core of ego-consciousness and of the unconscious alike*", "*The individual stands, as it were, between the conscious part of the collective psyche and the unconscious part*", "*particular and individual at once*". Mais c'est en 1921[216] que Jung développe le thème dans *Psychological Types*, comme "*coincidencia oppositorum*", parlant de "*the possibility of separating out an individual nucleus*"; il trouve alors, dans ce même texte, l'origine ou la comparaison dans les traditions

---

[211] http://www.carl-jung.net/timeline.html
[212] *The Secret of the Golden Flower - A Chinese Book of Life, Translated and explained by Richard Wilhelm, with a European Commentary by C.G. Jung*, Londres, Kegan Paul, Trench, Trubner & Co., 1947, p. 133.
[213] Mary Esther Harding, *The way of all women: a psychological interpretation*, New York, Longmans, Green and Co., 1935, p. 75.
[214] Nathalie Pilard, *Jung and Intuition: On the Centrality and Variety of Forms of Intuition in Jung and Post-Jungians*, Londres, Karnac Books, 2015, p. 86.
[215] Curtis D. Smith, *Jung's Quest for Wholeness: A Religious and Historical Perspective*, SUNY Press, 1990, p. 93.
[216] De fait: "*In France Fabre d'Olivet had previously written about the same subject in the nineteenth century. However, Jung was certainly the first to relate it so closely to the process of individuation. The mandala is a circular figure ornamented with symbols that is generally divided into four sections. It is well known in India and Tibet, where it was used for centuries by ascetics and mystics to aid in contemplation.*" (http://www.meta-religion.com/Psychiatry/Analytical_psychology/jung_quaternity.htm)

asiatiques, chinoise, boudiste et dans les *Upanishad*, de cette "*differentiation of the self from the opposites*"[217].

Or la "*Note sur le point gris*", dans laquelle Klee exprime explicitement, dans le dernier paragraphe: "*Établir un point dans le chaos, c'est le reconnaître nécessairement gris en raison de sa concentration principielle et lui conférer le caractère d'un centre originel d'où l'ordre de l'univers va jaillir et rayonner dans toutes les dimensions. Affecter un point d'une vertu centrale, c'est en faire le lieu de la cosmogénèse.*" (on retrouve le centre originel [comme en particulier dans *Unendliche Naturgeschichte*, que nous allons aborder] de Jung, en particulier dans ses postérieurs développements par rapport à la théorie de la quaternité, en germe au moins dès l'interprétation de 1931), et publiée en France dans le recueil *Théorie de l'art moderne*[218] (traduction de Pierre-Henri Gonthier, Genève, Médiations, 1969), se trouve dans les *Bildnerische Denken: Schriften zur Form und Gestaltungslehre*[219], publiés par Jürg Spiller[220] (Schwabe, 1964), qui compile la plus

---

[217] L'ensemble des éléments biographiques et bibliographiques de cette fin de paragraphe sont repris de Renos K. Papadopoulos, *The Handbook of Jungian Psychology: Theory, Practice and Applications*, New York, Routledge, 2012, pp. 153-155.

[218] On note qu'"*En 1924*, (Klee) *donne une conférence à la Société des beaux-arts d'Iéna dont le texte est transcrit dans sa Théorie de l'art moderne, publié à titre posthume en 1945*" (http://fr.wikipedia.org/wiki/Paul_Klee#cite_note-CMS_197-44), dont Gonthier reprend le titre. La conférence de Klee intitulée *Théorie de l'art moderne* ("*Über moderne Kunst ('On Modern Art'), lecture held at Paul Klee's exhibition at the Kunstverein in Jena on 26 January 1924*", http://en.wikipedia.org/wiki/Paul_Klee#Books.2C_essays_and_lectures_by_Paul_Klee) est consultable sur le site http://monoskop.org/images/6/66/Klee_Paul_On_Modern_Art.pdf Il s'agit de deux textes différents, contrairement à l'indication donnée dans *Philosophie, terminales L, ES, S*, sous la direction de France Farago, Paris, Bréal, 2004, p. 185.

[219] Matthias Bunge, *Zwischen Intuition und Ratio: Pole des bildnerischen Denkens bei Kandinsky, Klee und Beuys*, Stuttgart, Franz Steiner, 1996, pp. 207-208 et note 640 p. 208. Voir aussi http://monoskop.org/Paul_Klee#Writings

[220] "*Jürg Spiller publia en 1956 la Contribution à la théorie de la forme plastique, complétée par le «Credo du créateur», quelques essais et la «Conférence de Iéna», sous le titre Das bildnerische denken (La pensée créatrice), mais en le mais en le manipulant à tel point qu'il ne peut être utilisé comme base de travail. Non seulement l'auteur a ajouté partout et sans l'indiquer des textes et des illustrations de Klee datant d'autres époques (du journal ou des manuscrits ultérieurs), considérant apparemment l'œuvre de Klee comme un ensemble homogène cohérent et sans évolution interne, mais il a également ajouté ses propres commentaires et dessins sans les distinguer de ceux de Klee. On peut faire les mêmes reproches au deuxième tome, paru sous le*

grande partie de l'enseignement de Klee au Bauhaus entre 1921 et 1922[221]. La version anglaise en est le Volume 1 des *Paul Klee Notebooks*, intitulée *The thinking eye*, qu'elle débute[222], comme texte (non comme note, s'agissant proprement d'une leçon).

Klee, dans ses indications pédagogiques du lundi 5 novembre 1923 présente le thème suivant:

"*The energy centre*
The irrited point as latent energy
Motivation for form-creation and articulation
Inner necessity as the basis for form-creation
Structural and articulation elements"[223]

---

titre Unendliche Naturgeschichte (Histoire naturelle infinie), bien que l'original paraisse davantage respecté.
Des notes manuscrites de Klee, seul le cahier intitulé la Contribution à la théorie de la forme plastique est immédiatement utilisable, les autres notes se trouvent sur des feuillets séparés non datés et trop fragiles pour être consultés (la consultation se fait par microfilm). Cependant, la difficulté majeure réside dans le fait qu'il faut un travail très approfondi pour pouvoir classer ce matériel et que ce n'est même pas toujours possible. En analysant le contenu des cours du semestre d'hiver 1923-1924, reproduit dans le deuxième tome de Spiller. nous constatons que ce sont les mêmes thèmes qui reviennent, bien qu'ils se soient entretemps élargis. Nous avons donc préféré nous en tenir au texte de 1921-1922, Contribution à la théorie de théorie de la forme plastique, dont le fac-similé est paru récemment, car il nous donne, outre la certitude d'être conforme, une vision cohérente de l'enseignement de Klee. Il a d'ailleurs lui-même utilisé, pour sa publication des Esquisses pédagogiques, uniquement des dessins et des commentaires tirés de la Contribution à la théorie de la forme plastique. Le fait qu'il ait constamment remanié ce manuscrit (changeant certains textes, ajoutant en marge des dessins, etc..) montre bien que Klee l'utilise même plus tard comme base de son enseignement.
En comparant ce premier manuscrit avec le livre Esquisses pédagogiques, nous constatons que Klee a changé l'ordre des chapitres afin d'arriver à une meilleure cohérence formelle. Il a également supprimé la dixième et la onzième leçon, qui traitent de la couleur. Il estimait probablement que ce sujet n'appartenait plus à la question de la forme (d'ailleurs le manuscrit s'arrête brusquement à la fin du onzième cours). Il a en outre éliminé dans son livre l'introduction qui précédait son cours (B.F., pp. 1-5), les commentaires des travaux d'élèves (début du cinquième et sixième cours) ainsi que tous les exercices. Il est plus étonnant, note Glaesemer dans son introduction à l'édition du fac-similé, qu'il ait supprimé l'analyse des structures musicales (deuxième partie du quatrième cours) ainsi que les réflexions concernant «le mouvement réceptif» qui se produit en contemplant une œuvre (septième et huitième cours)." (Vitale, pp. 157-158)
[221]"*Die vollständigste Sammlung von Klees theoretischen Abhandlungen befindet sich heute in dem Band von Jürg Spiller „Paul Klee. Das bildnerische Denken" (Basel, 3. Auflage 1971), der auch die Essenz seiner Lehrtätigkeit am Weimarer Bauhaus 1921-1922 komplett enthält.*" (Melos, B. Schott's Söhne, 1972, Vol. 39-40, p. 7)
[222] *The thinking eye*, pp. 3-4.
[223] *The nature of nature*, p. 25.

Dans la partie de 1923-1924 de ces écrits pédagogiques, compilés sous le titre *Unendliche Naturgeschichte*, Klee utilise la métaphore (visuelle et littéraire - c'est-à-dire dans la partie écrite comme graphique -) de la graine et de la plante[224], de leur processus de croissance.

Il ne faudrait pas voir cette image comme un simple effet de style, il nous semble qu'au contraire, elle reproduit un intérêt sérieux de Klee, dans son système, pour le principe d'extériorisation de l'Être intérieur.

De fait, il l'exprime clairement lorsqu'il pose le concept de cette "*radiant energy of the interior line*"[225] de la croissance informelle des plantes, non seulement sous la forme iconographique de l'ouverture radiale[226] qui deviendra plus loin celle de la traditionnelle coquille (que peut, aussi bien, s'exprimer, chez Klee, comme une tension vers l'extérieur, non seulement par une éjection, comme on le voit dans les images de "*Tear to the base of the radii*"[227]), mais sous celle de l'opération formelle du point ("*In pictorial terms: The seed strikes roots, initially the line is directed earthwards, though not to dwell there, only to draw energy thence for reaching up the air.../... The spirit of this form-creation is linear*")[228], comme centre, vers la périphérie (ou diamètre), qui s'apparente d'ailleurs explicitement (visuellement) à la graine qui sort de son noyau[229], est un "*impetus from without*"[230]. Ce qui se réaffirme sous diverses modalités (d'extraction verticale depuis le centre vers l'extérieur, depuis la radialité, etc.) dans les pages suivantes[231], notamment, en ce qui nous intéresse, par l'agglomération de points

---

[224] De fait dès les pp.14-15 *in ibid.*
[225] *Ibid.*, p. 17.
[226] *Ibid.*, pp. 18ss.
[227] *Ibid.*, pp. 21ss.
[228] *Ibid.*, p. 29.
[229] *Ibid.*
[230] *Ibid.*
[231] *Ibid.*, pp. 56-60.

d'intensification, que Klee reprendra, après, dans le même ouvrage (années postérieures), sous le concept d'intensification colorimétrique du point[232].

Klee indique alors que, depuis ce point vers la ligne, depuis cette graine vers l'évolution biologique de l'être qu'elle contient, "*The object grows beyond its appearance through our knowledge of its inner being*"[233], concept qu'il reprend jusqu'en 1932[234].

De là que cette évolution, joignant en une seule représentation les deux objets (le point-centre et la ligne d'extension) est considérée comme une spirale (pour ainsi dire, point en mouvement): "*Projected to a plane, loops may be avoid by resort to a zigzag line, purest projection of spirale*"[235], ce qui, élément notable, permet à Klee, non seulement de produire des expansions curvilignes, mais également en pics, c'est-à-dire brisées[236], ce qui montre bien l'identité pour lui des deux problèmes: celui du point (le cercle) et celui de la ligne (la droite).

En découle, dans sa démonstration, une association intéressante entre cette centralité et une expansion non plus exactement géométrique, mais (comme chez Malevitch, dans son exposition 0.10 de 1915 et ses essais de carrés, cercles, et croix) géographique, de cardinalisation, pour ainsi dire, de la visualité de sa formule. Il produit ainsi des croix[237] comme "*aggregation of particles*" de centres de structures quadriculés[238]. Étant moins lié à un concept nettement religieux qu'à une vision pseudo-esthétique, Klee impose, incorrectement (le centre se confondant alors avec l'expansion produite), selon nous, mais logiquement, si

---

[232] *Ibid.*, p. 405, comme nous l'avons déjà remarqué, en note antérieure.
[233] *Ibid.*, p. 65.
[234] *Ibid.*
[235] *Ibid.*, p. 87.
[236] *Ibid.*, pp. 87-89.
[237] *Ibid.*, pp. 91 et 183ss.
[238] *Ibid.*, p. 183.

l'on veut, d'un point de vue purement formel (au fond, l'expansion passe bien depuis le centre), une inversion à son modèle, présentant, pareillement, des croix dans l'entre-deux cercles[239]. Ce qui lui permet, sous la même structure, inversée (la croix dans le cercle) de proposer une version du "*central organe*" "*At the point of the crossover*"[240], la croix (de Saint André) formant les branches des deux parties de cet infini: ∞ qui sont les deux cercles excentrés du *BauhausBücher*. Klee l'associe d'ailleurs à deux images de croix, du "*good*" et du "*bad*" "*blood*"[241].

Complexifiant le modèle de la graine-point, le système devient une imbrication de cercles concentriques associés[242], pour représenter cette "*Centrally irradiated growth*"[243], toujours sur la base de la métaphore végétale[244], qui, pouvant être triangulaire ou carrée[245], favorise la précédente quaternation du modèle, comparé, cette fois, avec le flux aquatique et sanguin, irrégulier, mais produit depuis des circonvolutions sphériques, ou circulaires[246], et poussant une énergie active (le demi signe d'infini[247]) du "*motor centre*"[248], que l'on pourrait, rapidement, dire aristotélique.

La structure circulaire, centrale, de Klee, se transforme donc, par ces croix qui en deviennent le centre visuel[249], en une quaternisation[250], identiquement liée à la figure de l'arbre[251] (que l'on retrouve, étrangement, chez Mondrian, dans les années juste

---

[239] *Ibid.*, pp. 159 et 213.
[240] *Ibid.*, p. 107.
[241] *Ibid.*
[242] *Ibid.*, pp. 119-129.
[243] *Ibid.*, p. 129.
[244] *Ibid.*, p. 119.
[245] *Ibid.*, p. 129.
[246] *Ibid.*, pp. 91-105.
[247] *Ibid.*, p. 105.
[248] *Ibid.*
[249] *Ibid.*, pp. 111, 159, 213.
[250] *Ibid.*, pp. 131-135.
[251] *Ibid.*, p. 130.

antérieur [1908-1913]²⁵², comme base de la transformation, par rectangularisation, de la forme primordiale de ce qui, chez Lucio Fontana, deviendra une forme ovoïde, pareillement décomposée, mais aussi maltraitée et ouverte, transversalement, non par la directionnalité de la flèche de Klee, mais par des coups de couteau²⁵³).

À présent, au début du chapitre "*V. Christ, a symbol of the Self*" de son ouvrage *Aïon* (1951), Jung définira le Christ en spécifiant:

"*Our discourse necessarily brings us to Christ, because he is the still living myth of our culture. He is our culture hero, who, regardless of his historical existence, embodies the myth of the divine Primordial Man, the mystic Adam. It is he who occupies the centre of the Christian mandala, who is the Lord of the Tetramorph, i.e., the four symbols of the evangelists, which are like the four columns of his throne.*"²⁵⁴

Dans *Symboles de Transformation* (écrit en 1910²⁵⁵, et originellement publié en 1912 sous le titre *Psychologie de l'Inconscient: Une étude sur la Transformation et Symbole de la Libido - Contribution à l'histoire de l'évolution de la pensée*²⁵⁶), il pose (dans la version réécrite pour *The Collected Works*):

"*The cross, or whatever other heavy burden the hero carries, is himself, or rather the self, his wholeness, which is both God and animal—not merely the empirical man, but the totality of his being, which is rooted in his animal nature and reaches out beyond the merely human towards the divine. His wholeness implies a tremendous tension of*

---

[252] Voir, par exemple, http://newsoftheartworld.com/mondrian-une-abstraction-nee-de-larbre/
[253] Voir https://www.centrepompidou.fr/cpv/resource/crgdxAz/rMeA75r et https://parkstoneinternational.wordpress.com/2014/03/28/lucio-fontana-ouvrez-moi-donc-cette-toile/
[254] *The Collected Works of C.G. Jung*, Bollingen Foundation, Bollingen Series XX, Princeton University Press, 1970, Vol. 9, p. 36.
[255] http://www.carl-jung.net/timeline.html
[256] Marilyn Nagy, *Philosophical Issues in the Psychology of C. G. Jung: Portraits, Policies, Programs, and Practices*, SUNY Press, 1991, p. 192.

opposites paradoxically at one with themselves, as in the cross, their most perfect symbol."[257]

"The world is enclosed in the egg (cf. fig. 36) which surrounds it on all sides; it is the cosmic birth-giver, a symbol used by Plato and by the Vedas. This "mother" is omnipresent, like the air. But air is spirit, so the world-mother is a spirit, the anima mundi. The hieroglyph is at the same time a quaternity-symbol, which psychologically always points to the self. It therefore depicts the uttermost circumference and the innermost centre, the infinite and the infinitesimal, corresponding to the Indian idea of the atman, which encompasses the whole world and dwells, "no bigger than a thumb," in the heart of man."[258]

"Christ, as a hero and god-man, signifies psychologically the self; that is, he represents the projection of this most important and most central of archetypes. (Cf. pi. lx.) The archetype of the self has, functionally, the significance of a ruler of the inner world, i.e., of the collective unconscious.130 The self, as a symbol of wholeness, is a coincidentia oppositorum, and therefore contains light and darkness simultaneously. (Cf. pi. lvi, also fig. 39.)"[259]

Et dans l'originale:

"The thought of " union," expressed by the symbol of the cross, is met with in " Timaios " of Plato, where the world soul is conceived as stretched out between heaven and earth in the form of an X (Chi) ; hence in the form of a " St. Andrew's cross." When we now learn, furthermore, that the world soul contains in itself the world as a body, then this picture inevitably reminds us of the mother. (Dialogues of Plato. Jowett, Vol. II, page 528.)

" And in the center he put the soul, which he diffused through the whole, and also spread over all the body round about, and he made one solitary and only heaven, a circle moving in a circle, having such excellence as to be able to hold converse with itself, and needing no other friendship or acquaintance. Having these purposes in view he created the world to be a blessed god."

This highest degree of inactivity and freedom from desire, symbolized by the being enclosed within itself, signifies divine blessedness. The only human prototype of this conception is the child in the mother's womb, or rather more, the adult man in the continuous embrace of the mother, from whom he originates."[260]

---

[257] *The Collected Works of C.G. Jung*, Bollingen Foundation, Bollingen Series XX, New York, Pantheon Books, 1956, Vol. 5, p. 403.
[258] *Ibid.*, p. 354.
[259] *Ibid.*, p. 368.
[260] C.G. Jung, *Psychology of the Unconscious*, New York, Moffat, Yard and Co., 1916, p. 298.

"Hecate, orphically, occupies the centre of the world as Aphrodite and Gaia, even as the world soul in general. On a carved gem she is represented carrying the cross on her head. The beam on which the criminal was scourged is called ἐχάτη. To her, as to the Roman Trivia, the triple roads, or Scheideweg, "forked road," or crossways were dedicated. And where roads branch off or unite sacrifices of dogs were brought her; there the bodies of the executed were thrown; the sacrifice occurs at the point of crossing. Etymologically, scheide, "sheath"; for example, swordsheath, sheath for water-shed and sheath for vagina, is identical with scheiden, "to split," or "to separate." The meaning of a sacrifice at this place would, therefore, be as follows: to offer something to the mother at the place of junction or at the fissure."[261]

"This recognition, that man must sacrifice the retrogressive longing (the incestuous libido) before the "heavenly ones" tear away the sacrifice, and at the same time the entire libido, came too late to the poet. Therefore, I take it to be a wise counsel which the unconscious gives our author, to sacrifice the infantile hero. This sacrifice is best accomplished, as is shown by the most obvious meaning, through a complete devotion to life, in which all the libido unconsciously bound up in familial bonds, must be brought outside into human contact. For it is necessary for the well-being of the adult individual, who in his childhood was merely an atom revolving in a rotary system, to become himself the centre of a new system. That such a step implies the solution or, at least, the energetic treatment of the individual sexual problem is obvious, for unless this is done the unemployed libido will inexorably remain fixed in the incestuous bond, and will prevent individual freedom in essential matters."[262]

"Again we encounter the motive of the Dioscuri, mortal and immortal, setting and rising sun. This motive is also represented as if projected from the hero.
The Sacrificium Mithriacum (the sacrifice of the bull) is in its religious representation very often flanked by the two Dadophores, Cautes and Cautopates, one with a raised and the other with a lowered torch. They represent brothers who reveal their character through the symbolic position of the torch. Cumont connects them, not without meaning, with the sepulchral "erotes" who as genii with the reversed torches have traditional meaning. The one is supposed to stand for death and the other for life. I cannot refrain from mentioning the similarity between the Sacrificium Mithriacum (where the sacrificed bull in the centre is flanked on both sides by Dadophores) to the Christian sacrifice of the lamb (ram). The Crucified is also traditionally flanked by the two thieves, one of whom ascends to Paradise, while the other descends to Hell. The idea of the mortal and the immortal seems to have passed also into the Christian worship. Semitic gods are often represented as flanked by two Paredroi; for example, Baal of Edessa, accompanied by Aziz and Monimoz (Baal as the Sun, accompanied by Mars and Mercury, as expressed in astronomical teachings). According to the Chaldean

---

[261] *Ibid.*, p. 406.
[262] *Ibid.*, pp. 453-454.

view, the gods are grouped into triads. In this circle of ideas belongs also the Trinity, the idea of the triune God, in which Christ must be considered in his unity with the Father and the Holy Ghost. So, too, do the two thieves belong inwardly to Christ. The two Dadophores are, as Cumont points out, nothing but offshoots from the chief figure of Mithra, to whom belongs a mysterious threefold character. According to an account of Dionysus Areopagita, the magicians celebrated a festival, "τού τριπλασίου ΠIΘρου." An observation likewise referring to the Trinity is made by Plutarch concerning Ormuzd: τρίς ἑαυτόν αὐξήσας ἀπέστησε τοὐ ἡλίου. The Trinity, as three different states of the unity, is also a Christian thought. In the very first place this suggests a sun myth. An observation by Macrobius I: 18 seems to lend support to this idea:

"Hae autem aetatum diversitates ad solem referuntur, ut parvulus videatur hiemali solstitio, qualem Aegyptii proferunt ex adyto die certa, ... aequinoctio vernali figura iuvenis ornatur. Postea statuitur astas ejus plenissima effigie barbae solstitio aestivo. ... exunde per diminutiones veluti senescenti quarta forma deus figuratur."

As Cumont observes, Cautes and Cautapates occasionally carry in their hands the head of a bull, and a scorpion. Taurus and Scorpio are equinoctial signs, which clearly indicate that the sacrificial scene refers primarily to the Sun cycle; the rising Sun, which sacrifices itself at the summer solstice, and the setting Sun. In the sacrificial scene the symbol of the rising and setting Sun was not easily represented; therefore, this idea was removed from the sacrificial image.

We have pointed out above that the Dioscuri represent a similar idea, although in a somewhat different form; the one sun is always mortal, the other immortal. As this entire sun mythology is merely a psychologic projection to the heavens, the fundamental thesis probably is as follows; just as man consists of a mortal and immortal part, so the sun is a pair of brothers, 61 one being mortal, the other immortal. This thought lies at the basis of all theology in general."[263]

Comme Klee par rapport à la genèse végétale des formes, Jung, dans *Psychologie de l'Inconscient*, insiste, en général, sur l'arbre (en particulier comme symbole maternel, autant de fois cité que le "*ventre maternel*"[264] - le tronc étant, comme on le voit dans l'extrait suivant, compris comme un contenant -) dans la concrétion de la représentation de la Croix et du Soi:

"That ξύλον ζωῆς, the wood of life, or the tree of life, is a maternal symbol would seem to follow from the previous deductions. The etymologic connection of ὑω, ὑλη, υιός, in the Indo-Germanic root suggests the blending of the meanings in the underlying

---

[263] *Ibid.*, pp. 225-227.
[264] *In ibid.*(incluant les index et le sommaire), le "*ventre maternel*" étant cité 80 fois, alors que l'arbre l'est 229.

symbolism of mother and of generation. The tree of life is probably, first of all, a fruit-bearing genealogical tree, that is, a mother-image. Countless myths prove the derivation of man from trees; many myths show how the hero is enclosed in the maternal tree—thus dead Osiris in the column, Adonis in the myrtle, etc. Numerous female divinities were worshipped as trees, from which resulted the cult of the holy groves and trees. It is of transparent significance when Attis castrates himself under a pine tree, i. e. he does it because of the mother. Goddesses were often worshipped in the form of a tree or of a wood. Thus Juno of Thespiae was a branch of a tree, Juno of Samos was a board. Juno of Argos was a column. The Carian Diana was an uncut piece of wood. Athene of Lindus was a polished column. Tertullian calls Ceres of Pharos " rudis palus et informe lignum sine effigie." Athenaeus remarks of Latona at Dalos that she is ξύλινον ἀμορφον, a shapeless piece of wood. Tertullian calls an Attic Pallas " crucis stipes," a wooden pale or mast. The wooden pale is phallic, as the name suggests, φάλης, Pallus. The φαλλός is a pale, a ceremonial lingam carved out of figwood, as are all Roman statues of Priapus. Φάλος means a projection or centrepiece on the helmet, later called ncovos, just as ἀνα-αντίασις signifies baldheadedness on the forepart of the head, and φαλακρός signifies baldheadedness in regard to the φάλος-κώνος of the helmet; a semi-phallic meaning is given to the upper part of the head as well. Φάλληνος has, besides φαλλός, the significance of "wooden"; φαλ-άγγωμα, "cylinder"; φάλαγξ, "a round beam." The Macedonian battle array, distinguished by its powerful impetus, is called φάλαγξ, moreover, the finger-joint is called φάλαγξ. φάλλαινα or φάλαινα is a whale. Now φαλός appears with the meaning " shining, brilliant." The Indo-Germanic root is bhale = to bulge, to swell."[265]

Ces tensions se précisent par la voie graphique du cercle, au centre duquel se trouve la "*Primary force*", et qui est exposées aux tensions externes, dans *Analytical psychology* (1916), accompagné du commentaire suivant:

"*I can remember clearly that in the course of the winter of 1895 we spoke several times in S. W.'s presence of the forces of attraction and repulsion in connection with Kant's "Natural History of the Heavens"; we spoke also of the "Law of the Conservation of Energy," of the different forces of energy, and of the question whether the force of gravity was perhaps a form of movement. From this talk S. W. had plainly created the foundation of her mystic system. She gave the following explanation : The natural forces are arranged in seven circles. Outside these circles are three more, in which unknown forces intermediate between energy and matter are found. Matter is found in seven circles which surround ten inner ones. In the centre stands the primary force, which is the original cause of creation and is a spiritual force. The first circle which*

---

[265] *Ibid.*, pp. 246-247.

surrounds the primary force is matter which is not really a force and does not arise from the primary force, but it unites with the primary force and from this union the first descendants are the spiritual forces ; on the one hand the Good or Light Powers, on the other the Dark Powers. The Power Magnesor consists most of primary force; the Power Connesor, in which the dark might of matter is greatest, contains the least. The further outwards the primary force streams forth the weaker it becomes, but weaker too becomes the power of matter, since its power is greatest where the collision with the primary power is most violent, i.e. in the Power Connesor. Within the circles there are fresh analogous forces of equal strength but making in the opposite direction. The system can also be described in a single series beginning with primary force, Magnesor, Cafor, etc., proceeding from left to right on the scheme and ascending with Tusa, Endos, ending with Connesor; only then the survey of the grade of intensity is made more difficult. Every force in the outer circle is combined from the nearest adjacent forces of the inner circle."[266]

V.2.b. Jung et Klee dans leurs biographies

Nous ne sommes pas les premiers à considérer les liens possibles entre Jung et Klee[267]. De fait :

"Marian Willard was an energetic art promoter who had opened her first New York gallery some five years earlier. In 1940 she had moved it to a tiny rented space at 32 East Fifty- seventh Street, which she called the Willard Gallery. Single, younger by six years than Gina Knee, Willard had long been a student and collector of art, learning art history and studying art independently in Italy. Willard's was a highly personal conception of art, based on the belief that psychological thought and contemporary art were interrelated and universally significant. She found the key to these relationships in Carl Jung's theories, particularly the premise that mythic images lead us back to experiential nodes and boundaries. His writings had begun to interest Willard in the late 1920s, and in the mid-thirties she spent two summers in Zurich attending Jung's lectures. Convinced that Paul Klee's work embodied Jung's theories and that Klee's artistic content held special psychological significance for the twentieth century, Willard began to purchase his paintings, then to exhibit Klee at her gallery."[268]

Or l'idée n'est pas tout à fait impossible. On sait ainsi que le jeune Jung, médiocre peintre, se retrouve à Munich, près des groupes d'avant-garde :

---

[266] C.G. Jung, *Analytical psychology*, New York, Moffat, Yard and Co., 1916, pp. 40-41.
[267] Voir par exemple, d'un point de vue intellectuel, Mark Luprecht, *Of Angels, Things, and Death: Paul Klee's Last Painting in Context*, Berne, Peter Lang, 1999, pp. 26-27 et 134.
[268] Sharyn Rohlfsen Udall, *Inside Looking Out: The Life and Art of Gina Knee*, Texas Tech University Press, 1994, p. 66.

"Then, as now, the traditional heart of Munich lay along the grand Ludwigstrasse, which is lined with the yellow and tan imperial structures built throughout the nineteenth century by the kings of Bavaria: the royal library, the various royal offices of state, and the university. The upper end of Ludwigstrasse was capped by the Siegestor, the "Victory Arch" that mirrored the design of the Arch of Constantine in Rome. To the north and to the west of the Siegestor was the infamous "artistic" district of Schwabing, filled with young painters and poets and novelists and adventurers who were creating new artistic styles in their studios and hatching utopian schemes in their coffeehouses. During the first decade of the twentieth century, Paul Klee and Rainer Maria Rilke and Stefan George lived there, just blocks from Russian expatriates such as Wassily Kandinsky and Vladimir Ilyich Ulyanov -- Lenin -- who sometimes could be seen with a cue stick in hand at the old billiards salon on Schellingstrasse. The twenty-five-year-old Jung, a mildly talented illustrator and painter of watercolor landscapes in his own right, was naturally attracted to Schwabing."[269]

Et qu'en outre, dans le même sens d'ailleurs:

"However, the foremost utopian community of the pre-1914 period was the Swiss Monte Verità community, located on the mountain above Ascona overlooking Lake Maggiore, which between 1900 and the early 1920s was the unrivalled Mecca of the so-called Lebensreform or 'life reform Movement'. The link between aesthetic, social, and political modernism and this movement is underscored by the list of just some of the more famous personalities to have participated briefly in the vegetarian life-style at 'Mount Truth': notably Hermann Hesse, Carl Jung, Erich Maria Remarque, Hugo Ball, Else LaskerSchüler, Stefan George, Isadora Duncan, Paul Klee, Rudolf Steiner, Mary Wigman, Ernst Toller, Otto Gross, and Gustav Stresemann."[270]

D'autre part, on a mentionné que Jung avait peint son premier mandala en 1916:

"In November of 1913 Carl Jung commenced an extraordinary exploration of the psyche, or "soul." He called it his "confrontation with the unconscious." During this period Jung willfully entered imaginative or "visionary" states of consciousness. The visions continued intensely from the end of 1913 until about 1917 and then abated by around 1923. Jung carefully recorded this imaginative journey in six black-covered personal journals (referred to as the "Black Books"); these notebooks provide a dated chronological ledger of his visions and dialogues with his Soul.

---

[269] *The aryan Christ: the secret life of Carl Jung*, "Chapter 3: Hidden Memories", http://www.american-buddha.com/lit.aryanchristjung.3.htm
[270] Roger Griffin, *Modernism and Fascism: The Sense of a Beginning Under Mussolini and Hitler*, Londres, Palgrave Macmillan, 2007, p. 142.

Beginning in late 1914, Jung began transcribing from the Black Book journals the draft manuscript of his legendary Red Book, the folio-sized leather bound illuminated volume he created to contain the formal record of his journey. Jung repeatedly stated that the visions and imaginative experiences recorded in the Red Book contained the nucleus of all his later works.

Jung kept the Red Book private during his lifetime, allowing only a few of his family and associates to read from it. The only part of this visionary material that Jung choose to release in limited circulation was the Septem Sermones, which he had privately printed in 1916. Throughout his life Jung occasionally gave copies of this small book to friends and students, but it was available only as a gift from Jung himself and never offered for public sale or distribution. When Jung's autobiographical memoir Memories, Dreams, Reflections was published in 1962, the Septem Sermones ad Mortuos was included as an appendix.

It remained unclear until very recently exactly how the Septem Sermones ad Mortuos related to the hidden Red Book materials. After Jung's death in 1961, all access to the Red Book was denied by his heirs. Finally in October of 2009, nearly fifty years after Jung's death, the family of C. G. Jung release the Red Book for publication in a beautiful facsimile edition, edited by Sonu Shamdasani. With this central work of Jung's now in hand, we discover that the Seven Sermons to the Dead actually compose the closing pages of the Red Book draft manuscripts; the version transcribed for the Red Book varies only slightly from the text published in 1916, however the Red Book includes after each of the sermons an additional amplifying homily by Philemon (Jung's spirit guide). [The Red Book, p346-54]

Base on their context, voice, content, and history, I suggest the Septem Sermones ad Mortuos might now properly be described as the "summary revelation of the Red Book." Seen in this light, it becomes understandable why Jung chose this one section of his "revelations" for printing and distribution among his disciples.

Near the end of his life, Jung spoke to Aniela Jaffe about the Septem Sermones and explained "that the discussions with the dead [in the Seven Sermons] formed the prelude to what he would subsequently communicate to the world, and that their content anticipated his later books. 'From that time on, the dead have become ever more distinct for me as the voices of the unanswered, unresolved and unredeemed.' " [The Red Book, p346 n78] Jung's decision in 1916 to publish this single summary statement from the Red Book writings gives evidence of the importance he ascribed to the Seven Sermons. In this same context, Jung remarked to Aniela Jaffe:

The years ... when I pursued the inner images were the most important time of my life. Everything else is to be derived from this. It began at that time, and the later details hardly matter anymore. My entire life consisted in elaborating what had burst forth from the unconscious and flooded me like an enigmatic stream and threatened to break me. That was the stuff and material for more than only one life.

Everything later was merely the outer classification, the scientific elaboration, and the integration into life. But the numinous beginning, which contained everything, was then."

In Memories, Dreams, Reflections Jung gives one account of how the Septem Sermones came to be written (the Sunday referred to below is probably Sunday, 30 January 1916):
It began with a restlessness, but I did not know what it meant or what "they" wanted of me. There was an ominous atmosphere all around me. I had the strange feeling that the air was filled with ghostly entities. Then it was as if my house began to be haunted....
Around five o'clock in the afternoon on Sunday the front doorbell began ringing frantically...but there was no one in sight. I was sitting near the doorbell, and not only heard it but saw it moving. We all simply stared at one another. The atmosphere was thick, believe me! Then I knew that something had to happen. The whole house was filled as if there were a crowd present, crammed full of spirits. They were packed deep right up to the door, and the air was so thick it was scarcely possible to breathe. As for myself, I was all a-quiver with the question: "For God's sake, what in the world is this?" Then they cried out in chorus, "We have come back from Jerusalem where we found not what we sought/" That is the beginning of the Septem Sermones. (Memories, Dreams, Reflections, p190-1)[271]

Or, aussi bien ce premier mandala[272], qui présente une forme similaire au cercle, déjà mentionné, d'*Analytical psychology*, comme la peinture de Jung intitulée: *Septem Sermones ad Mortuous*, qu'il réalisa vers 1918, alors qu'il travaillait sur le *Liber Novus*, et qu'il offrit plus tard à H.G. Baynes[273], reproduisent cette centralité du Soi, représentée dans la peinture par un cercle au centre duquel est la croix (comme dans les pages 125 et 154[274] du *Liber Novus* ou *Rotes Buch* [*Livre Rouge*], ou encore par le Soleil d'Osiris sur sa barque de la page 55[275] - à noter que l'hostie s'élève au-dessus du large récipient du prêtre dans *Septem Sermones ad Mortuous*, comme le soleil osirien sur sa barque de mort-réincarnation, au centre de la théorie jungienne [transformation personnelle, également basée sur l'exemplification méthodologique depuis la mythologie, de celle, freudienne, de l'OEdipe] du Soi dès *Psychanalyse de l'inconscient* -).

---

[271] http://gnosis.org/library/7Sermons.htm
[272] http://www.gnosis.org/Jung_first_mandala.html
[273] http://gnosis.org/images/Painting-Septem-Sermones.jpg
[274] http://www.holybooks.com/wp-content/uploads/The-Red-Book-Jung.pdf
[275] *Ibid.*

D'autre part:

"*Tina Keller (1887-1986), a Swiss physician and psychotherapist, was one of C. G. Jung's first patients in psychotherapy. She was in analysis with him from 1915-1924, and with his primary associate, Toni Wolff, from 1924-1928.../...*
When Jung started seeing Keller for psychotherapy in 1915, he was 41 years old, a psychiatrist in private practice, and a writer and thinker exploring fundamental principles of the newly emerging field of analytical psychology. Keller was 28; she had been married three years, was the mother of two young children and pregnant with a third, and was active with the duties as a pastor's wife, all the while her personal life was "inundated with intuitions and fears".3 Keller explained that:
Dr. Jung did not consider me "sick." He said my fears were a symptom, showing that I was in a growth-process he called "individuation." He believed the symptoms were necessary to keep me from escaping the process; the fears, he believed, would only disappear, as I became more mature. This might take a very long time. In fact, "individuation" is a life-long process...
Keller's early analysis coincided with the years of Jung own self-experimentation. She reported going to sessions and seeing Jung's personal active imagination paintings and writings in plain view; in fact, Jung was instructing Keller on the method he was using to explore his own unconscious. "Dr. Jung wrote in his 'black and his red book' during emotional upheavals and during the period of discovery described his 'visions' and then wrote dialogues and commentaries....sometimes these paintings would be visible in Jung's consulting room."[276]

Et, durant cette analyse, Keller produit, en novembre 1917, une oeuvre ("*Vom stillen Wachsen (From Silent Growth)*"[277]), très similaire au premier mandala de Jung (une figure circulaire, avec un centre [ici une fleur]), bien que sans figures précises.

On relève, également, que le titre rappelle le concept d'émergence du point gris chez Klee et dans *Einst dem Grau der Nacht enttaucht* de 1918, autre coïncidence intéressante, et temporelle aussi. De la même manière, les pages 54 et 63[278] du *Liber Novus* reproduisent l'arbre et la plante croissant dont on retrouve les types dans les cahiers de Klee, comme on l'a vu.

---

[276] Wendy Swan, "*Tina Keller's analyses with C.G. Jung and Toni Wolff*", Jung History - a semi-annual publication of the Philemon Foundation, Hiver 2005-2006, Volume 1, Issue 2, pp. 11-12.
[277] *Ibid*, p. 12.
[278] http://www.holybooks.com/wp-content/uploads/The-Red-Book-Jung.pdf

Génération de formes qui, page 63, bien qu'avec une caractéristique chthonienne du serpent dont naît l'arbre, qui rappelle le dessin "*Vom Körpergefühl (About Body Feeling)*" du 21 abril 1928 de Keller[279].

V.2.c. Problèmes de méthode
V.2.c.1. Avons-nous assez de coïncidences pour soutenir la thèse de la relation entre Klee et Jung?

Ainsi, si Jung continue toute sa vie d'approfondir les questions de la "*Structure dynamique de la Psychis*" (Partie 8 de *The Collected Works*); "*Les symboles des mandalas*" comme dernière partie de la section sur les "*Archétypes et l'inconscient collectif*" (Partie 9.1.), "*La pensée consciente, l'inconscient et l'individuation*"; et, dans la partie sur "*Aïon: contributions au symbolisme du Soi (Self)*" (Partie 9.2.), "*L'Ego*", "*Le Soi*", "*Le Christ comme symbole du Soi*", et, en ce sens, "*Le symbolisme du poisson*" (le signe ∞ de Klee [?], si l'on se reporte à l'iconographie chrétienne, que, de fait, Jung n'aborde pas dans son étude), on trouve des conditions significatives pour croire à des échanges (en effet, Jung ne commence à écrire sur les mandalas qu'à partir de la fin des années 1920[280], soit plus tard que les textes

---

[279]Swan, p. 13.
[280]Ils n'apparaissent ainsi dans les lettres qu'à partir de 1929, voir Carl G. Jung, *Briefe I - 1906-1945*, Olten, Suisse, Walter, 1972, pp. 91-100. L'explication, bien que non totalement certaine, on le verra par rapport au premier mandala peint par Jung dès 1916 et ses conséquences dans la formation de sa doctrine, en est donnée par J.L. Bruneton, "*C.G. Jung - L'homme, sa vie, son caractère*", Revue d'Allemagne et des pays de langue allemande, 1933/01/15 (A7,N63)-1933/12/15 (A7,N74), p. 680: "*Sa rencontre, en 1927, avec le professeur Richard Wilhelm, de l'Institut des Etudes Chinoises de Francfort, en fournit l'occasion sensationnelle.*
Wilhelm, missionnaire envoyé en Chine, qui avait abandonné ses premiers buts pour se consacrer à l'étude des religions de ce pays mystérieux, devint le confident d'un mandarin chargé d'ans et de spiritualité. Le vieillard l'initia à la haute connaissance antique qui peu à peu s'effaçait en Orient sous les coups de la civilisation de l'Ouest. Il lui enseigna les symboles de la Vieille Chine et du Thibet, le symbolisme du Cercle o la «Mandala».
Pieusement, Wilhèlm ramena le trésor en Occident.
Le jour de son départ, le mandarin, sentant sans doute sa tâche accomplie, disparut ! Et maintenant des affinités mystérieuses mettaient en contact le messager du passé avec Jung, le pionnier d'aujourd'hui."

pédagogiques de Klee, du début de cette décennie), entre les deux Suisses. Nous pouvons énumérer ces points:
1. Leur nationalité, bien sûr, tout d'abord;
2. Mais aussi leur coïncidence de rencontre ou de partage, aussi bien à Munich que dans le groupe végétarien du Mont de la Vérité;
3. Le sous-texte des écrits pédagogiques de Klee (avec ses concepts d'"*inner*", de centralité et de quaternité avant la lettre), dans un contexte géométrique qui ne semble pourtant pas s'y prêter en première instance;
4. La présence, chez Jung, malgré une intégration tardive de ces concepts, sinon en essence (puisqu'on l'a vu, ils se présentent déjà dans ses écrits des années 1910), d'un intérêt dès 1916 de la question des mandalas, partagé avec un cercle d'intimes, tant pour le partage imprimé de ses carnets personnels, comme pour l'intégration (voire même imposition) de sa propre préoccupation formelle autour des mandalas à ses patients (telle Keller) dans le processus psychanalytique, préoccupation cependant en gestation dans ses propres écrits déjà, comme on le voit dans le cercle de la compilation d'articles qu'il fait sous le titre cité d'*Analytical psychology*.

En outre, comme nous le montrons dans notre ouvrage sur Klimt dans la présente Collection, pendant que Rudolf Steiner et le théosophisme développent l'idée de l'être interne, par opposition au physique, Madame Blawatsky s'intéresse, dès son ouvrage sur *Isis Unveiled: A Master-Key to the Mysteries of Ancient and Modern Science and Theology* (1877)[281], aux mantras,

---

[281] H. P. Blavatsky, *Isis Unveiled*, New York, J. W. Bouton, et Londres, Bernard Quaritch, 1877, T. II: *Theology*, pp. 264-266: "*Explanation of the two diagrams representing the chaotic and the formative periods, before and after our universe began to be evolved. from the esoteric*

et présente une définition de l'âme représentée par le couple original liée à une imagerie centralisée du cercle et de la quaternité (au centre des cercles, divisés par une croix, comme on le retrouvera dans les images du *Liber Novus*). Idée qui dérive encore, plus haut dans le temps, directement, selon nous, de la théorie théologique des humeurs de Jacob Böhme[282] dans ses *Quarante questions de l'âme* (1620), représentée par un "*Cercle Philosophique*" dont le repère orthonormé est le coeur humain[283], dérivation, selon nous encore, de la thèse néoplatonicienne, abondamment diffusée à la Renaissance[284] ("*la*

---

brahmanical, buddhistic, and chaldean standpoints, which agree in every respect with the evolutionary theory of modern science."
[282]"*Böhme's correspondences in "Aurora" of the seven qualities, planets and humoral-elemental associations:*
1. Dry - Saturn - melancholy, power of death;
2. Sweet - Jupiter - sanguine, gentle source of life;
3. Bitter - Mars - choleric, destructive source of life;
4. Fire - Sun/Moon - night/day; evil/good; sin/virtue; Moon, later = phlegmatic, watery;
5. Love - Venus - love of life, spiritual rebirth;
6. Sound - Mercury - keen spirit, illumination, expression;
7. Corpus - Earth - totality of forces awaiting rebirth.
In "De Tribus Principiis" or "On the Three Principles of Divine Being" Böhme subsumed the seven principles into the Trinity:
1. The "dark world" of the Father (Qualities 1-2-3);
2. The "light world" of the Holy Spirit (Qualities 5-6-7);
3. "This world" of Satan and Christ (Quality 4)."
(https://en.wikipedia.org/wiki/Jakob_B%C3%B6hme#Theology)
[283]https://en.wikipedia.org/wiki/File:B%C3%B6hme_Philosophische_Kugel.JPG
[284]Comme nous le montre parfaitement l'excellent Abel Lefranc ("*Marguerite de Navarre et le platonisme de la Renaissance*", Bibliothèque de l'école des Chartes, 1897, tome 58, pp. 280-289):
"*L'éloge n'est pas banal; il témoigne, de la part du poète, d'une conviction sincère. Il est fort probable que, si les leçons orales de Lefèvre d'Étaples et d'Oronce Fine ont pu y donner occasion, les ouvrages de l'auteur du De ludo globi étaient implicitement rangés parmi ces livres «couverts de l'argent le plus fin.» Et ce qui donne tout lieu de le supposer, c'est que l'un des passages les plus significatifs de ce même poème nous offre une définition de Dieu évidemment inspirée des traités De docta ignorantia et De ludo globi de Nicolas de Guse, en même temps, – coïncidence très remarquable, – que du De immort alitate animarum de Marsile Ficin. Voici, avant tout commentaire, ce morceau d'un souffle si ferme et, l'on peut ajouter, en tenant compte de l'époque où il fut écrit, si nouveau* (de l'"*Oraison à Jésus-Christ*" de Marguerite de Navarre, *Dernières poésies*, p. 188 et 189):
Gar [Dieu] seul est raison, poix et mesure,
Qui fait trouver la science très seure.
Las! tant me fut ce sçavoir difficile,
Quand de mon oeil charnel et imbecile
Je regardoys les figures portraictes,

Que les sçavantz aux livres ont retraictes!
Sans grant labeur des escriptz anciens
Ne se font pas mathématiciens;
Mais quand l'esprit, par terre les ouvrant,
Fut entre tous ung seul mot descouvrant,
Tout mon travail fut tourné en repoz,
Quant ce beau mot trouvay en tous propoz:
a Je suys qui suys fin et commencement,
«Le seul motif d'un chacun element,
«Auquel tout est et a vie et se meult,
«Gelluy qui est fait du tout ce qu'il veult,
«Du sercle rond sans la circunference,
«Par tous costez égal sans difference;
«Commencement ne fin ne s'y retrouve,
«Et ny a chose, estant ou vieille ou neufve,
«Qui, de ce rond, n'ayt pris creation
«Et nourriture et conservation.
«Du monde tiens multitude et grandeur
ч Dans ma divine éternelle rondeur;
«La ligne, suys le chemin et la voye
a Par gui nully jamais ne se forvoye;
«D'extérieur en l'intérieur entre
«Qui va par moy, et au milieu du centre
a Me trouvera, gui suys le poinct unique,
«La fin, le but de la mathématique;
«Le cercle suys dont toute chose vient,
«Le poinct où tout retourne et se mainctient. (Fol. 308 v°.)
«Je suys qui suys triangle très parfaict,
«Le tout puyssant, saige et bon en effaict,
«Qui fut, qui suys et seray à jamais,
«L'éternel Dieu où n'y a si ne mais,
«Pere puyssant du monde créateur,
a Très saige Filz du monde rédempteur,
«Esprit très sainct le monde illuminant,
«Divinité les troys en ung tenant;
«Brief, aux neuf cieulx ne se voit nul aspect
«Qui n'ayt à moy sa fin et son respect.
«En ces papiers et livres n'a figure
«Qui ne soit veu trop mieulx qu'en l'escripture -,
«Je suys qui suys, mais que l'espesse toille
«De l'ignorent et trop aveugle voille
«Soit mys à riens aveques son venin
a Par mon clair feu et mon esprit divin.»
O combien fuz resjouy doublement
Quant j'entend[i]z ces mots si clairement,
Et le secret d'un sçavoir si subtil
M'Festoit monstre par cest esprit gentil,

Qui me tournoi t la peyne que longtemps
J'avois portée en plaisant passetemps!
Observons d'abord combien ce genre de poésie était jusque-là resté inconnu dans notre littérature. Personne, en effet, en France, n'avait encore songé à y recourir. La poésie religieuse et philosophique, celle qui ne craint pas de laisser au second plan les joies et les plaintes de l'amour pour s'attacher de préférence aux grands problèmes et aux anxiétés qu'ils provoquent dans l'âme humaine, est, pour une grande part, redevable à Marguerite de son existence. Marot lui-même, quelque guidé qu'il fût par l'idéal de la Réforme, était par tempérament trop peu porté vers cette manière de concevoir les choses pour l'interpréter avec succès, et la Pléiade, d'autre côté, a plutôt contribué après 1550 à orienter la poésie française dans un sens assez différent. Aucun poète français n'avait encore parlé sur ce ton des questions divines. Il faut se tourner vers l'Italie et remonter jusqu'à Dante, que la reine avait si bien pénétré entre tous les poètes, pour rencontrer des accents analogues et ce que j'oserai appeler le même souci des choses éternelles. Si l'on veut trouver un écrivain moderne qui ait repris, depuis l'auteur des Marguerites, cette veine poétique trop longtemps méconnue, il faut, laissant de côté Du Bartas et son poème trop descriptif, descendre jusqu'à Milton. *Le Paradis perdu* a réalisé, en effet, avec une inspira tionpl us soutenue, l'épopée protestante que la reine de Navarre avait devinée et entrevue et à laquelle elle avait manifestement préludé par les trois chants de ses mystérieuses *Prisons* et par une autre composition qui peut être regardée comme son chef-d'oeuvre, le *Triomphe de l'agneau*.

Mais, si le développement qui vient d'être reproduit apporte un argument d'une portée réelle en faveur de cette assertion, son intérêt n'est point limité à cette circonstance. Ce qui le rend par ailleurs précieux au plus haut point, c'est qu'il renferme les éléments de la formule célèbre de la sphère ou du cercle infini, «dont le centre est partout, la circonférence nulle part.» C'est pour la première fois qu'on rencontre au xvie siècle cette définition, immortalisée depuis par Pascal, puisque Rabelais, qui l'a employée en deux endroits de son oeuvre, ne l'a introduite que dans l'édition de 1552 de son troisième livre (chap, XIII) et que les éditions précédentes de ce même livre ne la renferment pas. N'est-il pas surprenant de constater que, avant l'époque où Rabelais allait donner à cette admirable comparaison droit de cité dans la littérature française, — Mlle de Gournay la lui a empruntée[1] pour la transmettre ensuite à Pascal, — la reine de Navarre s'en était déjà inspirée, en la développant avec tant d'ampleur qu'il est certainement dans le poème peu de passages plus grandioses et où éclate davantage la plénitude de sa réflexion philosophique?

Une telle rencontre vaut la peine d'éclaircie. Par suite de quelle transmission la définition de la Divinité, dont la fortune devait être si grande, a-t-elle pénétré dans notre langue? Si, comme il semble, Marguerite y a recouru la première en son siècle, à quelle source Γa-t-elle puisée? Que cette comparaison ait ainsi séduit une telle succession d'esprits supérieurs, il y a là de quoi légitimer une minutieuse enquête sur son origine. Certes, de savants critiques ont déjà posé le problème à propos de Rabelais et de Pascal, mais les deux textes décisifs qui vont être introduits dans le débat prouveront qu'il n'est pas inutile d'y revenir.

IV.

Disons tout de suite que c'est faute d'une interprétation exacte de la phrase du troisième livre de *Pantagruel* que l'éloquente formule a pu être considérée comme étant rapportée par Rabelais au prétendu Hermès Trismégiste. Le recueil attribué à ce personnage fabuleux, et dû, en réalité, à un grec néo-platonicien, probablement de la fin du IIe siècle, ne renferme pas la comparaison placée au chapitre XIII dans la bouche de Pantagruel. En revanche, l'identification du monde et par là même de Dieu avec une sphère se retrouve en plusieurs endroits de la compilation du pseudo-Hermès[3]. Or, à notre avis, le texte de Rabelais peut fort bien être entendu comme ne visant que cette identification. «Et en contemplation de ceste infinie et intellectuelle sphere, le centre de *laquelle est en chascun lieu de l'univers, la circonférence poinct (c'est Dieu, selon la doctrine de Hermes Trismegistus), à laquelle rien ne advient, rien ne passe, rien ne déchet, etc..*» Il serait étonnant, en effet, que le docte écrivain, d'ordinaire si scrupuleux, si précis, en matière de citations, se fût trompé dans cette circonstance en donnant une fausse référence à propos d'une formule aussi caractéristique. Dieu est une sphère; voilà l'idée fournie par le pseudo-Hermès. Quant à la donnée si un autre auteur. N'est-il pas permis de penser que, si la reine de Navarre et Rabelais l'ont reproduite à peu près vers le même moment, – la ressemblance des deux images ne saurait être contestée, car si le poète a pris le cercle comme élément géométrique et le romancier la sphère, l'absence de circonférence est affirmée des deux côtés, – c'est vraisemblablement que cette comparaison mathématique était en quelque sorte dans l'air et qu'elle se rencontrait chez des auteurs en vogue pendant la première moitié du XVIe siècle?

M. Ernest Havet, qui, dans sa belle édition des Pensées de Pascal, s'est occupé de découvrir l'origine de notre formule, en signale l'existence, antérieurement à Rabelais, dans Gerson, dans saint Bonaventure et dans Vincent de Beauvais, lequel reconnaît l'avoir empruntée à Hélinand et la cite comme étant communément attribuée à Empédocle. Il n'y a rien d'impossible à ce que le philosophe sicilien, qui a développé l'idée du σφαίρος en concevant la coexistence sans mélange, sans lutte, des éléments et des forces motrices sous la forme d'une sphère, c'est-à-dire d'une figure parfaite, et auquel Platon a fait plus d'un emprunt, notamment dans le Phèdre et dans le Banquet, ait eu recours à cette image. Je ferai observer toutefois que l'assimilation du monde ou de Dieu à une sphère se retrouve chez plus d'un penseur des premiers temps de la philosophie grecque, et spécialement chez les maîtres de l'école éléate, dans les poèmes de Parménide (vers 102 et suiv.) et de Xénophane, par exemple. En raison de l'état incomplet dans lequel nous sont parvenues les oeuvres de ces anciens philosophes, l'histoire des origines loin taines de la pensée consacrée et rendue populaire par Pascal est fort difficile à établir. Mais, en ce qui concerne sa transmission dans les temps modernes, deux textes importants vont permettre de la reconstituer d'une manière tout à fait vraisemblable. Rien ne porte à supposer que Rabelais, et, à plus forte raison, Marguerite de Navarre, soient allés chercher cette comparaison dans saint Bonaventure, dans Vincent de Beauvais, ou même dans Gerson, qui ne se trouvent cités en aucun endroit de leurs oeuvres et qu'on ne lisait plus guère dans les milieux lettrés du milieu du xvie siècle. Je crois, par contre, qu'ils l'ont puisée chez deux illustres philosophes plus rapprochés d'eux, puisqu'ils sont presque leurs contemporains, qu'ils avaient étudiés l'un et l'autre et dont les seuls noms disent assez l'immense influence: Nicolas de Guse et Marsile Ficin. Comment n'avait-on jamais signalé chez ces deux écrivains l'existence de la célèbre formule, c'est ce qui ne laisse pas de paraître assez surprenant?

Elle fait partie, chez l'un comme chez l'autre, de tout un ensemble de développements fort curieux , dont elle forme l'aboutissant et la conclusion. C'est dire qu'elle n'y figure point par hasard, ni à titre accessoire, et qu'elle se relie à une suite de considérations vraiment importantes. Nicolas de Cuse et Marsile Ficin offrent, dans toute l'étendue de leurs oeuvres respectives, peu de pages plus élevées et plus intéressantes. Le cardinal allemand est revenu sur ce sujet avec une insistance marquée dans deux de ses oeuvres, le De docta ignorantia et le De ludo globi, et même à plusieurs reprises dans l'une d'elles. Voici ces divers passages à tous égards si caractéristiques. Le premier appartient au chapitre XN du livre Ier du De docta ignorantia (édition de Baie, p. 9):

Ita igitur agentes et sub directione maximse veritatis incipientes, dicimus quod sancti viri et elevatissimi ingenii qui se figuris applicarunt, varie locuti sunt. Anselmus devotissimus veritatem maximám rectitudini infinitse comparavit: quem nos sequentes, ad figurám rectitudinis, quam lineám rectam imagor, convolemus. Alii peritissimi trinitati superbenedictse triangulum trium oequalium et rectorum angulorum compararunt. Et quoniam talis triangulus necessario est infinilis lateribus (ut ostendetur), dici poterit triangulus infinitus, et hos etiam sequimur. Alii qui unitatem infinitam figurare nisi sunt, Deum circulum dixerunt infinilum. Illi vero qui actualissimam Dei existentiam considerarunt, Deum quasi spheeram infinitam affirmarunt. Nos autem istos omnes simul de maximo recte concepisse, et unam omnium sententiam. ostendemus.

Tous les éléments de comparaison contenus dans la page des Prisons citée plus haut se retrouvent dans ce développement: la ligne, le triangle, le cercle. Une telle analogie ne saurait être considérée comme fortuite, surtout si l'on songe à toutes les données fournies plus haut sur les rapports intellectuels qui ont existé entre la reine de Navarre et ses guides spirituels, d'une part, et l'auteur du Be docta ignorantia, de l'autre. Mais le même ouvrage nous offre un peu plus loin (livre III, chap. XI; édition de Bale, p. 38) un passage non moins instructif à ce point de vue:

Centrum igitur mundi coincideret cum circumferentia. Non habet igitur mundus cireumferentiam, nam si centrum haberet et circumferentiam, et sic intra se haberet suum initium et finem, et esset ad aliquid aliud ipse mundus terminatus, et extra mundum esset aliud et locus: quae omnia veritate carent. Gum igitur non sit possibile mundum claudi intra centrum corporale et cireumferentiam, non intelligitur mundus, cujus centrum et circumferentia sint Deus, et cum hic non sit mundus infinitus, tamen non potest concipi finitus, cum terminis careat intra quos claudatur... Qui igitur est centrum mundi scilicet Deus benedictus. Ille est centrum terrse et omnium sphserarum, atque omnium quse in mundo sunt, qui est simul omnium circumferentia infinita.

Nous retrouvons ici le commentaire des figures d'ordre mathématique employées plus haut, et en somme l'esprit et presque la lettre des comparaisons des Prisons; mais si nous en possédons tous les éléments, nous n'avons pas encore la métaphore même de Rabelais et de Pascal, sous sa forme si concise et si saisissante. On la trouvera au moins partiellement, – elle se complète d'elle-même par les deux passages précédents, – dans une dernière citation, empruntée au livre II du Be ludo globi (édition de Bâle, p. 229-230).

Nunc ad centrum simplicissimum me convertens video [Deum] ipsum principium, medium et finem omnium circulorum. Nam ejus simplicitas est indivisibilis et oeterna omnia in sua indivisibili et strictissima unitate complicans. Est initium sequalitatis, nisi enim omnes lineae a cenlro ad circumferentiam sint oequales, utique non est centrum circuli. Indivisibilitascentri est simplex initium aequalitatis, et nisi punctalis simplicitas cum sequalitate sit connexa, ubique non potest esse centrum circuli, de cujus essentia est sequidistantia a circumferentia. Sic video unitatem, sequalitatem, et utriusque nexum in centrali puncto cardinalis. Acutè intras, et postquam advertis dictum sapientis qui aiebat: Deum circulum, cujus centrum est ubique, tune vides quod sicut punctus in omni quanto ubique reperitur, ita Deus in omnibus. Non tamen propterea šunt plura puncta, quia mens punctum ubique in quanto reperit. Sic nec plures šunt Dii, licet in singulis videatur.

On voit quelle place occupe chez l'éminent penseur du XVe siècle l'image qui devait être appelée à une fortune si singulière. Sans doute, il ne l'a pas créée, mais il faut reconnaître que personne n'était plus apte que lui, grâce à ses rares connaissances dans le double domaine des mathématiques et de la métaphysique, à la mettre en relief, à en justifier l'emploi, en un mot, à la placer dans un cadre philosophique digne d'elle.

Toutefois, pour retrouver la formule complète, ou plutôt présentée dans les termes mêmes où on la rencontre chez Pascal et avant lui chez Vincent de Beauvais citant Hélinand, et Empédocle sur la foi d'Hélinand, il faut se tourner vers l'émule de Cusanus sur le terrain de la propagande platonicienne, vers Marsile Ficin et son célèbre ouvrage intitulé: Theologioe platonicoe de *circonférence poinct* ([qui] *est Dieu, selon la doctrine de Hermes Trismegistus]"*), de la relation entre le cercle et son centre[285], associé à la quaternité de la théorie des tempéraments dans l'*Homme anatomique*[286], que l'on retrouve dans les Arcanes du Tarot (X: la Roue de la Fortune, et XXI: la "*Sphère ignée*" du Monde dès [Moteur premier ou huitième sphère d'ailleurs, comme chez] Mantegna).

Immortalitate animarum libri XVIII (éditions de Paris, in-fol. de 1641, p. 393, et de 1559, p. 326).
Voici l'éloquente page qu'il nous livre:
Centrum mundi verum Deus est, ut in libro de Amore disseruimus, quia unus, simplex, stabilis est et in omnibus, atquealia quelibet omnino plura composita, mobilia, circa ipsum per naturalem ipsius appetitum perpetuo revolvuntur. ita centrum Deus est omnium, quia sic est in omnibus, ut cuique rei interior sitquam ipsamet sibi. Est enim circumferentia mundi, quia extra cuncta existens ita supereminet universa, ut cujusque rei summum apicem dignitate excellat immensa. Item quanto est omnium (si dictu fas est) minimus quantitate, tanto virtute est maximus omnium. Ut centrum quidem est est omnibus, ut circumferentia vero est extra omnia. In omnibus, inquam, non inclusus, quia est et circumferentia, extra omnia quoque non exclusus, quia est et centrum. Quid ergo Deus est? Ut ita dixerim, Circulus spiritalis, cujus centrum est ubique, circumferentia nusquam.
Cette réponse, d'allure solennelle, digne conclusion du morceau, nous offre le texte exact de la définition, tel qu'il a prévalu depuis Rabelais, lequel l'a, ainsi que Ficin, appliquée à Dieu et non au monde, à la différence de Pascal, qui s'est toutefois servi d'une forme identique."

[285] Dont nous trouvons un modèle médiéval chez Schongauer, voir notre article: "*Introduction à l'étude des "Tentations de Saint Antoine*", Revue de la Bibliothèque Nationale de France, No 4, Hiver 1994, pp. 10-15.

[286] Nous renvoyons sur ce point le lecteur à notre travail en cours sur Aby Warburg et le *Salone dei Mesi* de Schifanoia. Pour une bibliographie non inédite, voir Joseph Du-Chesne, *Le Grand Miroir Du Monde*, Lyon, Barthelemi Honorat, 1587, pp. 159-161:
"*Or ces quatre elemens, le Feu & l'Air, & l'Onde,*
Et la Terre,nefontqu'vn feul corps du bas monde.
.../...
 Car le quatre conuient à remplir le bas monde,
Comme vn cinq à former quelque figure ronde:
Lequatre dedans fy le premier nombre pair,
 Tout de mefme contient, que le premier impair -
Le quatre enferre enfy des voix harmonieufes
Les accords, & parfait les mefures nombreufes
Le quatre nous produit, fous le Ciel quatre temps,
Sous le temps quatre humeurs, quatre temperamens
Et du quatre de mefme au Monde elementaire, -
Prouient des Elemens le nombre quaternaire.
 Ces quatre fimples, corps, du bas monde piliers,
Nous font reprefentez par les corps reguliers
Quatre folides corps de diuerfe figure,
Qui font tous apparens hors lefein de Natures
Car le Dodecahedre appartenant aux Ceux,
Les quatre font reftés pources infimes lieux."

Il ne fait d'ailleurs pas plus de doute, pour nous, que l'origine mythologique de ce symbole se trouve dans les cérémonies de *Lustratio*[287], *Amburbium*[288], Circumbulation[289],

---

[287] *LUSTRA'TIO* (κάθαρσις), *was originally a purification by ablution in water. But the lustrations, of which we possess direct knowledge, are always connected with sacrifices and other religious rites, and consisted in the sprinkling of water by means of a branch of laurel or olive, and at Rome sometimes by means of the aspergillum (χέρνιψ), and in the burning of certain materials, the smoke of which was thought to have a purifying effect. Whenever sacrifices were offered, it seems to have been customary to carry them around the person or the thing to be purified. Lustrations were made in ancient Greece, and probably at Rome also, by private individuals when they had polluted themselves with any criminal action. Whole cities and states also sometimes underwent purifications to expiate the crime or crimes committed by a member of the community. The most celebrated purification of this kind was that of Athens, performed by Epimenides of Crete, after the Cylonian massacre (Diog. Laërt. I.10 §3). Purifications also took place when a sacred spot had been unhallowed by profane use, as by burying dead bodies in it, such as was the case with the island of Delos (Thucyd. I.8, III.104).*

The Romans performed lustrations on many occasions, on which the Greeks did not think of them; and the object of most Roman lustrations was not to atone for the commission of crime, but to obtain the blessing of the gods upon the persons or things which were lustrated. Thus fields were purified after the business of sowing was over (Ov. Fast. I.669), and before the sickle was put to the corn.° [Arvales Fratres] The manner in which sheep were lustrated every year at the festival of the Palilia, is described by Ovid (Fast. IV.735, &c.). The shepherd towards evening sprinkled his flock with water, adorned the fold with branches and foliage, burnt pure sulphur and various herbs, and offered sacrifices to Pales. The object of this lustration was to preserve the flock from disease, contagion, and other evils (Cato, de Re Rust. C. 141). All Roman armies before they took the field were lustrated (Dion Cass. XLVII.38; Appian, Hisp. c19, Civil. IV.89, et passim), and as this solemnity was probably always connected with a review of the troops, the word lustratio is also used in the sense of the modern review (Cic. ad Att. V.20 §2). The rites customary on such occasions are not mentioned, but they probably resembled those with which a fleet was lustrated before it set sail, and which are described by Appian (Civil. V.96). Altars were erected on the shore, and the vessels manned with their troops assembled in order close to the coast. Every body kept profound silence, and priests standing close by the water killed the victims, and carried the purifying sacrifices (καθάρσια) in small boats three times around the fleet. On these rounds they were accompanied by the generals, what prayed to the gods to preserve the armament from all dangers. Hereupon the priests divided the sacrifices into two parts, one of which was thrown into the sea, and the other burnt upon the altars, while the multitude around prayed to the gods (cf. Liv. XXXVI.42, and XXIX.27, where also a prayer is recorded such as generals used to offer on these occasions). When a Macedonian army was lustrated, a dog was cut in two pieces in the place where the army was to assemble, and one half of the dog was thrown at a distance from the right and the other to the left. The army then assembled in the place between the spots where the pieces had fallen (Liv. XL.6; Curt. X.9 §12). But to return to the Romans. The establishment of a new colony was always preceded by a lustratio with solemn sacrifices (Cic. de Divin. I.45; Barth. ad Stat. Theb. IV. p1073). The city of Rome itself, as well as other towns within its dominion, always underwent a lustratio, after they had been visited by some great calamity, such as civil bloodshed, awful prodigies, and the like (Appian, Civil. I.26; Liv. XXXV.9, XLII.20). A regular and general lustratio of the whole Roman people took place after the completion of every lustrum, when the censor had finished his census and before he laid down his office. The lustratio (also called lustrum, Festus, s.v.) was conducted by one of the censors (Cic. de Divin. I.45), and held with sacrifices called Suovetaurilia (Liv. I.44; Varro, de Re Rust. II.1), because the sacrifices consisted of a pig (or ram), a sheep, and an ox. This lustratio, which continued to be observed in the days of Dionysius, took place in the Campus Martius, where the people assembled for the purpose. The sacrifices were carried three times around the assembled multitude (Dionys. Ant. Rom. IV.22).

Another regular lustration which was observed every year in the month of February, was said to have been instituted because the god Februus was believed to be potens lustrationum, and because in this month the solemnities in honour of the dii manes took place (Macrob. Sat. I.13; cf. Hartung, Die Religion der Römer, I. p198, &c.)." (William Smith, D.C.L., LL.D., *A Dictionary of Greek and Roman Antiquities*, Londres, John Murray, 1875, http://penelope.uchicago.edu/Thayer/E/Roman/Texts/secondary/SMIGRA*/Lustratio.html)

"*Lustratio was an ancient Roman and ancient Greek purification ceremony, involving a procession and in some circumstances the sacrifice of a pig (sus), a ram (ovis), and a bull (taurus) (suovetaurilia).*

One reason for a Lustratio was to rid newborn children of any harmful spirits that may have been acquired at birth. The ceremony took place when the baby boy reached the age of nine days, or if a girl, eight days old, and the ceremony, the procession traced a magical boundary around the child to be purified. At the end of the ceremony, if the child was male, he was presented with a small charm, usually of gold, called a bulla and kept in a leather bag around the boy's neck. This bulla would be worn until the boy became a man and exchanged the child's purple-lined toga toga praetexta for the plain toga virilis of an adult.[3] The Lustratio ceremony culminated with the naming of the child, the name being added to official Roman registers, and the observation of a flight of birds in order to discern the child's future.

Lustratio ceremonies were also used to purify cities, objects or buildings, and on some occasions to purify an area where a crime had been committed. One notable occasion was a Lustratio held to purify Athens by Epimenides of Crete, after the Cylonian massacre. Lustratio ceremonies were also used to bless crops, farm animals, new colonies, and armies before going into battle or passing into review. In the latter case, troops were often ordered to the coastline, where half of the sacrifice would be thrown into the sea and the other half burnt on an altar.[4] An example of this was the army of Macedon that was lustrated by a dog being cut in half, and the army assembling between the location of the two halves, which were flung in opposite directions.

Instructions on the Lustratio performed for the Roman town of Iguvium illustrate that the ceremony consisted of a procession of priests and sacrificial victims around the town's citadel, stopping at the three gates to the citadel itself, where the sacrifices took place, as the gates were viewed as the weak points which required strengthening."
(https://en.wikipedia.org/wiki/Lustratio)

[288]"*AMBURBIUM, a sacrifice which was performed at Rome for the purification of the city, in the same manner as the ambarvalia was intended for the purification of the country. The victims were carried through the whole town, and the sacrifice was usually performed when any danger was apprehended in consequence of the appearance of prodigies, or other circumstances (Obseq. De Prodig. c43; Apul. Metamorph. III. ab init. p49, Bipont.; Lucan I.593). Scaliger supposed that amburbium and ambarvalia were the same; but their difference is expressly asserted by Servius (ad Virg. Ecl. III.77), and Vopiscus (amburbium celebratum, ambarvalia promissa; Aurel. c20).*" (Smith, http://penelope.uchicago.edu/Thayer/E/Roman/Texts/secondary/SMIGRA*/Amburbium.html)

"*The Amburbium ("City Circuit", from ambire, "to go around" + urb-, "city"; plural amburbia) was an ancient Roman festival for purifying the city; that is, a lustration (lustratio urbis). It took the form of a procession, perhaps along the old Servian Wall, though the length of 10 kilometers would seem impractical to circumambulate. If it was a distinct festival held annually, the most likely month is February, but no date is recorded and the ritual may have been performed as a "crisis rite" when needed.*

The Amburbium can be hard to distinguish from the Ambarvalia in ancient sources, either because it was a similar set of ritual procedures performed on behalf of the city instead of the fields or rural areas (arva), or because both originated with the priesthood of the Arvales, "Brothers of the Fields". Vopiscus sees the two as closely related: "the city is purified, the hymns are chanted, the Amburbium is celebrated, the Ambarvalia is carried out."[3] Both festivals seem to have involved the sacrifice of a pig, a sheep, and a bull (suovetaurilia). The Amburbium's sacrificial victims (hostiae) were amburbiales. According to Servius, for the Ambarvalia a hostia with the capacity to produce felicitas ("fecundity, blessedness") is led around in a ritual circuit three times;

the ceremony, he says, is called an amburbium when it is the city that is circumambulated. The encircling (circuire) is identical with the purification (lustrare).
Amburbium does not appear on any of the ancient calendars, and is thus assumed if annual to be one of the feriae conceptivae, a moveable feast. Macrobius, an antiquarian writer of late antiquity, says that the semi-legendary second king of Rome Numa added Ianuarius and Februarius to the end of the ten-month calendar of Romulus, and instituted a lustration of the city in February, with the sacrifices to be offered to the Di Manes. The Amburbium is not named as such in the passage, but H.H. Scullard thought it might be meant. Most festival activity in February pertained to the care and propitiation of the dead. The scarcity of evidence may indicate that in the Imperial period the Amburbium was celebrated irregularly as needed, but it was performed as late as 271 AD. According to the Historia Augusta, on January 11 of that year the emperor Aurelian ordered a consultation of the Sibylline books, a collection of prophetic utterances from the gods (fata deorum), resulting in a lustration of the city by means of the Amburbium and Ambarvalia.
The ritual has been compared to the lustral sacrifices described in the Iguvine Tablets, which were conducted by the Fratres Atiedii, a "brotherhood" of priests at Iguvium (present-day Gubbio). It is one of several ceremonies of ancient Roman religion in which a sacred topography is marked out through a procession.
Description by Lucan
The Neronian poet Lucan describes a ritual circumambulation of the city that may be the Amburbium, though the account could also be a fictional composite. In his epic poem about Caesar's civil war, Lucan says that when Julius Caesar returned from Gaul and marched his troops toward the city, a panic broke out and a number of omens (prodigia) were reported. Religious specialists were called in, among them an Etruscan prophet (vates) named Arruns who orders up a sequence of ritual procedures, beginning with the destruction of all "freaks of nature" (monstra). The "unspeakable fetuses of a sterile womb" (sterilique nefandos / ex utero fetus) are to be burnt using the wood of "unlucky" trees (religiously infelix). Arruns then sets in motion an amburbium, described in densely religious terms:
He bids the city to be circumambulated (urbem ambiri) by the fearful citizens, and the pontiffs to encircle the length of the sacred boundary (pomerium) along the outer perimeter (fines) while purifying the city walls by means of festal lustration (festo ... lustro). A throng of lesser rank follow, wearing the Gabinian cincture. The female priest in fillets leads the Vestal chorus; for her alone is it right to look upon the Minerva brought from Troy. Then came those who conserve the gods' utterances (fata deorum, that is, the priestly college of the quindecimviri) and the arcane chants (carmina) and who call back Cybele after she has been bathed in the little Almo; and the learned augur who observes birds in flight on the left; and the septemvir who presents festal banquets, and the sodality of the Titii, and the Salian priest bearing the sacred shield gladly on his shoulder, and the flamen towering in his conical hat with the well-born point.
Lucan follows the procession with the sacrifice of a bull, whose entrails reveal dire omens, and a prophetic speech by Nigidius Figulus based on his astronomical observations. It is unclear whether this Amburbium was a crisis rite actually held in 49 BC, or "a figment of his poetic imagination"." (https://en.wikipedia.org/wiki/Amburbium)
[289]" Dans la religion grecque antique
La circumambulation est un rite qui existait dans la religion grecque. Dans le rituel de la fête familiale des Amphidromies - dont le nom exprime l'idée de « tourner autour» -, fête qui célébrait à Athènes l'intégration du nouveau-né dans la famille, le moment essentiel était la course du nouveau-né autour du foyer familial, probablement porté par le père6. Il semble bien que cette circumambulation autour du foyer était précédée, ou accompagnée, du dépôt de l'enfant à terre près du foyer et d'une autre circumambulation autour de l'enfant lui-même: «Les Amphidromies sont célébrées le dixième jour après la naissance, lorsqu'on impose aux enfants leur nom, tout en courant autour d'eux, déposés à terre.»
La circumambulation se manifestait aussi sous la forme des astydromies (tours de ville), dont le rôle était de constituer un encerclement magique et protecteur contre les ennemis extérieurs. Un bel exemple se trouve dans le récit légendaire du lion de Mélès, roi de Sardes, raconté par Hérodote.

Parilia[290], *Suovetaurilia* ou *Solitaurilia*[291], et dans le trou originel, centre mythique de la fondation des cités romaines, selon Joseph Rykwert (1976):

Dans la religion romaine antique
La pratique de la circumambulation se rencontre dans la religion romaine. On peut citer la procession des Ambarvales, ce qui veut dire «[fête] autour des champs»; cette cérémonie était un rite de purification des champs qui avait lieu au mois de mai, sous la conduite des Frères Arvales. La procession de l'Amburbium (ou Amburbalia, «[fête] autour de la Ville») faisait le tour de l'enceinte de Rome et avait pour fonction, comme chez les Grecs, de protéger la cité contre les agressions extérieures.
Dans la religion des Ombriens
Le rituel ombrien des Tables eugubines mentionne une circumambulation."
(https://fr.wikipedia.org/wiki/Circumambulation#Dans_les_religions_de_l.27Europe_ancienne)
[290]"*PALI'LIA*, a festival celebrated at Rome every year on the 21st of April, in honour of Pales, the tutelary divinity of shepherds. Some of the ancient writers called this festival Parilia, deriving the name from pario, because sacrifices were offered on that day pro partu pecoris (Festus, s.v. Pales; compare Popularia sacra; Varr. de Ling. Lat. VI.15; Dionys. I.88). The 21st of April was the day on which, according to the early traditions of Rome, Romulus had commenced the building of the city, so that the festival was at the same time solemnised as the dies natalitius of Rome (Festus, p850s.v. Parilibus; Cic. de Divin. II.47; Varro, de Re Rust. II.1; Plin. H. N. XVIII.66); and some of the rites customary in later times were said to have been first performed by Romulus when he fixed the pomoerium (Dionys. l.c.). Ovid (Fast. IV.721, &c.) gives a description of the rites of the Palilia, which clearly shows that he regarded it as a shepherd-festival, such as it must originally have been when the Romans were real shepherds and husbandmen, and as it must have continued to be among country-people in his own time, as is expressly stated by Dionysius; for in the city itself it must have lost its original character, and have been regarded only as the dies natalitius of Rome. The connection, however, between these two characters of the festival is manifest, as the founders of the city were, as it were, the kings of shepherds, and the founders of a religion suited to shepherds.
The first part of the solemnities, as described by Ovid, was a public purification by fire and smoke. The things burnt in order to produce this purifying smoke were the blood of the October-horse, the ashes of the calves sacrificed at the festival of Ceres, and the shells of beans. The people were also sprinkled with water; they washed their hands in spring-water, and drank milk mixed with must (Ovid, Fast. l.c.; compare Propert. IV.1.20). As regards the October-horse (equus October) it must be observed that in early times no bloody sacrifice was allowed to be offered at the Palilia, and the blood of the October-horse, mentioned above, was the blood which had dropped from the tail of the horse sacrificed in the month of October to Mars in the Campus Martius. This blood was preserved by the Vestal virgins in the temple of Vesta for the purpose of being used at the Palilia (Solin. p2D; Festus, s.v. October equus; Plut. Romul. 12). When towards the evening the shepherds had fed their flocks, laurel-branches were used as brooms for cleaning the stables, and for sprinkling water through them, and lastly the stables were adorned with laurel-boughs. Hereupon the shepherds burnt sulphur, rosemary, fir-wood, and incense, and made the smoke pass through the stables to purify them; the flocks themselves were likewise purified by this smoke. The sacrifices which were offered on this day consisted of cakes, millet, milk, and other kinds of eatables. The shepherds then offered a prayer to Pales. After these solemn rites were over, the cheerful part of the festival began: bonfires were made of heaps of hay and straw, and under the sounds of cymbals and flutes the sheep were again purified by being compelled to run three times through the fire, and the shepherds themselves did the same. The festival was concluded by a feast in the open air, at which the people sat or lay upon benches of turf, and drank plentifully (Tibull. II.5.87, &c.; compare Propert. IV.4.75).
In the city of Rome the festival must, at least in later times, have been celebrated in a different manner; its character of a shepherd-festival was forgotten, and it was merely looked upon as the

"El "mundus"
Llegó por fin el momento de preparar el sitio designado por los auspicios para sus nuevos ocupantes. Según cierto autor, el primer paso consistia en encender fuegos con lena de matorrales en diferentes puntos del emplazamiento para que todos los futuros ciudadanos saltaran sobre ellos y de este modo quedaran Iimpios de todas sus culpas e impurezas. Puede que este relato no refleje otra cosa que la costumbre de saltar sobre hogueras en la fiesta de Pales, dia natalicio de Roma. Después se excavaba un hoyo, redondo según algunos, en el suelo virgen o en la roca natural, y en él se depositaban primicias de la tierra o unas enigmáticas y no especificadas "cosas buenas", en ocasiones junto con tierra que los nuevos pobladores habían traído cada cual de su patria. Este hoyo se llamaba mundus, térrnino, al igual que templum, objeto de controversias. En el contexto del rito parece referirse a un hoyo excavado en el suelo que llevaba a una camara quizá abovedada o a dos cámaras situadas una sobre otra y consagradas a los dioses infernales. Es un elernento que, bajo diversas forrnas, aparece en la práctica religiosa romana. Parece que con motivo de la fundación de Roma se excavó un mundus, pero los autores antiguos tampoco están de acuerdo sobre este punto. Algunos afirman que el mundus
de Romulo se hallaba en el Palatino, mientras que otros lo sitúan en el Comicio, en el Foro. Sabemos que el mundus era en cierto sentido un santuario consagrado a los manes, las almas de los rnuertos. Se abría tres veces al año, y tales días estaban Iienos de peligros, hasta el punto de que se prohibía toda suerte de negocios públicos, incluida la guerra. Durante aquellos días, las almas de los muertos vagaban entre los vivos. Había tarnbién un mundus consagrado a Ceres, diosa de las cosechas, que

---

day on which Rome had been built, and was celebrated as such with great rejoicings (Athen. VIII p361). In the reign of Caligula it was decreed that the day, on which this emperor had come to the throne, should be celebrated under the name of Palilia, as if the empire had been revived by him, and had commenced its second existence (Suet. Cal. 16). Athenaeus (l.c.) says, that before his time the name Palilia had been changed into Romana (Ρωμαῖα). Whether this change of name was occasioned by the decree in the reign of Caligula just mentioned, is unknown (cf. Hartung, Die Relig. der Römer, vol. II p150, &c.)." (Smith, http://penelope.uchicago.edu/Thayer/E/Roman/Texts/secondary/SMIGRA*/Palilia.html)

[291]"The most common animal sacrifices at Rome were the suovetaurilia, or solitaurilia, consisting of a pig, a sheep, and an ox. They were performed in all cases of a lustration, and the victims were carried around the thing to be lustrated, whether it was a city, a people, or a piece of land [Lustratio]. The Greek τριττύα, which likewise consisted of an ox, a sheep and a pig, were the same sacrifice as the Roman suovetaurilia (Callimach. ap. Phot. s.v. Τριττύαν; Fest. s.v. Immolare; Cato, de Re Rust. 134, 132). But the victim was in most cases not killed by the priests who conducted the sacrifice, but by a person called popa, who struck the animal with a hammer before the knife was used (Serv. ad Aen. XII.120; Suet. Calig. 32). The better part of the intestines (exta) were strewed with barley meal, wine, and incense, and were burnt upon the altar. Those parts of the animal which were burnt were called prosecta, prosiciae, or ablegamina. When a sacrifice was offered to gods of rivers or the sea, these parts were not burnt, but thrown into the water (Cato, de Re Rust. 134; Macrob. Sat. II.2; Liv. XXIX.27; Virg. Aen. V.774). Respecting the use which the ancients made of sacrifices to learn the will of the gods, see Haruspex and Divinatio." (Smith, art. "Sacrificium", http://penelope.uchicago.edu/Thayer/E/Roman/Texts/secondary/SMIGRA*/Sacrificium.html#common_animal_sacrifices)

contaba incluso con un sacerdocio peculiar. El culto de los muertos, el de las potencias infernales y el de las divinidades de la vegetación están estrechamente unidos, y entiendo por ello que, en general, el mundus era, entre otras cosas, la boca del mundo inferior. De ahí que estén condenados al fracaso todos los intentos de localizar el mundus de Roma, descartando los datos aportados por algún grupo de autores antiguos. "El suelo de Roma - observa cierto investigador - estaba salpicado de bocas del infierno".

Aunque nunca lleguemos a saber donde exactamente excavó Rómulo su hoyo, hemos de notar que parece haber estado en conexión de algún modo con el decussis de los cardo et decumanus maximi. No es posible precisar si fue excavado en el punto exacto en que se cruzaban las dos líneas o al norte o al oeste de ellas. Una vez que fueron depositadas en él todas las cosas prescritas, fue cubierto con una piedra y sobre ella o al lado se erigió un altar, sobre el que se encendió un fuego, quizá por el procedimiento de frotar unas maderas; este fuego era el focus de la ciudad, que recibiría su nombre en este preciso momento. El único autor antiguo que describe la imposición del nombre como parte de la ceremonia fundacional es el historiador bizantino juan Lido, quien afirma: "Tomando la trompeta sacerdotal, que los romanos llaman lituus en su lengua, de la palabra λίτη (lite, plegaria), pronunció (Rómulo) el nombre de la ciudad... Cada ciudad tenía tres nombres, uno secreto, otro sacerdotal y el nombre público. El secreto es Amor...; el sacerdotal, Flor o Florens, y de ahí que este día se conmemorase también con la fiesta de los Floralia; el nombre público es Roma". Aunque no siempre sea de fiar Lido, apenas puede caber duda de que Roma tenía un nombre secreto, pues Plinio consigna la ejecución de un rnagistrado que lo había revelado. Mucho han especulado investigadores y gramáticos sobre ese nombre, y a pesar de la fatal indiscreción de Valerio Sorano, permanece secreto. La noticia de Lido aparece aislada. Recientemente se ha sugerido que era el nombre de una divinidad androgina. Parece, según esto, que Lido
estaba en lo cierto, y aquella divinidad, que bajo otras formas se manifestaría abiertamente en la vida religiosa de la ciudad, sería al mismo tiempo la fortuna y el genio protector de la urbe."[292]

Ainsi, le point de Klee remplit, non seulement la fonction de circularité qui l'intègre à la relation traditionnelle entre le centre et ses bords, mais, également et logiquement, celle d'expansion (comme la "*Prima Causa*" du Tarot de Mantegna), bien que sans le caractère d'opposition (entre le centre, symbole de Dieu, et les bords, représentant le monde) que lui donne tout le Moyen Âge, de la Patristique, notamment Pseudo-Denys

---

[292] Joseph Rykwert, *La idea de la ciudad - Antropología de la forma urbana en el Mundo Antiguo*, Madrid, Hermann Blume, 1985, pp. 54-55.

l'Aréopagyte (par ailleurs créateur de la hiérarchie angélique), à la Grande Mystique[293].

V.2.c.2. "*De l'oeuf ou de la poule*", qui vient en premier: Klee ou Jung? Essai de chronologie comparée

Le mandala "*symbol of wholeness... bringing order, showing the possibility of order*"[294], en une terminologie si proche de celle de Klee pour le point gris, associé au fait que tous deux ont une caractéristique marquée de centralité (quaternaire, dans les deux cas, concrètement dans les écrits pédagogiques de Klee), et d'origine interne (cet "*inner*(ness)" du centre), ne peut être le fait historique d'une simple coïncidence, ou, pour employer le mot du propre Jung, une effet immanent, omniprésent, pour ainsi dire dans l'air du temps, de la "*mentalité collective*".

Les formules, encore une fois, appliquées par Klee pour définir son "*point gris*", et en général le processus de création de la ligne et de la figure (ou volume), sont trop proches de ceux de Jung, mais, en même temps, et bien que l'on pourra nous indiquer que, pour leur relation, et l'antériorité apparente du texte de Klee sur ceux de Jung sur les mandalas et la quaternité, ce peut être Klee qui inspira Jung, et non l'inverse. L'idée semblerait pouvoir fonctionner, si ce n'était pour deux éléments qui la contredisent: tout d'abord, Jung commence à s'intéresser au mandala dès 1916 (soit au moins quatre ans avant le texte de Klee), et l'influence du concept perce déjà dans ces productions des années 1910, comme on l'a vu, à tel point d'ailleurs qu'il l'impose, *inconsciemment*, à ses patients; de ce point de vue, il

---

[293] Barbe, "*Introduction à l'étude des "Tentations de Saint Antoine"*".
[294] "*Jung (1973) notes that the mandala archetype seems to surface when the psyche is a state of chaos and bewilderment.*" (Stephanie L. Brooke, *Creative Arts Therapies Manual: A Guide to the History, Theoretical Approaches, Assessment, and Work with Special Populations of Art, Play, Dance, Music, Drama, and Poetry Therapies*, Sprinfield, Illinois, Charles C. Thomas Publisher, 2006, p. 23)

est donc peu probable qu'il ait existé un entrelacement historique si fort entre la pensée de deux auteurs de deux champs parfaitement différents (on ne parle pas ici de Platon et Aristote, ou de Marx et Engels, ni de Ficin et Pic de la Mirandole, Kant et Hegel, ou de Freud et Jung, pour lesquels il semble logique, *a priori* [concept kantien], l'interaction idéologique forte, pour la proximité existencielle de ces auteurs, et leur dédication au même champ disciplinaire), l'un procédant d'un champ métalingüistique (Jung), l'autre d'un langage-objet (Klee), qui fasse que, parallèlement, les recherches de l'un pûssent aboutir aux découvertes de l'autre, pour, finalement, que le premier fût le tenant d'un discipline inventée foncièrement par lui, sur la base des apports d'un auteur d'un champ disciplinaire inférieur (d'un point de vue technique de la spécialisation du discours), et de bien moindre apport (Klee se dédiant à la question formelle et géométrique, durant une période beaucoup plus courte - bien que parallèle -, sans obtenir les découvertes ou changements significatifs que Jung aura dans son propre discours), sans (nous venons de la dire) que le second (Klee) ait une spécialisation théorique au-delà de concepts diffus (puisqu'il faut chercher à les comprendre, d'où les incorrections déjà notées au début du présent travail dans les lectures qui ont été jusqu'à présent faites du matériel de l'artiste).

Au plus, Klee arrive, illogiquement si l'on nous permet, à déduire de sa métaphore biologique autour des êtres vivants, de l'expansion qu'il considère parallèle entre les formes géométriques dessinées et les corps (de la graine à l'arbre), à développer une ultime comparaison, passant, cette fois, de la métaphore végétale (qui, évidemment, pour toute personne ayant fait un peu de catéchisme, qui [res]sent son origine religieuse) à l'animal et humaine, à considérer (en sous-Léonard) la relation du corps (externe) dans ses flux (l'expansion de la flèche-ligne dans le champ de la géométrie pour lui) et le cerveau (noyau interne), comme le montre clairement le cercle I.11-C (mandala, dirons-nous, de nouveau) des cahiers pédagogiques[295].

Cette "*dissolution*" (pour référer à Lacan, bien qu'évidemment dans un autre contexte, non terminal, ni conclusif - en ce qui concerne la mise en place du système chez Klee en tous cas[296] -) des éléments du discours de Klee (leur éloignement [intériorisé, personnalisé au sens strict du terme] du cadre [simplement géométrique] dans et pour lequel il les expose; leur dissémination [s'il expose une pensée cohérente, les éléments particuliers qui la composent ont une variété et une divergence de nature trop grandes entre eux: du végétal à l'humain, du géométrique aux concepts d'"*inner*(ness)"]) nous font parier, non sur une genèse chez Klee des thèses de Jung, mais bien sur une influence vaguement (l'adjectif est important) jungienne de l'exposition (car ce n'est rien de plus, puisque, si elle est systématique en cela qu'elle se développe selon une ligne conductrice indéniable, elle n'a pas de système, faite de métaphores mais non de démonstrations, à la différence du discours des textes jungiens) de Klee.

V.2.c.3. Une origine théosophiste du modèle
V.2.c.3.1. Points de rencontres

Ceci dit, les coïncidences entre les deux auteurs sont visibles. Elles permirent (par exemple à Keller) d'induire la communauté entre les deux. En particulier du point de vue biographique. En particulier dans leurs correspondances dans les cercles théosophistes. On a cité le Mont de la Vérité. Mais l'on peut aussi ajouter, de même:

---

[295] *BauhausBücher*, No 2, p. 19; en anglais: *Paul Klee Pedagogical Sketchbook*, p. 29.
[296] Pour le présent texte, c'est autre chose. Même si nous ne dirons pas, comme Lacan à Caracas: "*C'est vous, par votre présence, qui faites que j'ai enseigné quelque chose.*" (http://www.lutecium.org/mirror/gaogoa.free.fr/Seminaires/Dissolution/DIS12615071980gg.pdf)

"It was during this period in Europe that Joe (Joseph Campbell) was first exposed to those modernist masters—notably, the sculptor Antoine Bourdelle, Pablo Picasso and Paul Klee, James Joyce and Thomas Mann, Sigmund Freud and Carl Jung—whose art and insights would greatly influence his own work. These encounters would eventually lead him to theorize that all myths are the creative products of the human psyche, that artists are a culture's mythmakers, and that mythologies are creative manifestations of humankind's universal need to explain psychological, social, cosmological, and spiritual realities."[297]

En sachant que l'on retrouvera à son tour Campbell dans le cercle d'Éranos, aux côtés de Jung[298].

"The familiarity between the two psychotherapists received its first dent when Heyer was obliged, apparently for political reasons connected with the Nazi regime, to speak out publicly against Jung. In a letter to Olga Fröbe of 19 September 1941, Jung wrote:
Heyer must have a bad conscience. H. has apparently had to disavow me. The article appeared recently in the Journal for Psychiatric Neurology. H. has not yet sent it to me; I heard about it through Prof. Staehelin in Basel. However, he seems to have treated me as mildly as possible. I am portrayed as an anglicized liberal, who naturally understands nothing about the new order.
The reason why Heyer did not send the article emerges from his letter to Jung of 24 September 1941, in which he writes:
As it is not permitted at present to do this privately, I have requested the publisher of the Journal for Psychiatric Neurology, at Marhold-Halle, to send you an off-print of my essay, in which, speaking from my German viewpoint and soul, I take issue with certain points in your book about religion and psychology. I would not like to think of this small essay being in your hands without the message that I would otherwise have added by hand: "This too in friendship, gratitude and admiration."
The letter is signed Dein getreulicher (your very true friend). Evidently Jung was right in supposing that Heyer was under political pressure. The fact that Heyer continued to have a positive attitude toward Jung is indirectly confirmed by a review of Heyer's book Der Organismus der Seele in the journal Die Ärztin (issue not mentioned), which the publisher, Lehmann, quoted when advertising the book in 1942. The reviewer writes, "Closely involved with C.G. Jung's typology and investigations of symbolism, Heyer has found the locus of his work at the point where the treatment of psychosomatic disorders merges with a psychology grounded in religion and ethics."
Jung only started to become seriously negative towards Heyer when he wrote to Fröbe on 27 May 1946, after the collapse of National Socialism. He mentioned in the letter that Heyer had been expelled from the Psychology Club and that he was no longer replying

---

[297] http://www.esalen.org/page/joseph-campbell
[298] http://es.wikipedia.org/wiki/C%C3%ADrculo_Eranos#Etapas_y_representantes

to Heyer's letters. In addition he describes him as a "Nazi" and accuses him of gross opportunism.
Jung was replying to a letter that Fröbe had written to him on 19 May 1946, in which she said, "Also I have had a letter from Heyer, who is seeking contact once again as a friend and an Eranos friend. Here I have great doubts. How should one behave to a person who collaborated as opportunistically as he did? ... Of all my German friends only Lucy Heyer was quite unambiguous in her attitude towards Nazism." Lucy Heyer was the first wife of Gustav Heyer, and his second wife Zoe, told me in a letter that it was Jung personally who had "very strongly advised" her mother to marry Heyer. Lucy Heyer wanted to write the very first biography of Jung. She obtained Jung's agreement, and Paul Mellon wanted to finance the book. She started work in 1953 and inteviewed Jung once a week. Jung, however, was dissatisfied with the results and broke off the project.
It is not altogether clear to what extent Jung wanted to cover himself by this negative attitude towards Heyer in order to avoid attracting further political gossip. That would certainly have been understandable, as his reputation would undoubtedly have suffered if he had continued to have a Du friendship with a known ex-Nazi. Gustav Heyer's daughter recalls that, in answer to the frequently asked why the break with Jung had taken place, her father repeatedly replied that their views had diverged too widely. He, Heyer, was primarily concerned with the future, that is, the goal, of the patient, whereas Jung concentrated on the past. Jung furthermore had little interest in art, whereas Heyer was deeply preoccupied with literature (Rilke, Mallarmé, Ernst Jünger) as well as with music and painting (Franz Marc, Paul Klee) and tried to create an interaction between depth psychology and art. At any rate, Jung and Heyer did not meet any more after the Second World War."[299]

Plus précisément encore, la relation entre Jung et Klee passe par l'amitié avec Max Pulver, et la participation aux activités qu'il proposait, lesquelles, d'autre part, renforcent l'idée d'une origine théosophique de la pensée de Jung (visible dès son premier mandala et ses Livres Rouge et Noir):

"*The 1941 meeting was again very small, with only three lectures. C.G. Jung spoke about the symbolism of transformation in the Mass, the graphologist and writer Max Pulver lectured on Gnosticism, and Karl Kerényi, to whom we shall return in greater detail on account of his great importance, gave a talk on mythology and Gnosis. But first Max Pulver deserves a few words, and not just because he was a gifted graphologist, indeed president of the Swiss Graphological Society. He was also deeply preoccupied with mankind's integration into the cosmos, and his thinking had a strongly esoteric and Gnostic bent, as is shown by the following words from one of his essays:*

---

[299] Hans Thomas Hakl et Christopher McIntosh, *Eranos: An Alternative Intellectual History of the Twentieth Century*, New York, Routledge, 2014, pp. 67-68.

Within the soul it is only the lower part, the secondary soul as Iamblichus calls it (On the Egyptian Mysteries, VII, 6), that is subject to the rule of fate, not the higher or divine soul. The recognition of this divine portion of the soul is what constitutes Gnosis; and it is the task of the mystery orders to transmit this initiation to the worthy. The person who advances in initiatic knowledge and esoteric insight progresses beyond the domain of heimarmene, for this has power only over the sub-planetary spheres ... Once we are on the path of insight and rebirth we are free to choose whether we direct our actions according to the corporeal and sensual part of ourselves or towards the divine and spiritual in us.

Max Pulver had a large circle of friends and acquaintances, which included Gustav Meyrink, Paul Klee, Franz Kafka, Rainer Maria Rilke, Walter Benjamin, and Alexander von Bernus, the poet and alchemist. He was also for many years the graphological mentor of Oskar R. Schlag and often took part in the latter's mediumistic sessions. In addition he edited the writings of the philosopher and mystic Franz von Baader, considered as one of the successors to Jakob Boehme. Despite their shared esoteric outlook, Olga Fröbe did not always agree with what Pulver said in his his lectures and did not hold back her criticisms. Mircea Eliade even reports in his diary that she had an "aversion" to Pulver."[300]

V.2.c.3.2. Le cercle(/point de Klee/mandala de Jung) et le Soleil comme dieu théosophique

L'hostie-soleil avec la croix interne du tableau cité de Jung s'intègre donc aux figurations d'inversion (que nous avons notée sur le moment) du modèle général chez Klee, où le centre (le noyau, point ou cercle) se confondant (comme nous le disions alors) avec l'expansion (les lignes exogènes vers la quaternité).

De fait, dans le même sens, ce cercle n'est autre que le Soleil de *Psychologie de l'inconscient.*

"The Star or the Sun as the God Within
Now the prophet of a new age, Jung promised a direct experience of God. As documented, as early as 1911 Jung had a belief in, and perhaps already an experience of, the god within in the the form of a blazing sun or star. This primordial image from the phylogenetic unconscious was discussed at length in Wandlungen und Symbole der Libido. This was a volkisch idea of the god of the ancient Aryans and by 1916 was certainly an idea well known to the educated bourgeoisie of Germanic Central Europe.

---

[300] *Ibid.*, p. 123. Sur Fröbe et Pulver, voir la mort de Pulver et sa réception par Fröbe, dans Mircea Eliade, *Diario 1945-1969*, Barcelone, Kairós, 2001, à l'entrée du 16 juin 1952, p. 120

Volkisch mystical cults taught their initiates to contact this solar god within. Jung did the same for his disciples.
The first evidence here is the signed and dated colored drawing of a mandala that Jung made in 1916. The word "mandala," which is Sanskrit for "circle," comes from the ancient Aryan homelands of India. In the form of religious icons they are used for a multitude of purposes, but their initial representation is thought to be of the sun. Jung's very first mandala drawing is reproduced in full color in the volume by Jaffe, C. G. Jung: Word and Image. Within its series of ever-smaller concentric circles, as Jung describes it, the core is a "larger sphere characterized by zigzag lines or rays" and "represents an inner sun."
The inner core of the personality, representing the source of all life, is thus represented in this mandala as a sun. If individuation is adaptation to inner reality, it is a descent into the deepest regions of the psyche to seek closer contact with the source of all life, the inner sun as the god within.
A second compelling piece of evidence comes from Jung's Septem Sermones ad Mortuos or "Seven Sermons to the Death", also written in 1916 under claimed paranormal circumstances in Jung's household. The account of its writing given in MDR is replete with psychokinetic events and ghostly Crusaders who have come to Jung for a consultation. Jung had the long, oracular exposition privately printed in 1916 under his pseudonym of the the famous heretical Gnostic "Basilides of Alexandria." It was again privately printed in 1925 in an English translation by H.G. Baynes. On January 1917, Jung sent a copy of Septem Sermones ad Mortuos to a psychiatrist friend, Alphonse Maeder, with the following explanation:
Allow me to give you personally the enclosed little present – a fragment with far-reaching associations. I deserve no credit for it, nor does it want or pretend to be anything, it just is - simply that. Hence I could not presume to put my name to it, but chose instead the name of one of those great minds of the early Christian era which Christianity obliterated. It fell quite unexpectedly into my lap like a ripe fruit at a time of great stress and has kindled a light of hope and comfort for me in my bad hours. Of course it won't mean anything more to you than what I mean by it: a token of my joy over our wordless understanding yesterday evening."[301]

De fait, le mandala théosophique, dans son origine de Jung, reproduit exactement ses préoccupations, que nous avons vues, autour de la figure divine dans ses premiers textes, comme *Psychologie de l'inconscient*.

"Philemon, Simon Magus and Helena

---

[301] Richard Noll, *The Jung Cult: The Origins of a Charismatic Movement*, New York, Simon & Schuster Inc., 1997, pp. 240-242.

Intriguingly, at the conclusion of Liber Novus it is disclosed that Philemon — Jung's "ghostly guru" 64 prominently mentioned in Memories, Dreams, Reflections — was the ancient Gnostic teacher Simon Magus. While considering how Jung read Simon's history, one must keep this strange fact in mind. In telling the story of Simon Magus, Schultz quotes Hippolytus. Mead's Fragments of a Faith Forgotten and his earlier work Simon Magus (all in Jung's library) include this same material; the latter work by Mead adds quotations from other ancient sources that mention Simon Magus.

Simon Magus, "the Magician," is the first historical figure named in ancient accounts of the Gnosis. The date of his life remains unclear; most reports place Simon in the first century of the Christian era. Later critics generally identified Simon Magus as the father of Gnostic "heresy." Writing in the late second century, the early orthodox apologist Irenaeus called him, "the Samaritan Simon, from whom all the heresies took their origin." 65 Hippolytus is, however, the most complete primary source on Simon Magus; he recounts both Simon's history and quotes from writings attributed to him.

Accounts of Simon's life emphasize that he had a consort named Helena. Later critics asserted that Helena was a prostitute whom Simon had purchased in the Phoenician port of Tyre and then liberated. Simon told the tale differently, adding a mythic or archetypal dimension. He proclaimed that in Helena he found and liberated a deific feminine power hidden within physical creation. Helena was a manifestation of the divine Sophia (Wisdom); through her mediation, Simon had met the primal Epinoia. This term, Epinoia (imperfectly translated by the words "thought" or "conception"), appears often in subsequent Gnostic mythologies as the title for the first feminine emanation manifest within the primordial mystery of divinity.

Simon says of her: "Wisdom was the first Conception (or Thought) of My Mind, the Mother of All, by whom in the beginning I conceived in My Mind the making of the Angels and Archangels." Using gender in metaphor, Simon explained that the masculine Mind, or Logos, was in primordial relationship with a feminine syzygy, which Simon named Epinoia — the primal first Thought of the divine Mind. G. R. S. Mead commented upon this story in his Fragments of a Faith Forgotten, explicitly noting its psychological nature:

The Logos and his Thought, the World-soul, were symbolized as the Sun (Simon) and Moon (Selene, Helen); ...Helen was the human soul fallen into matter and Simon the mind which brings about her redemption.

When Jung met this text in 1915, would he have seen a reflection of his own experience? It seems as though he did. In a vision recorded at the beginning of his imaginative journey during December of 1913 Jung had met Elijah and Salome. Upon first encountering Salome, he was shocked by her presence and questioned, "Was she not vain greed and criminal lust?" Salome nonetheless declared her love for him and wished to become his bride. Jung realized he also loved Salome. In the draft of Liber Novus, composed in 1914-15, he penned a reflection on his encounter with Salome. Therein he ponders the relationship of the masculine mind (described as Forethought, or Logos) with Salome, which he equates with Eros. This commentary parallels the Logos-Epinoia relationship expounded by Simon Magus in his consideration of Helena.

In the 1920s Jung wrote yet another private analysis of his encounter with Elijah and Salome and there he affirmed, "they might just as well have been called Simon Magus and Helena."

Jung probably also found a more intimate mirror of the tale of Simon and Helena in his personal life. But here the details remain veiled. Like Simon with Helena, Jung's encounter with the mystery of the soul was apparently facilitated by his relationship to a woman. On 14 November 1913, Jung wrote in his journal the following comment addressed to the soul: "And I found you again only through the soul of the woman." It might be surmised that he was referring to his relationship with Toni Wolff, the woman who at this complex juncture in his life apparently assisted him in his mythopoetic journey. Whatever the manner in which that relationship is conjectured, later in his psychological commentary on "Anima and Animus," Jung did state that the anima can "be realized only through a relation to a partner of the opposite sex." The complex liaison with the anima played a founda- tional role in Jung's psychology, and Simon's consort, Helena, is often mentioned. In 1927 he wrote, "The anima-type is presented in the most succinct and pregnant form in the Gnostic legend of Simon Magus.

The Universal Root

Hippolytus also supplies portions of a text attributed to Simon Magus, called the "Great Announcement" or "Great Expectation." Much later Jung quotes this "remarkable" (as he called it) text in Mysterium Coniunctionis, and gives it an extended commentary:

In the gnosis of Simon Magus, Helen is prote ennoia, sapientia, and epinoia. The last designation also occurs in Hippolytus: "For Epinoia herself dwelt in Helen at that time."
In his "Great Explanation", Simon says [here begins the quotation from Hippolytus]:
"There are two offshoots from all the Aeons, having neither beginning nor end, from one root, and this root is a certain Power, an invisible and incomprehensible Silence. One of them appears on high and is a great power, the mind of the whole, who rules all things and is a male; the other below is a great Thought, a female giving birth to all things."

Simon Magus had more to say that would have interested Jung in 1915. As reported by Hippolytus, Simon also indicates there is a "Great and Boundless Power" that has been "sealed, hidden and concealed" and placed within the Dwelling that we called humankind. "And he [Simon] says that man here below, born of blood, is the Dwelling, and that the Boundless Power dwells in him, which he says is the Universal Root." This Power has a two-fold nature: one part is inwardly, the other is outwardly manifest; furthermore, "the concealed (parts) ...are hidden in the manifested, and the manifested produced by the concealed." The concealed portion must be met through "imaging" and by "art;" otherwise it will perish unknown.

All of these texts roused Jung's attention, as evidenced by his use of the material in Mysterium Coniunctionis many decades later. But again, the question is: did he see in them a reflection of his own experiences recorded through 1915? At the outset of Liber Novus, Jung encountered contrasting realities, concealed and manifest, one reflecting

the other. The concealed had been revealed to him through images, through the "art" of mythopoetic imagination. Jung gave this summary of the revelation of the concealed:
The world of the inner is as infinite as the world of the outer. Just as you become a part of the manifold essence of the world through your bodies, so you become a part of the manifold essence of the inner world through your soul. This inner world is truly infinite, in no way poorer than the outer one. Man lives in two worlds.
In Liber Novus, Jung was gathering empirical evidence for a collective foundation, or primordial rhizome, underlying consciousness; in his scientific writings, he later termed it the "collective unconscious." Simon Magus' "Universal Root" seems an apt analog to Jung's later conceptualization of a collective unconscious.
Jung's relationship with Simon Magus became even more complex and peculiar around 1916. In an episode during the summer of 1916, recorded in his journal and recounted on the last pages of Liber Novus, Jung was walking in the garden with Philemon. A figure appeared to them; Jung identified him in the journal as Christ. Philemon addressed Christ, "My master, my brother." Christ responded, but recognized Philemon as Simon Magus. Philemon explained to Christ that his name was once Simon Magus, but that now he has become Philemon.
The Septem Sermones ad Mortuos are recorded in a more fully elaborated form in the last section of Liber Novus, compiled in 1917. In this final version of the Sermons, Philemon (who was identified in 1916 as Simon Magus) appears vested in the white robes of an Alexandrian Gnostic priest. Resting his hand on Jung's shoulder, Philemon — not Jung or the Gnostic teacher Basilides — addresses the Sermons to the dead. In this version, a homiletic dialogue between Philemon and Jung follows each sermon; Philemon therein declares to Jung that his statements in the Sermons are an expression of his knowledge, his gnosis.
Jung painted a portrait of Philemon (or, Simon Magus?) during 1924 in his Red Book; above the picture, he inscribed in Greek an appellation: "Father of the Prophets, Beloved Philemon." On the facing page, he painted an image of a veiled woman standing on an altar within a sanctuary. Above her he inscribed, "Dei sapientia in mysterio" ("The Wisdom of God in mystery"). These two facing portraits mark principal companions met during his visionary journey. They form a thematic conclusion to Jung's transcription of Liber Novus into his red leather folio volume.
Around the time Jung finished these images, he had begun construction of his Tower at Bollingen. Above the door of the Tower, he carved a dedication, consecrating the place: "Philemonis sacrum" (Shrine of Philemon). On a bedroom wall upstairs in the Tower, in large mural format, he again painted an image of Philemon. Above that painting, he added the appellation: "Philemon, the Prophets' Primal Father." Jung obviously had a formidable relationship with this figure named Philemon, who was also anciently known as Simon Magus. No less complex was his relationship with a protean feminine power met in guise of the soul. In 1924, he named her Sapientia: Sophia, the Wisdom of God in a mystery. Both figures apparently integrated themselves within Jung's perception of a Gnostic heritage.
Sophia, the Demiurge, and the Septem Sermones adMortuos

The published edition of Liber Novus includes three appendices provided as an integral part of the editorial apparatus constructed by Sonu Shamdasani. Each appendix offers a glimpse into Jung's journal accounts. These are indispensable to the understanding of the mythic framework within the sections of Liber Novus composed after 1915 — the months during which Jung confronted his roots in the Gnostic tradition.

The first of the supplements, Appendix A, supplies a facsimile copy of a page from Black Book 5, on which Jung carefully sketched his first symbolic "mandala," the Systema Munditotius. Apparently done around mid-January 1916, Jung's drawing might be most aptly described not as a mandala — a term Jung would not use until several years later — but as a Gnostic aeonology. This complex symbolic figure would be interpreted some two weeks later in the text Jung penned and called Seven Sermons to the Dead — Jung's address to the ghostly horde of Anabaptists returned from Jerusalem, who rang his doorbell in late January 1916.

The third supplement, Appendix C, again reproduces the Black Book 5; this entry is dated 16 January 1916. It is an astounding text in which the feminine voice of Jung's soul reveals to him a story that will be recognized by every student of Gnosticism as the foundational myth of the tradition, the myth of Sophia and the demiurge.

In classic Gnostic mythology, Sophia (Wisdom) was a feminine aeon, a twin archetype or syzygy of the masculine Logos. She is the feminine aspect of divinity indwelling creation. Much like the anima mundi of alchemical myth, Sophia is present within the very tissue of cosmos and consciousness. In the Gnostic drama of creation, an abortive emanation had separated from Sophia soon after her entry into the depths of the coming cosmos. This defective child grew into a fiery cosmic force that falsely claimed to be the singular and supreme deity. As self-declared ruler of the material world, he sought to hold humanity in his thralldom. This was the demiurge. Gnostic myths gave him many different names, such as Saklas and Yaldabaoth; Jung called him Abraxas. In this ancient and oft restated Gnostic myth, Sophia was the opponent of the demiurge. She was the higher power who awakened in humankind knowledge of their intrinsic inner light and origin, thereby liberating them from the deceitful worldly lordship of the demiurge.

Over the past century, several scholars of Gnosticism have argued that absent a myth of the demiurge, a mythology should not be properly categorized as Gnostic, at least in the classical sense. 89 This subject has colored some past interpretations of the Septem Sermones ad Mortuos. Occasional critics have contended that Jung's Sermons do not explicitly include the story of the demiurge. Thus, it is suggested, Jung did not understand the core of Gnostic mythology, and the Sermons are not a true exemplar of a Gnostic mythologem. However, it is now fully manifest that this specious critique results from a misreading and misunderstanding of the complex figure of Abraxas, who appears in the second sermon of the Septem Sermones.

Jung's journal entry dated 16 January 1916, reproduced as Appendix C of Liber Novus, removes all questions about this issue: Abraxas was the demiurge in Jung's myth. In this journal entry, Jung records the following words spoken to him by the soul, who assumes the voice of Sophia. Her address is unarguably a rendition of the primal Gnostic myth of the demiurge, here named Abraxas:

You should worship only one God. The other Gods are unimportant. Abraxas is to be feared. Therefore it was a deliverance when he separated himself from me.

Note that the soul is taking the voice of Sophia. The separation of the demiurge from Sophia — "when he separated himself from me" — is a key part of the Gnostic myth. She continues,

You do not need to seek him. He will find you, just like Eros. He is the God of the cosmos, extremely powerful and fearful. He is the creative drive, he is form and formation, just as much as matter and force, therefore he is above all the light and dark Gods. He tears away souls and casts them into procreation. He is the creative and created. He is the God who always renews himself in days, in months, in years, in human life, in ages, in peoples, in the living, in heavenly bodies. He compels, he is unsparing. If you worship him, you increase his power over you. Thereby it becomes unbearable. You will have dreadful trouble getting clear of him. ... So remember him, do not worship him, but also do not imagine that you can flee him since he is all around you. You must be in the middle of life, surrounded by death on all sides. Stretched out, like one crucified, you hang in him, the fearful, the overpowering.

But you have in you the one God, the wonderfully beautiful and kind, the solitary, starlike, unmoving, he who is older and wiser than the father, he who has a safe hand, who leads you among all the darknesses and death scares of dreadful Abraxas. He gives joy and peace, since he is beyond death and beyond what is subject to change. He is no servant and no friend of Abraxas.

This journal entry unambiguously identifies the figure of Abraxas, who shortly thereafter appears in the Sermons, as the demiurge of classical Gnostic mythology. The identification of Abraxas with the demiurge is further established in the manuscript of Liber Novus, where in his transcription Jung substitutes the term "ruler of this world" for the name "Abraxas" original written in his Black Book journal.

Jung recognized the Gnostic provenance of this January 1916 apparition. A Sophianic voice had declared to him the fundamental Gnostic assertion: "You have in you the one God, the wonderfully beautiful and kind, the solitary, starlike, unmoving." Jung turned to that star, and it became his life's guide.

Two years after beginning the journey of Liber Novus, Jung was now placing his visionary experience into an interpretive form impregnated by his reading of Gnostic mythology. In his journal entry from January of 1916, the soul speaks to him in the vocabulary of Gnostic myth; two weeks later that same vocabulary enters into the initial journal formulation of the Seven Sermons to the Dead. In the summer of 1916, his guide Philemon is revealed to be Simon Magus. Jung's myth had met its rhizome, and he knew it.

Of course, one should note that the basic declaration of the demiurge had already appeared in another form at the very beginning of Liber Novus. Jung finished this section of his manuscript text and its final calligraphic rendering into the Red Book earlier in 1915. In the preamble he penned on the first pages of Liber Primus, Jung

confronts two powers: the "spirit of the time," and the "spirit of the depths." The "spirit of the time" unmistakably manifests as a demiurge, declaring — in a fashion typical of the Gnostic demiurge — that there is no other power before him. The "spirit of the depths" rebuffs the demiurge's claimed sovereignty, and entreats Jung to look beyond his fabrications. What Jung encounters and records two years later, in 1916, is not a new theme. Rather, it is a metamorphosis in voice, vocabulary, and the mythological identification of his guide: in 1916, Gnostic mythology had become a symbolic vessel for expression of his visions.
In 1916 Jung had seemingly found the root of his myth and it was the myth of Gnosis. I see no evidence that this ever changed. Over the next forty years, he would proceed to construct an interpretive reading of the Gnostic tradition's occult course across the Christian aeon: in Hermeticism, alchemy, Kabbalah, and Christian mysticism. In this vast hermeneutical enterprise, Jung was building a bridge across time, leading back to the foundation stone of classical Gnosticism. The bridge that led forward toward a new and coming aeon was footed on the stone rejected by the builders two thousand years ago."[302]

Outre l'origine purement théosophiste, qui s'illustre parfaitement ici, des mandalas chez Jung, on trouve sans doute, dans cette analyse, l'origine du lien, illogique, nous l'avons dit (ou, si l'on veut, néoplatonicien), entre le système sanguin du corps humain, la croissance végétale, et la géométrie.

V.2.c.3.3. "*Et* [Kandinsky] *dans tout cela?*"

Mais ce n'est pas tout. L'influence ésotérique est beaucoup plus complexe et ample entre (et sur) Jung et Klee.

"*Kandinsky, Paul Gauguin, Constantin Brancusi, Theo van Doesburg, Johannes Itten, Walter Gropius (for a while), Robert Delauney, Aleksandr Scriabin, Arnold Schoenberg, Paul Klee, Franz Marc, Boris Pasternak, Aleksandr Blok, Katharine Mansfield, T. S. Eliot - all were great pioneers of Modernism, and all were involved in Theosophy and its unpronounceable spin-offs, such as Anthroposophy, Christosophy, Theozoology and Ariosophy. In fact, from fin de siecle Paris to 1950s' New York (Mark Rothko and Jackson Pollock were both one-time disciples of Eastern gurus), a fascination with magic, the occult and the supranatural were integral to the Modernist spirit.*"[303]

---

[302]Lance S. Owens, "*Foreword*" d'Alfred Ribi, *The Search for Roots: C. G. Jung and the Tradition of Gnosis*, sans lieu d'édition, Gnosis Archive Books, 2013, pp. 20-28.
[303]http://www.katinkahesselink.net/his/theosophy-art.html

Toujours la relation avec Kandinsky, que nous avons pu démontrer d'un point de vue visuel, créatif et pédagogique, et qui, à présent, se confirme, historiquement, biographiquement (on le savait déjà, pour la participation des deux artistes comme enseignants du Bauhaus) et mystiquement:

"*Many, for instance, were drawn to Theosophy: Mondrian joined the Theosophical Society in 1909; the composers Scriabin, Stravinsky and Schoenberg were all familiar with the work of Madame Blavatsky; and though Paul Klee adamantly denied he was a Theosophist, he wrote, "My hand is wholly the instrument of some remote power. It is not my intellect that runs the show, but something different, something higher, and more distant - somewhere else. I must have great friends there, bright ones, but sombre ones, too."*
Klee's interest in Theosophy may have stemmed from his association with Wassily Kandinsky. Kandinsky adhered all his life to the Russian Orthodox beliefs he was born into, but he repeatedly meditated on Theosophical themes, in particular the "universal catastrophe" he believed was on the way, a belief he shared with his fellow Russian the ballet impresario Serguei Diaghilev."[304]

"*Paul Klee and others working at the German Bauhaus, for example, were indirectly influenced by Theosophy via Kandinsky and the dissemination of Steiner's idea (Wagner, 2005).*"[305]

"*One scholar has suggested that the source of Klee's interest in theosophy in his period in Munich before the First World War was his association with Wassily Kandinsky.*" *Indeed the pre—1914 blending of Russian and German idealism and theosophy may be seen most strikingly in Kandinsky's work and reflections. Born in Moscow in 1866, and resident in Munich from 1896, he repeatedly meditated on on theosophical themes, and in particular on the universal catastrophe he believed was on the way. In 1912, he wrote of the coming collapse as a cosmic vibration, a resonance (Klang), which would both destroy all, but would be 'a detached praise of life, like a hymn of rebirth'."*
Kandinsky's Russian Orthodox beliefs, to which he adhered throughout his life, predisposed him to explore the mystical realm. And 'nowhere else in Europe', James Billington tells us, 'was the volume and intensity of apocalyptic literature comparable to that found in Russia' in the last decades of the Romanov dynasty." Echoing strains in popular religion, this apocalypticism took on many forms before 1914. The master of modern ballet Serge Diaghilev spoke in 1905 of a coming day of judgment, a 'summing-up' prepared by artists but which would sweep them all away. 'The only wish that I, an

---

[304] Peter Watson, *The Age of Atheists: How We Have Sought to Live Since the Death of God*, New York, Simon & Schuster, 2014, pp. 180-181.
[305] *Handbook of the Theosophical Current*, Leyde, Brill, 2013, p. 448.

incorrigible sensualist, can express', he added"is that the forthcoming struggle should be as beautiful and as illuminating as the resurrection'. Aleksander Blok's poetry spoke of the 'last day' and damned the city as 'a urse of the beast'. Vladimir Maiakovskii liked to wear the mantle of 'the thirteenth Apostle', the man who alone would 'come through the buildings on fire' to see the 'second tidal flood'. To him Apocalyptic images were a form of 'theology beyond reason'."[306]

"Suprematism and Futurism
Theosophy had less of a following among the Russian avant-garde, Kandinsky excepted. Other forms of occultism, as well as (Christian) mystical thought, did find an artistic following; Suprematist artists such as Kasimir Malevich (1879-1935), Maria Ender (1897-1942) and Mikhaïl Matiouchine (1861-1934), for instance, were inspired by occult theories of time and space. Of particular relevance are the theories concerning the occult fourth dimension of Pjotr Ouspensky, set forth in The Fourth Dimension (1909) and Tertium Organum (1912), and further expanded upon and introduced to a non-Russian reading audience by Claude (Bragdon 1929; Ouspensky 1922; Wagner 2011: 259-61). Primer And Tertium Organum, together with a few earlier and other works discussing the occult fourth dimension, found a wide following in Europe among artists and intellectuals (Henderson 2010), including the Russian and Italian Futurists. Typical of the occult eclecticism we have also encountered with many Symbolists, the Futurists further showed an avid interest in Theosophical ideas concerning clairvoyance and the astral plane, as well as contemporary experiments of psychical research (Bauduin 2012: 36-40; Celant 1981; Henderson 1981).
Bauhaus, Klee
Kandinsky took his occult background and interests with him to the Bauhaus, where occult thought formed a large part of the collective Bauhaus-worldview. Many were familiar with Theosophy, Anthroposophy, and with nineteenth-century Freemasonry and esoteric-reformist thought besides (Wagner 2011: 261-63; see also Wagner 2005). Artists such as Walter Gropius (1883-1969), Johannes Itten (1888-1976), Paul Klee (1879-1940), Gunta Stölzl (1897-1983) and others can be counted among them. Mazdaznism, a modern form of Zoroastrianism, flourished at the Bauhaus, although mainly in the group around Itten - a figure whose occult interests and knowledge may have been instrumental for many, as Wagner (2009) has shown. Although it sometimes appears as if occultism of the Theosophical kind is the main occult inspiration for twentieth-century artists, I would emphasise that Spiritualism and its visual culture (incorporating also the visual testimonies of psychical research) continued to be a source of inspiration for many. Take for instance Swiss artist Klee, whose idiosyncratic artistic trajectory took him from the Blue Rider to the Bauhaus and finally to French Surrealism. He was very much interested in Spiritualism and mediumistic phenomena, such as automatic writing, materialisations (of spirits, ectoplasm, etc.) and levitation,

---

[306]Hugh Cecil et Peter Liddle, *Facing Armageddon: The First World War Experience*, Barnsley, South Yorkshire, Pen and Sword, 2003,p. 856.

throughout his career. Partly or entirely materialised forms were the apparent subject of several drawings made in the 1910s and 1920s, entitled, for instance, Incomplete Materialisation (1915) or Materialised Ghost (1923) (Okuda 2011: 278-80). Towards the end of the 1930s he undertook several works incorporating 'secret' hieroglyphs and signs, which were clearly inspired by the Martian script of Hélène Smith. As this example illustrates, various aspects of Spiritualism – belief in the existence and manifestation of spirits, mediums and their practices, the techniques of automatism, the visual culture of spectral forms and thin, uncertain lines – continued to inspire art well into the twentieth century. Klee, for his part, found kindred spirits in French Surrealism, where, as I have detailed (Bauduin 2014), mediumism and automatism served as inspirational examples of artistic practice, while towards and during the 1940s, a deeper investment in occultism took place."[307]

Dans ce contexte, on retrouve bien le concept d'"*inner*(ness)" du cercle chez Kandinsky (contemporainement aux travaux de Jung sur les mandalas, à la fin des années 1920):

"*The rest of the Bauhaus years were spent primarily in investigation of different aspects of points and lines. Kandinsky investigated first the point, then the straight line, then the curve, largely in black and white. Through these exercises, Kandinsky expanded upon his concept of a free play of forms according to strict internal laws. He then leaned toward strict geometric forms, as opposed to simply lines. Between 1926 and 1929, the chief pictorial element and geometrical form was the circle. Circles achieved the mystic importance previously enjoyed by the rider. Kandinsky found in circles more inner possibilities than in horses, and Kandinsky wrote to Will Grohmann about this in 1930:*
"...It is not the 'geometrical' form of the circle [that causes its frequent use], but rather my own sensitivity to the inner force of the circle in all its countless variations. I love circles today in the same way that previously I loved, e.g. horses – perhaps even more so, since I find in circles more inner possibilities, which is the reason why the circle has replaced the horse. All this has, I have already mentioned, no role to play in the course of working; I do not choose form consciously, it chooses itself within me."
These sentiments are very much linked to the ways in which anthroposophists sought higher knowledge. It was created both from available elements in the outside world and from within oneself, as one aspired to reach a higher spiritual plane.
In this search for a more meaningful spirituality, Kandinsky combined art forms. In 1928, the director of the Friedrich Theatre in Desau invited Kandinsky to design sets to accompany a performance of Modest Mussorgsky's Pictures at an Exhibition. This involved transposing Mussorgsky's composition, which had itself been inspired by

---

[307] Tessel M. Baudoin, "*The Occult and the Visual Art*", *The Occult World*, New York, Routledge, 2014, pp. 437-438.

paintings, back into visual media. Mussorgsky's music offered an abstract rendition of the composer's innermost feelings and reactions regarding the exhibition he saw; Kandinsky's paintings were an abstract visual rendition of heard music."[308]

Finalement, pour réaffirmer, dans l'époque, la présence des thèses jungiennes, il est probable[309] que celles-ci se fondent dans celles de Rudolf Steiner[310] (autre participant du Monte Verità [*"(350 meters or 1,150 feet high) in Ascona (Swiss canton of Ticino)"* avec son "*Bauhaus-style hotel by Emil Fahrenkamp*"[311]], dans les mêmes années[312] que Jung et Klee[313]), comme le montre

---

[308] http://sites.middlebury.edu/alexandra/lang/ru/kandinsky/6-the-bauhaus-period/

[309] Même si Jung a toujours traité avec mépris l'évocation de Steiner, voir Gerhard Wehr, *Jung and Steiner: The Birth of a New Psychology*, SteinerBooks, 2003, cap. 1, s/n: "*Steiner mentioned psychoanalysis and analytic psychology in some of his lectures. He also occasionally spoke of Jung as a scientist, but never did so in the thorough and detailed manner that would have been desirable. This occurred at a time when Jung's psychology was just beginning to distinguish itself from Freud's older psychoanalysis and to come into its own. Jung on his part mentions Anthroposophy several times and refers to Steiner without showing any interest in him. One gets the impression that the circumspect depth psychologist Jung ignored the essence and significance of Anthroposophy. One can conclude this because Anthroposophy is mentioned on occasion in one breath, without any differentiation, with the Anglo-Indian Theosophy of H.P. Blavatsky or with Christian Science. This is surprising and unfortunate, especially since Jung outlived Steiner for three and a half decades, and could have had occasion to observe the activities of the Anthroposophical Society from nearby.*" Mais c'est là l'application parfaite du principe, freudien, de l'oedipienne nécessité de la mort du Père (reproduite doublement, pour reprendre le concept jungien de la quaternité versus la trinité, par la mort de l'autre, et premier [du moins au niveau conscient, non inhibé, socialement acceptable, dans la dialectique science sérieuse versus parascience], Père: Freud).

[310] "*It was often suggested to Jung that he and Rudolph Steiner (1861-1925), the founder of 'anthroposophy' had manyfeatures in common. Both had parapsychological experiences, both worked out their own form of self-training for exploring the unconscious, both emerged from spiritual journeys with new personalities. Steiner was like Freud and Jung in that he suffered a 'creative illness' in middle age, from which he emerged convinced, like Jung, that life was a series of metamorphoses, with a crucial turning point being the midlife threshold at thirty-five. Also in Steiner's work, albeit not with the same phraseology, were the 'shadow' and the project personalities. Most Jungian of all was Steiner's idea that Mephistopheles was simply an aspect of Faust's personality. The essential difference between the two prophets was that were Jung spoke of projected contents of the unconscious, Steiner postulated independent spiritual beings.*" (Frank McLynn, *Carl Gustav Jung: A Biography*, New york, St. Martin's Press, 2014, cap. XVII, s/n.)

[311] http://en.wikipedia.org/wiki/Monte_Verit%C3%A0

[312] Sur la coïncidence temporelle entre Jung et Klee au Mont Verità, voir: "*Other visitors to Ascona around this time included Carl Gustav Jung, Erich Maria Remarque, Paul Klee, Hans and Sophie Tauber Arp and Alexi Jawlensky*" (*Photon 2001: International Conference on the Structure and Interactions of the Photon: Including the 14th International Workshop on Photon-Photon Collisions*, Ascona, Suisse, 2-7 Septembre 2001, Singapour, World Scientific, 2002, Volume 1, p. VI) On parle ici, bien sûr, du début des années 1920: "*In the early decades of the 20th century, numerous artists, intellectuals and students made Monte Verità their cultural centre. Among those who spent time in the area were Carl Gustav Jung, Karoly Kereny, Erich Maria Remarque, Hermann Hesse, Adolf Portmann, Paul Klee, Hans and Sophie Täuber Arp, Robert Schürch, Oskar*

assez l'extrait[314] suivant de la conférence de ce dernier intitulée "*Reflections in the Mirror of Consciousness, Superconsciousness and Subconsciousness*", donnée dès le 25 février 1912 à Munich:

"*Now the problem is this: When we sink down into our hidden soul-depths (and every clairvoyant must do this,) we first come into what is fundamentally ourselves. And we must learn to know ourselves by really making the transition, by having a world before us, of which Lucifer and Ahriman always promise to give us the kingdoms. This means that our own inner self appears before us, and the devil says: "This is the objective world." That is the temptation that even Christ did not escape. The inner illusions of the inner world were presented, only He, through His inherent power, recognized from the very beginning that it is not a real world, but a world that is within. It is through this inner world alone, which we must separate into two parts in order to get rid of one – our own personal part – and have the other remain, that we pass through the hidden depths of our soul-life out into the objective super-sensible world. And just as our spiritual-soul kernel must make use of our physical body as a mirror for outer perception, for the facts of ordinary consciousness, so must the human being make use of his etheric body as a reflecting apparatus for the super-sensible facts which next confront him. The higher sense organs, if we may so describe them, open within the astral body, but what lives in them must be reflected by the etheric body, just as the spiritual and soul activity of which we are aware in ordinary life is reflected by the physical body. We must now learn to manage our ether body, and it is entirely natural since our etheric body is usually unknown to us, although it represents what vitalizes us, that we must become acquainted with it before we can learn to recognize that which enters us from the super-sensible objective world and may be reflected by this ether body.*
You now see what we experience when we descend into the hidden depths of our soul life. It is primarily ourselves, and the projection of our wishes is very similar to what we usually call the life in Kamaloca [Region of Burning Desire, or of Cleansing Fire; also

---

Schlemmer, Charlotte Bara, Marianne Von Werefkin, El Lissitzky, Alexei Jawlensky and many others. These were the golden years for Monte Verità." (http://www.csf.ethz.ch/about/history)
[313]"*El médico anarquista Raphael Friedeberg se trasladó a Ascona en 1904, atrayendo a muchos otros anarquistas a la zona. Artistas y otra gente famosa atraída por esta colina incluyeron a Hermann Hesse, Carl Gustav Jung, Erich Maria Remarque, Hugo Ball, Else Lasker-Schüler, Stefan George, Isadora Duncan, Carl Eugen Keel, Paul Klee, Carlo Mense, Arnold Ehret, Rudolf Steiner, Mary Wigman, Max Picard, Ernst Toller, Henry van de Velde, Fanny zu Reventlow, Rudolf von Laban, Frieda y Else von Richthofen, Otto Gross, Erich Mühsam, Karl Wilhelm Diefenbach, Walter Segal, Max Weber y Gustav Stresemann.*" (http://es.wikipedia.org/wiki/Monte_Verit%C3%A0#cite_note-4)
[314]Voir aussi la phrase, également de Steiner, et qui, peut-être, nous éclaire autant sur Jung que sur Klee: "*Sobre las representaciones simbólicas, lo importante no es lo representado como tal, sino el que se libere lo anímico de toda muleta física, mediante el proceso de representación.*", cité comme épigraphe du chapitre 17 de Jorge Blaschke, *Enciclopedia de los símbolos esotéricos*, Barcelone, Robinbook, 2001, p. 203.

> *Purgatory.] It differs from it only in that when anyone in ordinary life thus pushes forward into imprisonment within himself (which is what it may be called,) he has still his physical body to which he can return. But in Kamaloca the physical body is gone, even part of the etheric body — the part which most immediately reflects for us — but the universal life-ether surrounding us serves as an instrument of reflection, and mirrors everything that is within us. Thus in the Kamaloca period our own inner world is built up about us as an objective world, all our wishes, desires, all that we feel, and to which we are inwardly attuned.*
> *It is important to understand that the primary characteristic of the life in Kamaloca is our imprisonment within ourselves, and this prison is the more securely fastened by the fact that we cannot return to any sort of physical life to which our whole inner activity has been related. Only when we live through this Kamaloca period in such a way as to realize gradually (we do come to this gradually,) that it all may be got rid of by experiencing our-self otherwise than through mere desires and so forth, only then is our Kamaloca prison opened.*"[315]

On notera, de même, que, de manière très intéressante, le Numéro 39 de la revue *The Theosophist* de 1918 de la Theosophical Publishing House aborde, dans un même numéro, bien que sans coïncidence, la question des mandalas, et celle de la libido selon Jung dans son débat avec Freud[316]. N'est, en ce sens, pas indifférent l'organe de publication, par le fait théosophique.

V.2.c.3.4. "*En qué quedamos*"
V.2.c.3.4.1. Des preuves de coïncidences entre Klee et Jung

Il y a donc des preuves suffisantes de la diffusion de son abordage des mandalas par Jung dans les années, 1910, incluant, non seulement son entourage personnel, mais aussi ses patients.

Comme dans les cercles auxquels il participait, comme Klee, au moins par les échanges et débats entre leurs membres.

Prenons-en, par exemple, le cas du par nous cité Max Pulver, qui fréquenta Éranos de 1923 à 1929[317] et que Olga Froebe

---
[315] http://wn.rsarchive.org/Lectures/Psych/English/AP1946/19120225p02.html
[316] *The Theosophist*, 1918, Volume 39, sur les mandalas voir pp. VIII et 52ss., sur Jung pp. 225ss.
[317] Riccardo Bernardini, *Jung a Eranos*, Milan, FrancoAngeli, 2011, note 180 p. 210.

intégra au cercle suisse de Zurich d'Éranos durant la Seconde Guerre Mondiale[318] dès 1941[319], s'inscrivit dans l'ordre jungien de la formulation du symbolisme de l'écriture[320] ("*L'écriture est le chemin qui conduit depuis le "Moi" vers le "Toi"; le pont pour celui qui passe la communication depuis l'"ego" vers le "medium"* ["*medio*": "*milieu*"][321]) dès les années 1920[322] et du cercle (ou, en ses propres termes, radialité[323]) du "*champ graphique*"[324] ("*In*

---

[318] Jay Sherry, *Carl Gustav Jung: Avant-Garde Conservative*, Londres, Palgrave Macmillan, 2010, p. 173.
[319] "*Max Pulver, the Swiss graphologist, also became a regular lecturer in 1941*" (Barbara Hannah, *Jung, his life and work: a biographical memoir*, New York, Perigee Books, 1981, p. 272).
[320] "*The language of Pulver's 1931 book, Symbotik der Handschrift (The Symbolism of Handwriting), implies a correspondence with the work of Jung that appealed to Muller. In this work, Pulver noted how the graphologist "contemplates, he considers. From the threads that move across the sheet in front of him, an aura arises and inspires in him a state of dreamy reflection...*" (Kerry William Purcell, *Josef Muller-Brockmann*, Londres, Phaidon Press, 2006, p. 34)
[321] Albert E. Hughes, *Guía Práctica de Grafología: Lo Que Revela Su Escritura Sobre Su Personalidad y Carácter*, Madrid, EDAF, 1997, p. 45. La traduction de l'espagnol est nôtre.
[322] Treyce Montoya, *I Didn't Write That!*, Lulu.com, 2011, p. 12 (ouvrage que l'auteur publie, reproduisant les mêmes termes, la même année, aux mêmes éditions, sous les titres: *I Abused You - Handwriting of Sexual Perpetrators*, *You Abused Me - Detecting Sexual Abuse in Handwriting*, *The Write Liar*, et *No Suicide Notes Necessary*, p. 14 de ce dernier).
[323] "*La prima organizzazione del simbolismo dello spazio grafico, ispirata proprio alla teoria junghiana (2), è stata enunciata nel 1931 dallo psicologo e grafologo svizzero Max Pulver (1889-1952)(1), ma ciò non toglie che Moretti se ne fosse già occupato. Il simbolismo dello spazio ha subito varie verifiche, sia relative ai simboli, sia di tipo neurofisiologico.
Oggi è comunemente accettato che sentimenti quali collera, paura, gioia, disgusto, piacere, eccitazione... 'marchino' in un modo caratteristico ad ognuno di loro i tratti del volto o altre manifestazioni somatiche (battito del cuore, sudorazione, minzione....).
E' impensabile che i sentimenti esperiti da ognuno di noi non lascino traccia sul foglio mentre scriviamo e non lo facciano seguendo le stesse 'leggi' che regolano la nostra fisiologia neuro-muscolare. Dallo studio simbolico del tracciato prodotto è possibile risalire alle 'emozioni' e alla motricità personale che lo hanno prodotto.
Vediamone, schematicamente, le linee-guida.
I vettori delle direzioni nello spazio sono sei:
Destra/Sìnistra
Sopra/Sotto
Davanti/Dietro
I primi due sono 'intuibili'; indicano se lo scritto, i magini, le inclinazioni, i bianchi o i neri....le chiusure delle lettere, sono orientati verso destra o sinistra (simbolismo orizzontale, visto nel post Pieni e vuoti nella scrittura o anche quello sulla Firma, I e II);
i secondi due ci parlano di zona superiore e zona inferiore delle lettere e dell'intero scritto; allunghi letterali, margine superiore e inferiore (simbolismo verticale, ampiamente illustrato nei post su Grafologia e sessualità: I-II-III).
il movimento lungo gli ultimi due vettori 'registra' la nostra pressione (carica energetica, volontà assertiva o meno) e la qualità del Tratto; è quello che Pulver stesso chiama simbolismo 'radiale'.
Il lato sinistro (nella cultura occidentale) rappresenta l'origine, la madre, il passato (la tradizione), l'IO.*

Switzerland, Max Pulver (1890-1953), a professor at the University of Zurich, studied Klages's work and applied the psychological methods of Carl Jung and Sigmund Freud to handwriting analysis. He classified handwriting into three "zones" — upper, middle, and lower — each corresponding with a distinct area of personality (similar to Freud's discovery of the superego, ego, and id). Pulver also introduced the symbolism of the space on page — the meaning of the left and right sides of the page, as well as what the width or narrowness of the top, bottom, and side margins means."[325]).

Tout d'abord dans sa relation avec Jung:

Il lato destro è la mèta verso cui ci si dirige, il futuro, il padre (come simbolo di sostegno, fiducia, autostima) il TU.
In alto c'è 'il cielo', cioè il rapporto col divino, le aspirazioni spirituali (che non sono necessariamente 'religiose').
In basso c'è la terra (rigo base) e più sotto gli istinti, gli inferi, le pulsioni profonde, ma anche gli spiriti 'maligni'.
L'uomo razionale (o nelle sue istanze più razionali) tende ad esprimersi nella fascia centrale, tra la superficie della terra e i cieli.
L'uomo inconscio 'pesca' nella vastità dei simboli seguendo sia i vettori verticali che quelli orizzontali, che quelli radiali." (http://consulenzeingrafologia.it/simbolismo-del-campo-grafico-il-foglio-bianco-il-nostro-ambiente-iiii/)
"La scrittura è un tipo di espressione che coinvolge l'intera personalità, fisica e psichica. E' un sistema di comunicazione e come tale deve rispettare delle forme convenzionali. Tuttavia queste forme non vengono riprodotte semplicemente come un modello scolastico, ma vengono adattate da ciascuno fino a produrre un tracciato personale nel quale sono visibili le esperienze, i gusti ed i modelli di identificazione, così com'è rilevabile lo stato di salute fisica e mentale dello scrittore. Alla fine del XIX secolo e nei primi decenni del XX, Crepiéux - Jamin (Francia), Klages (Germania), Pulver (Svizzera) e Moretti (Italia),hanno osservato numerosissime scritture trovando nella loro variabilità delle costanti, ossia dei tratti grafici ricorrenti, ed hanno attribuito loro un significato basandosi sul riscontro empirico tra segno e particolarità del carattere. Nella sua opera " Simbologia della scrittura" (1931),lo psicoanalista Max Pulver ha proposto uno schema topologico delle proiezioni inconsce della scrittura (Fig.1)" (http://members.xoom.it/angela_/_private/graf1.htm).
[324]"*Simbolismo del campo gráfico*
Es a través de estos conceptos que, en 1931, el psicólogo suizo Dr. Max Pulver (1889 - 1952), en "Symbolik der Handschrift", integra los principios del simbolismo con el espacio gráfico.
Para su interpretación divide el campo gráfico con una línea horizontal que delimita una zona superior y otra inferior (el límite entre lo de arriba y lo de abajo); y una línea vertical que separa la zona derecha de la izquierda.
En el punto de convergencia de ambas (sin extensión, ni dirección) se ubica el Yo (es a partir de este cruce que la escritura occidental se desarrolla, dirigiéndose de izquierda hacia derecha)." (http://www.grafopatologia.com/articulos/cuadranteinferiorizquierdo.html)
[325]Arlyn Imberman et June Rifkin, *Signature for Success: How to Analyze Handwriting and Improve Your Career, Your Relationships, and Your Life*, Kansas City, Andrews McMeel Publishing, 2003, p. 6.

"*It* (characterology) *was particularly popular among graphologists (among whom was Max Pulver who later joined Jung's circle in Zurich) and an eclectic group of psychotherapists that grew in numbers during the 1920s, many of whom would soon join the General Medfical Society when it was founded in 1926.*"[326]

"*Early in 1935 the Rosenbaums had invited the Viennese writer Elias Canetti (1905-94) to their house for a reading from his works. Among the guests were James Joyce, Max Pulver, Bernard von Brentano, and Pauli. Jung and Thomas Mann had been invited but did not attend.*"[327]

"*1924 Rückkehr in die Schweiz. Dozent der Graphologie und Menschenkunde am Psychologischen Seminar des Instituts für angewandte Psychologie. Pulver verkehrte im Kreis um Carl Gustav Jung. Pulver starb am 13. Juni 1952. Postum erschien 1953 sein Werk Erinnerungen an eine europäische Zeit.*"[328]

"*La teoría de los símbolos de Pulver debe, sobre todo, mucho al psicoanálisis del psicólogo de Zurich C.G. Jung. Con tacto finísimo ha sabido Pulver hacer fecundos para la grafología los resultados obtenidos por Jung.*"[329]

De fait:

"*Steiner also wrote articles for the journal Das Reich, edited by von Bernus, which appears between 1916 and 1920 and to which Emil Preetorius and Max Pulver also contributed—both of them later to be speakers at Eranos.*"[330]

Et, identiquement, sur la relation entre Klee et Pulver:

"*Klingt in diesen Überlegungen des Freundes von Benjamin noch Klees Diktum aus der Zeit nach, als sie sich in den gleichen Kreisen um Rilke in München bewegten, so führt eine weitere Bekanntschaft Benjamins ebenfalls in die unmittelbarste Nähe von Paul Klee. Die Literatur zur „fast leeren Zeit" (Scholem) Benjamins in München hebt an der Freundschaft mit Max Pulver meist nur as gemeinsame Interesse an der Graphologie und den Schriften Franz von Baaders hervor. Der damalige Assistent des Phänomenologen Moritz Geiger, aus dessen Vorlesung zu Kant auch Benjamins Arbeitszirkel mit Noeggerath, Rilke und V. Aretin resultierte, stand im engsten Kontakt*

---

[326] Sherry, p. 81.
[327] Charles P. Enz, *No Time to be Brief: A Scientific Biography of Wolfgang Pauli*, Oxford University Press, 2010, p. 289.
[328] http://de.wikipedia.org/wiki/Max_Pulver#Leben
[329] *Ensayos y estudios. Revista bimestral de Cultura y Filosofía del Instituto Ibero-Americano*, Berlin, Ferd Dümmlers Verlag, Volume 1, III/5-6 septembre-novembre 1939, p. 245.
[330] Hakl et McIntosh, p. 56.

zu Klee, mit dem ihn gemeinsame Verbindungen seit Pulvers Kinderzeit in Bern verbanden. Sein älterer Bruder war im Berner Gymnasium ein enger Freund Klees und Pulver selbst berichtet von einer Begegnung als Achtjähriger mit dem Maler. In München, wo Pulver von 1914-1924 lebte, sah Pulver Klee häufig und haifauch 1916 mit, den im März Eingezogenen vor der Verschickung an die Front zu bewahren."[331]

"Wer Paul Klees Selbstporträt aus dem Jahre 1919 ("Versunkenheit", Lithographie) kennt, kann eine gewisse Aehnlichkeit zwischen den beiden Porträten nicht leugnen, geschweige denn, dass auch P. Klee in seinem Atelier zu musizieren pflegte (er war ein ausgezeichneter Violinspieler)."[332]

"Diese Fakten und der warme Ton, in dem Pulver seine Erinnerungen an Klee schildert, zeugen davon. dass Pulver den um 10 Jahre älteren Klee sein Leben lang verehrte, so dass Klees vermutete partielle Patenschaft im Falle des "Geiger im Atelier" und des Malers Eugenio biographisch erhärtet ist."[333]

"Wildermann and Max Pulver were particularly effective in aiding Mother's campaign. Pulver tells the story in his memoirs of Paul Klee (Kunstwerk, 1949, No. 4):
I often saw Klee drilling on the meadow in front of my house. His military demeanor was really not convencing. Sometimes, when his group was allowed a rest, he would quickly come over to the fence and exchange a few words with me. Now, however, the situation had become serious. The silliness, the absurdity of his having been passed as fit for regular service, was helpful to me. The King and his son Rupprecht had secretly given instructions that the talented artists of Munich were to be exempted, for Weissgerber, Franz Marc and others had already fallen, some of them in ways that made no sense at all. I happened to know these orders. A few visits and hints were sufficient. sufficient. On the eve of his "dispatch" to the front Paul Klee was detailed to Schleissheim. I had succeeded in saving him."[334]

L'épisode relaté dans les "*recollections of 1949*" par "*Klee's old acquaintance Max Pulver*"[335] se reporte à la première guerre mondiale.

---

[331] Markus Bauer, *Farbphantasien, Dingallegorese und Raumzeit: Studien zur Melancholie bei Walter Benjamin*, Münster, LIT Verlag, 2008, p. 79.
[332] Jan Haltmar, *Max Pulver und sein Roman "Himmelpfortgasse"*, Dietikon, Suisse, Juris Druck & Verlag, 1979, p. 51.
[333] *Ibid.*, p. 52.
[334] Felix Klee, *Paul Klee: his life and work in documents, selected from posthumous writings and unpublished letters*, New York, G. Braziller, 1962, p. 144.
[335] Otto Karl Werckmeister, *The Making of Paul Klee's Career, 1914-1920*, University of Chicago Press, 1989, p. 81.

V.2.c.3.4.2. De Klee, théosophiste et mythographe ou ingénieur et géomètre de l'art

On argumentera, peut-être, que cet appendice réintroduit Klee dans ce que nous avons nié ou contredit au début du présent travail: à savoir l'argument du sens mystique, dans l'oeuvre de Klee, du point gris.

Nous sentons donc la nécessité de prévenir telle confusion. Nous ne nions ni n'entrons dans le débat, comme on le voit, superflu et vain, de savoir si Klee, dans son oeuvre, avait une tendance mystique (théosophique) ou non. Celle-ci est indéniable, ne serait-ce que par les incohérences que nous avons noté dans la démonstration générale par similitudes de ses cahiers pédagogiques.

Toutefois, cela n'implique en rien que sa proposition autour du point gris, même si elle se ressent de ce diffus mysticisme général[336], soit en essence théosophiste. Au contraire, elle est, comme nous l'avons démontré, avant tout géométrique, bien que, certainement, d'une compréhension géométrique basique, nous l'avons aussi dit (du point naît la ligne, du grisé le volume par trompe-l'oeil, c'est un peu enfoncer des portes ouvertes, mais Kandinsky fait de même). Appliquer au point gris une vision avant tout théosophique, ce serait comme prétendre que l'ensemble de l'oeuvre de Jung doit être considérée comme une formule théosophiste, même si elle en est l'application. Et encore, il nous semble que l'intérêt persistant des mandalas chez Jung, dans le cadre d'un métalangage, pèche plus d'arbitraire tendencieux en ce sens que la théorie du dessin de Klee (de la même façon que nous avons considéré,

---

[336] Selon le principe souvent émis de la correspondance des recherches de l'avant-garde avec la science de son temps autour de la lumière (impressionistes, Moholy-Nagy), de la quatrième dimension (voir notre ouvrage: *Iconologia*, 2001, cap. XVIII à XX) et de la science en général (Verne, Wells), on pourra cependant aussi y voir une représentation, par son caractère expansif, des débats qui agitaient, dès 1905, la physique quantique, des qualités de particule et d'onde des photons et des électrons.

inversement, que la formulation plus systématique de Jung lui donnait la primeur de la démonstration de l'"*inner*(ness)" du cercle/point, en partie pour cette même raison). Pour cette raison de ne pas vouloir favoriser la confusion entre la vie du peintre et ses intérêts personnels d'une part, et sa théorie de l'art de l'autre, et également pour le caractère historiquement incertain de la proposition, basée sur une intuition plus que sur un fait nettement démontrable, nous avons choisi de reporter en ce long appendice la proposition de rapprochement entre Klee et Jung.

Malgré cela, il nous aurait sembler (et de là, donc, cet appendice) manquer à notre devoir de présentation, et de contextualisation, si nous n'avions pas abordé les plus que probables influences jungiennes dans la démonstration du point gris (centre originel) chez Klee. Et, par là même, son sens théosophiste (dans l'abordage visuel du cercle-croix, en particulier, similaire à celui qu'en fait Jung dès, au moins, 1916).

V.2.d. Abstraction[337]

Le présent travail prétend donc démontrer que:
1. Le sens du point gris chez Klee, contrairement à l'opinion généralement émise (comme dans la célèbre interprétation de Deleuze), n'est pas métaphysique, mais concret, géométrique et euclidien, comme dans la théorie parallèle et contemporaine de son compagnon au Bauhaus Kandinsky dans *Point Ligne Plan*; on se rappelera que l'importance du point comme origine de la création (c'est-à-dire point de départ de tout dessin) n'est pas étrange dans le contexte du développement de l'art contemporain depuis l'impressionisme, et le pointillisme.

---

[337]Nous employons ici ce terme dans le sens d'"*abstract*", c'est-à-dire à la fois de résumé et de condensation théorique.

2. Toutefois, idéologiquement, cette originalité du point comme centralité provient, effectivement, d'une représentation mystique antérieure, abondamment développée depuis les Pères de l'Église, et que l'on retrouve un peu partout du point comme unité avec Dieu[338], et dont, contemporainement à Klee, Jung se sert dans sa propre théorie.

Toutefois, et dans ce sens, plus généralement, mais dépassant le cadre de la présente étude, il faudrait aussi, donc, rapprocher le sens dudit point de la mythologie d'avant-garde sur le symbolisme des formes simples, notamment par rapport à son intérêt pour l'art et la culture africaine[339]. En effet, nous y trouvons, curieusement, le même principe originel, ici de nouveau théologique, au moins dans l'interprétation anthropologique, du point central, du cercle et de la spirale (comme représentation extensive du principe créateur depuis le point et le cercle), aussi bien chez les Dogons[340] que chez les Bambara et Malinké[341].

Dit dans le sens d'une interprétation plus narrative, d'étude des textes, il paraît nécessaire de reconnaître que le sens

---

[338] Voir notre article précédemment cité: "*Introduction à l'étude des "Tentations de Saint Antoine"*".
[339] Nous disons que cette problématique dépasse le cadre de notre étude pour, de nouveau, la question délicate de l'origine historique qu'elle pose des concepts et de leur connaissance et/ou interprétation par l'anthropologie européenne, puisqu'à la fois les études de Marcel Griaule et Germaine Dieterlen sur les Dogons sont postérieures à l'élaboration du concept par Klee, mais encore aussi parce qu'elles posent, bien que cela ne soit pas forcément contradictoire avec notre démonstration, au contraire (puisqu'elle accentuerait le caractère d'auto-affirmation d'un symbolisme européen de l'époque), la question de la véracité de l'interprétation des sources, voir notamment à ce propos le site http://www.astrosurf.com/luxorion/dogons-astronomie.htm, et l'article d'Éric Jolly, "*Rêveries exotiques sur les Dogon*", L'Homme, 2/2007, No 182, pp. 187-214. Les mêmes limitations, notamment de temporalité, se posent pour le cas des Bambara et des Malinké.
[340] Marcel Griaule et Germaine Dieterlen, *The pale fox*, 1965, trad. de Stephen C. Infantino, Continuum Foundation, Chino Valley, Arizona, 1986, figures pp. 108-141.
[341] Youssouf Cissé, "*Le sacrifice chez les Bambara et les Malinké*", Systèmes de pensée en Afrique noire, No 5, 1981, pp. 27-29.

fondamental que les exégètes attribuent au point gris chez Klee, notamment depuis la lecture qu'en a faite Deleuze, bien que logique d'un point de vue génétique (puisque tout part iconographiquement de la prise de contact de la pointe du crayon sur la feuille de papier, donc de l'obscurcicement progressif, du gris vers le noir, de la page blanche à partir d'un point originel d'appui) n'est pas aussi clair lorsque l'on révise le texte où, au passage, pour ainsi dire, Klee donne l'indication qui parut tellement centrale aux analystes.

D'une évocation superficielle, le point gris devint donc un problème de l'art contemporain, qui permettrait de l'expliquer dans son ensemble, à partir de la pensée de Klee. Nous voyons ici que c'est bien le cas, mais dans un autre sens que celui produit jusqu'ici par l'histoire de l'art et les sciences associées, à savoir non comme origine mystique mais comme immanence d'un concept dans l'esprit de son temps.

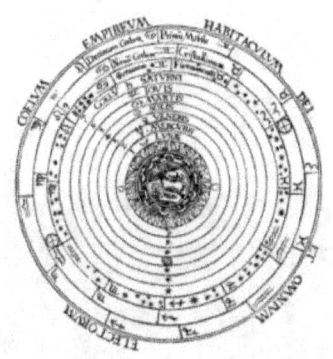

PLANCHES

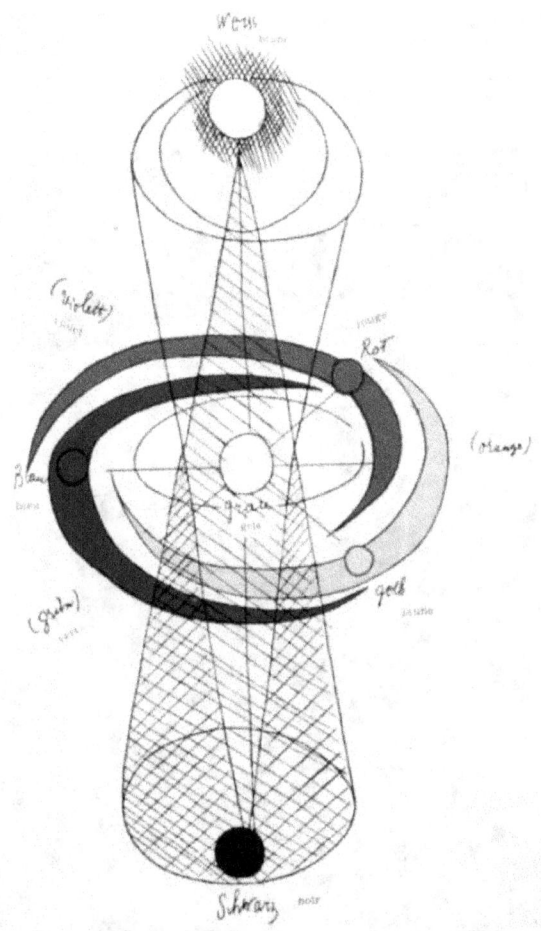

Paul Klee, «*Canon de la totalité de la couleur*» d'après Paul Klee, *La Pensée créatrice. Écrits sur l'art I*, textes recueillis et annotés par Spiller Jürg, trad. française Girard Sylvie, Paris, Dessain et Tolra, 1973, p. 488. reproduit dans Frontisi, «*Paul Klee mythographe*»

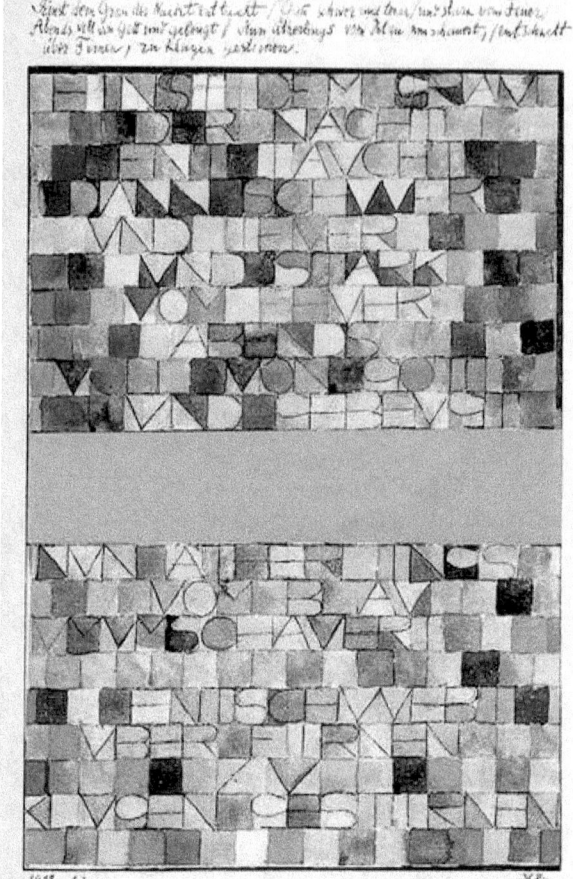

Klee,
Einst dem Grau der Nacht enttaucht, 1918

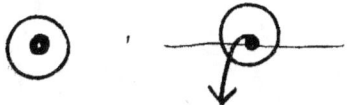

At the slightest impetus, the point is about to emerge from a state in which its concealed, to move onwards, to take on one or more directions. It is abou linear.

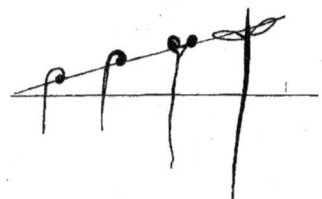

Klee, *The nature of nature*, p. 29

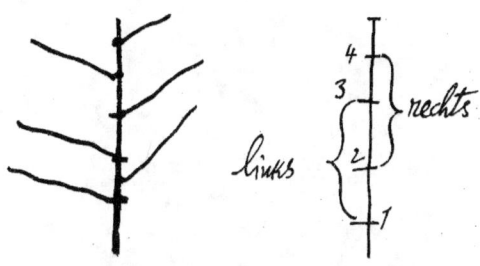

p. 9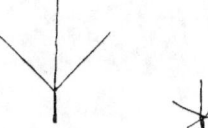

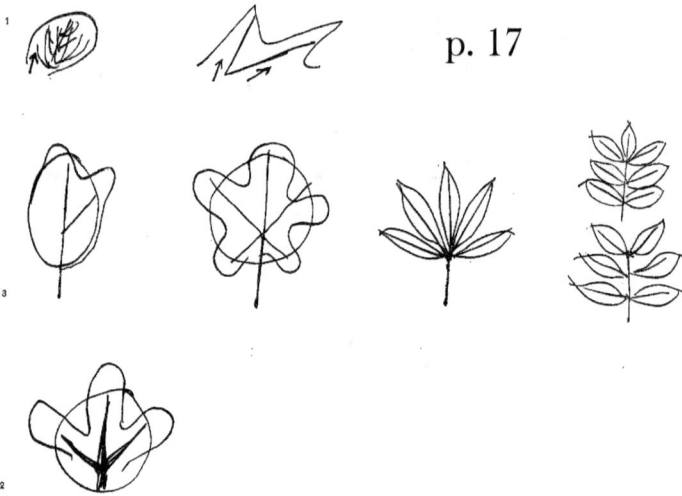

p. 17

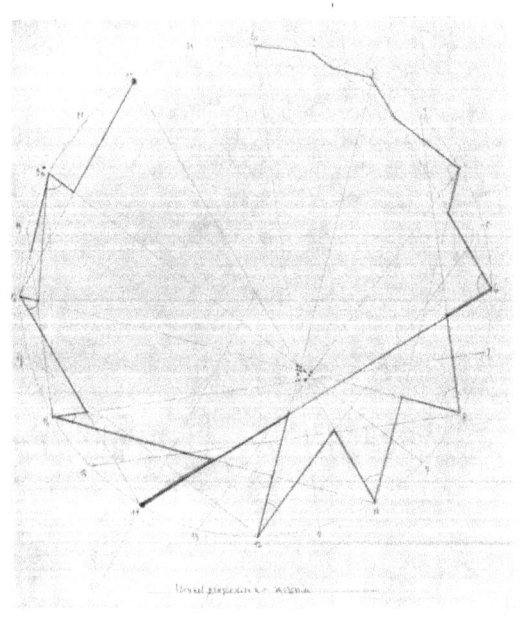

p. 20

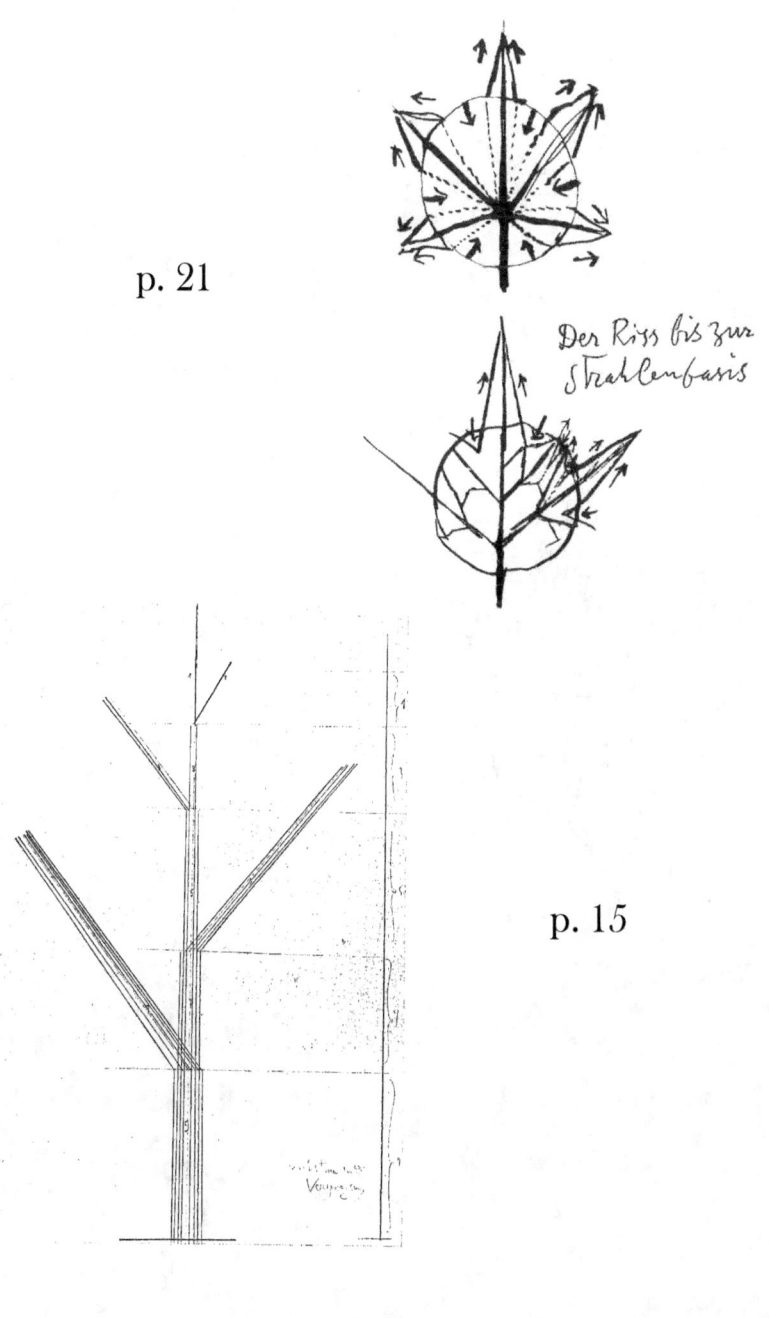

p. 65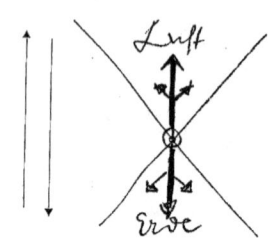

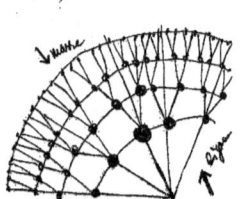

p. 35

p. 101

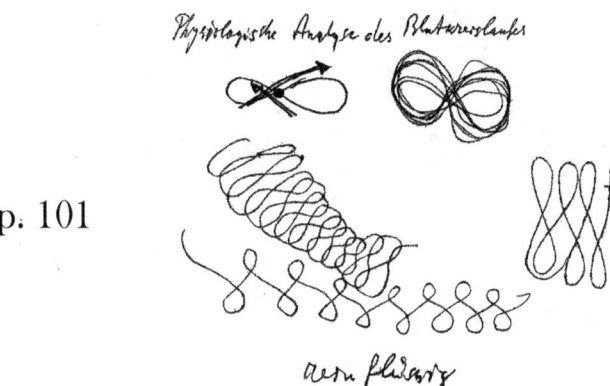

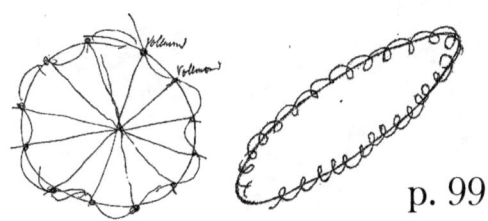

p. 99

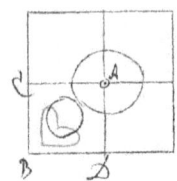

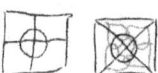 pp. 106-107

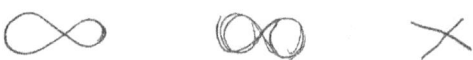

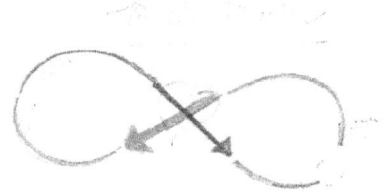

p. 111

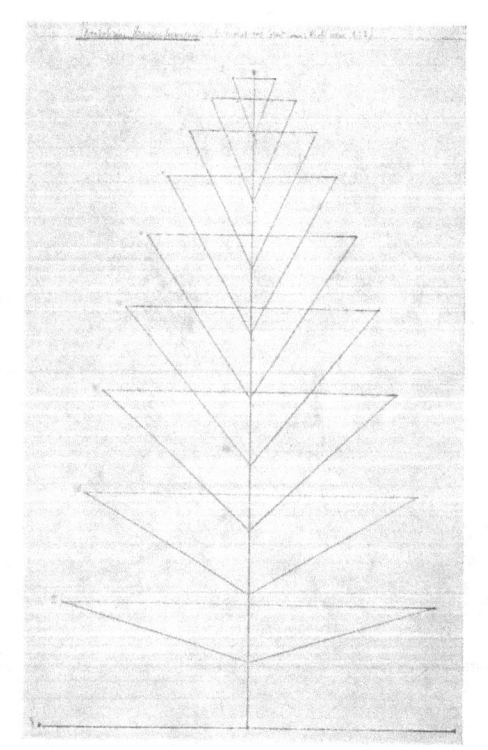

p. 130

p. 157

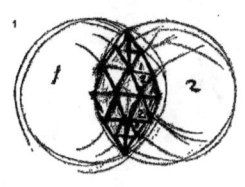

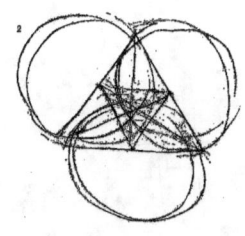

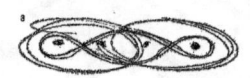

p. 159

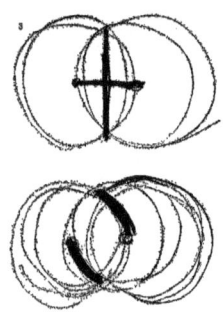
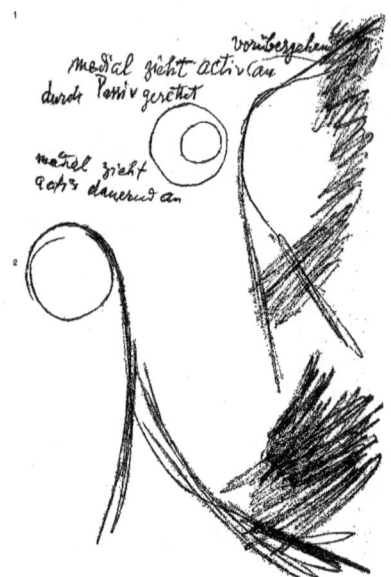

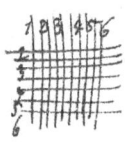 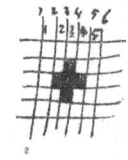 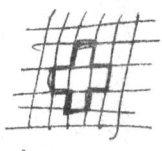

p. 163

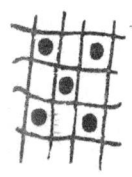 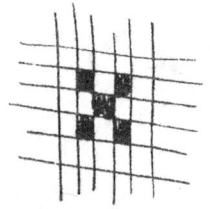

p. 191

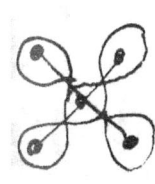 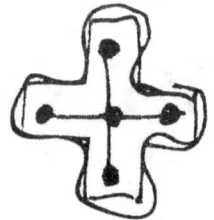

Breitung einer Energie bedeutet Lockerung
 Extreme: klein und dicht   gross und locker

Die stärkste Abweichung dieses Naturgesetzes
ist die Umkehrung ins Gegenteil:

 Extreme: klein und locker   gross und dicht

p. 215

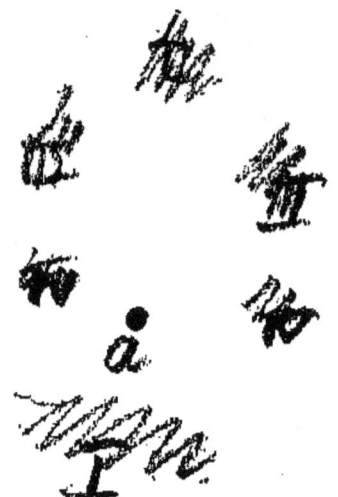

pp. 116-117

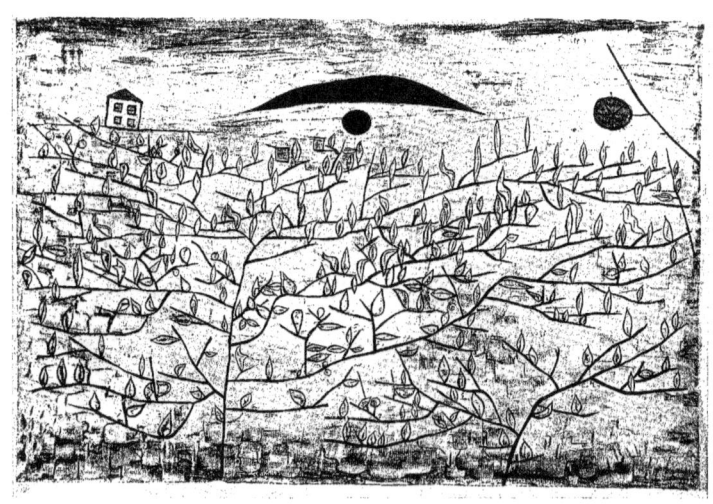

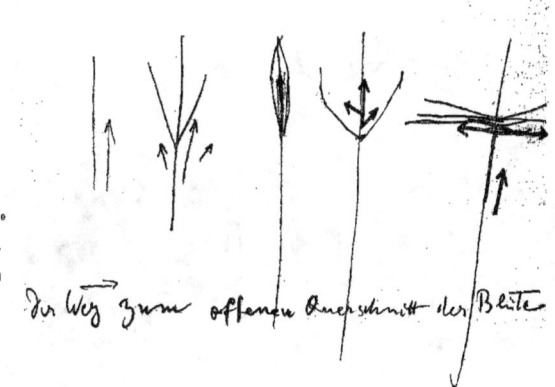

p. 301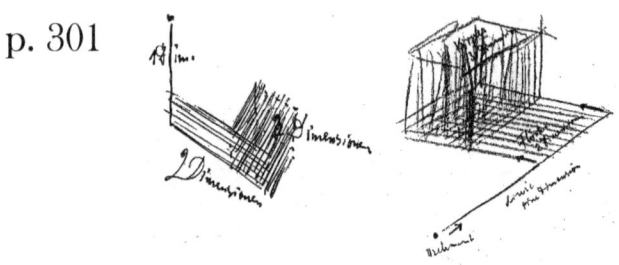

Klee, *Cahiers pédagogiques*, I.5.

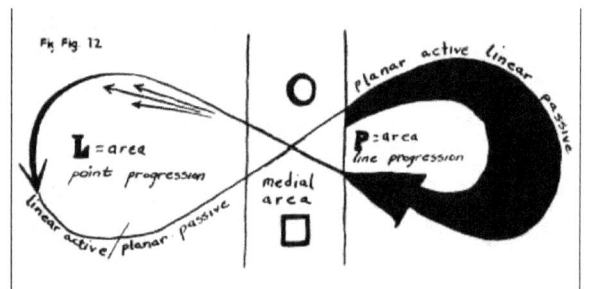

I.6.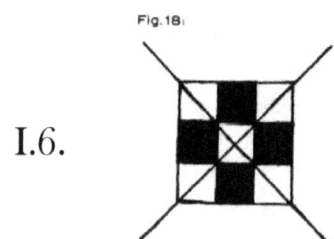

40 Formation of the Black Arrow (Fig. 76).

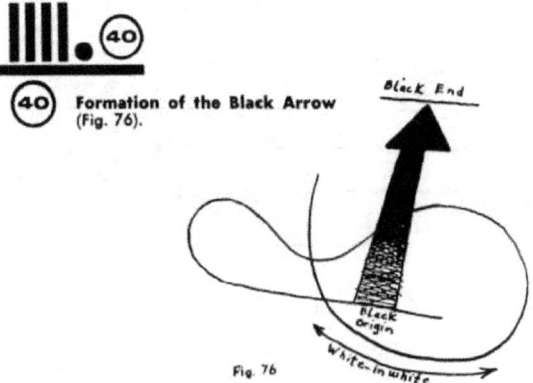

Fig. 76

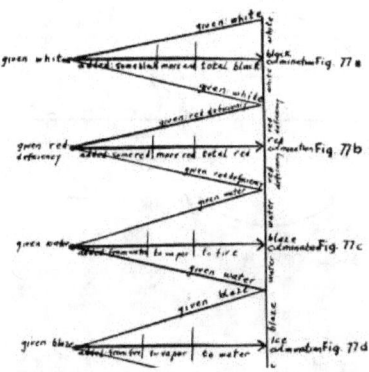

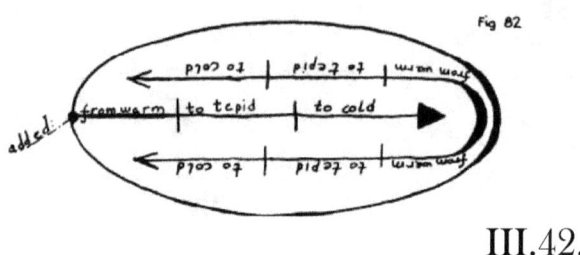

III.42.

III.43.

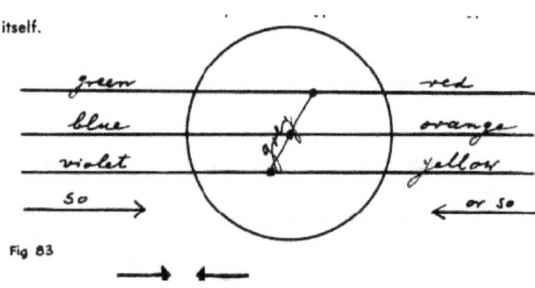

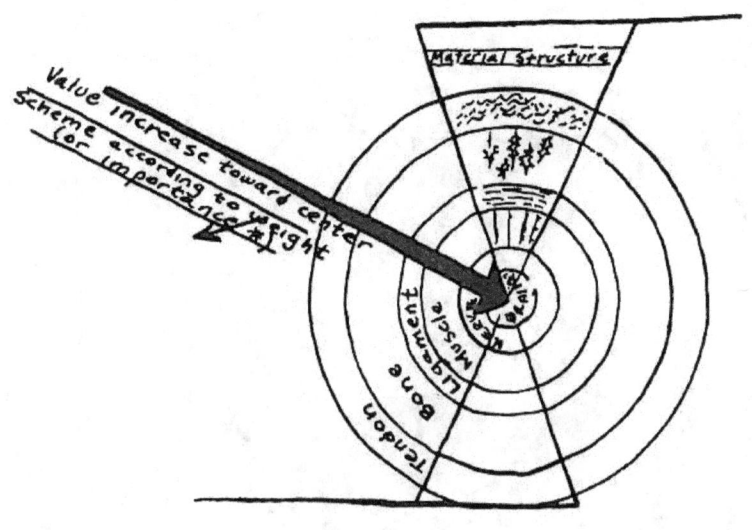

I.11.C.

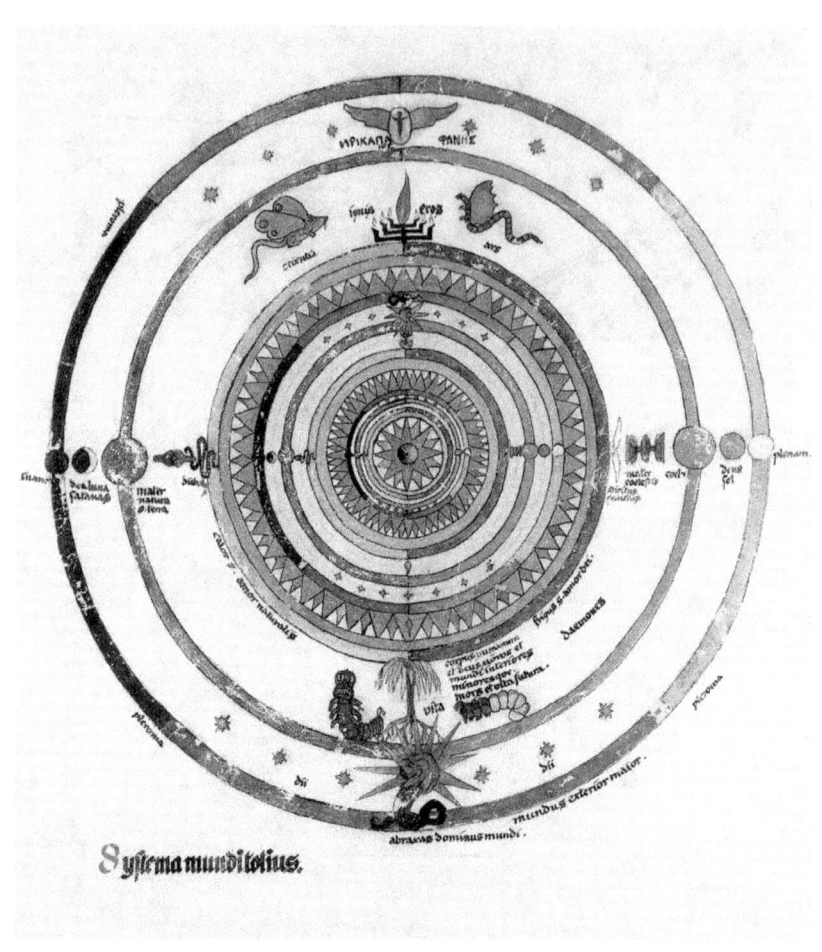

Jung, Premier mandala, 1916

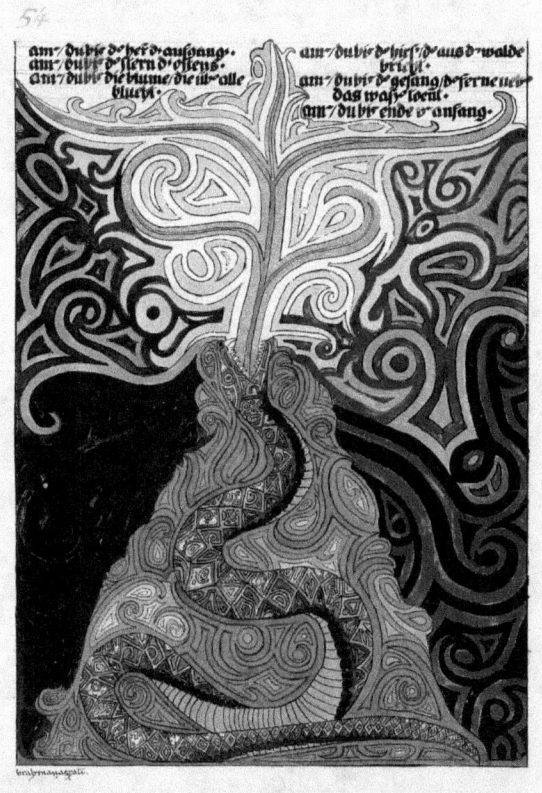

Jung, *Liber Novus*

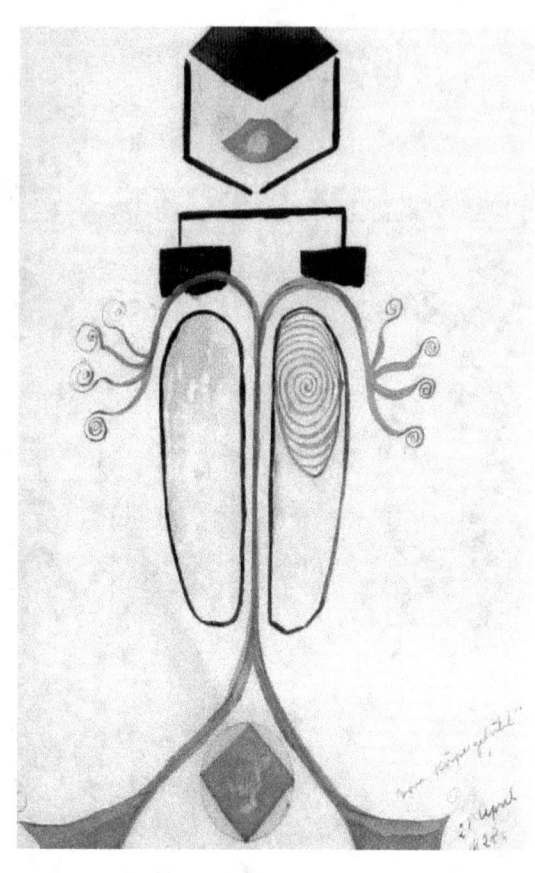

Tina Keller,
Vom Körpergefühl, 21
abril 1928

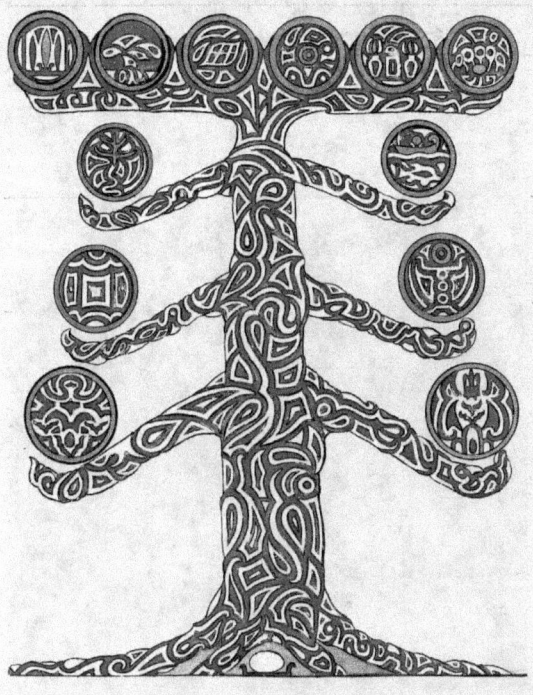

Jung, *Liber Novus*

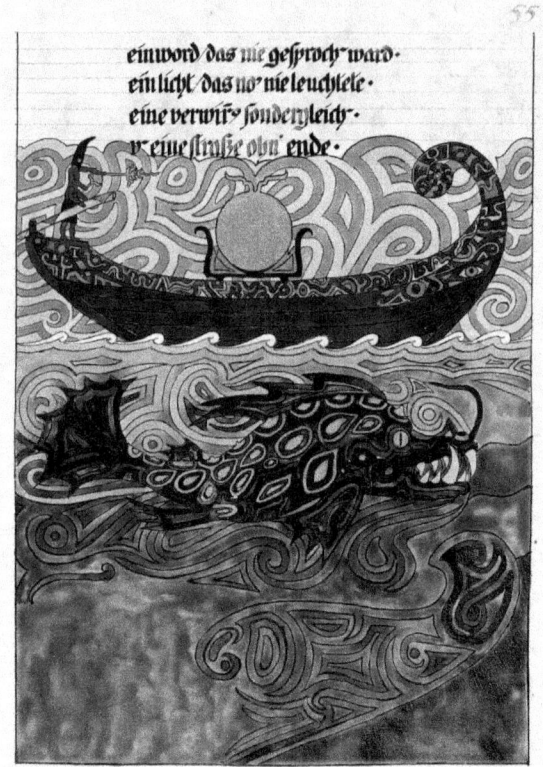

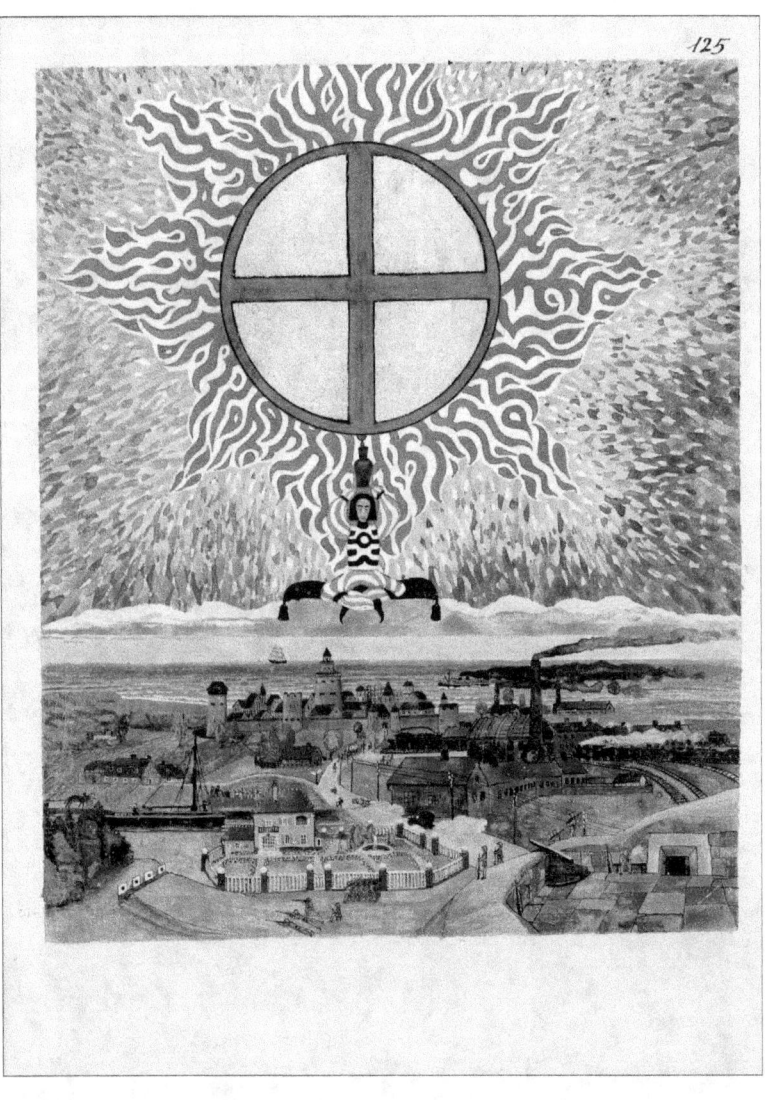

154

The bhagavadgita says : whenever there is a decline of the Law and an increase of iniquity, then I put forth myself. For the rescue of the pious and for the destruction of the evil doers, for the establishment of the Law I am born in every age.

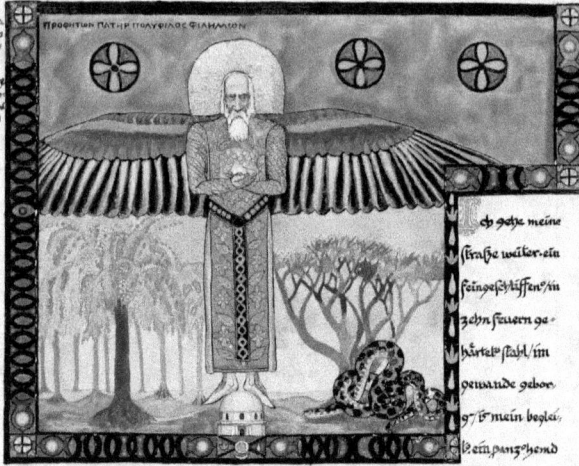

Ich gehe meine Strasse weiter. ein feingeschliffenes, in zehn feuern gehärtetes stahl, im gewande geborg, ist mein begleiter, ein panzerhemd liegt mir um die brust, heimlich unter dem mantel getragen. über nacht gewann ich die schlang lieb und habe ihr räthsel errathen. ich setze mich zu ihr auf die heissen steine am wege. ich weiss sie listig und grausam zu fangen, jene kalte teufel, die den ahnungslosen in die ferse stechen. ich bin ihr freund geworden und blase ihr eine mildtönende flöte. meine höhle aber schmücke ich mit ihr schillernden häuten. wie ich so mein weges dahinschritt, da kam ich zu einem röthlich- fels, darauf lag eine grosse buntschillernde schlange. da ich nun beim grossen ΦΙΛΗΜΩΝ die magie gelernt hatte, so holte ich meine flöte hervor und blies ihr ein süss zauberlied vor, das sie glauben machte, sie sei meine seele. als sie genügend bezaubert war,

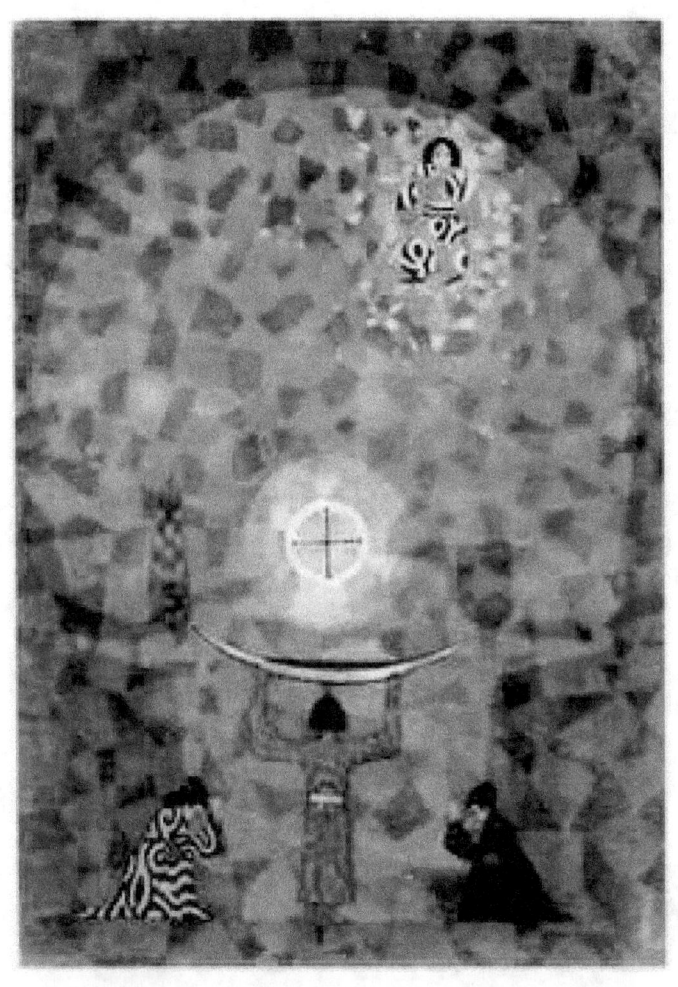

Jung, peinture
Septem Sermones ad Mortuous, 1918

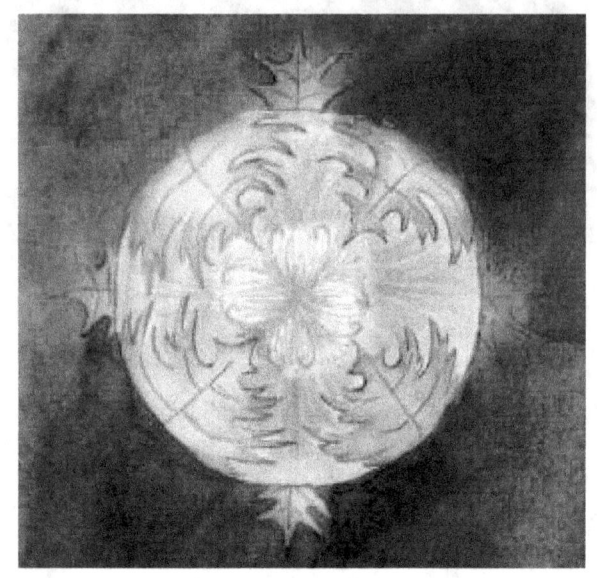

Tina Keller, *Vom stillen Wachsen,* novembre 1917

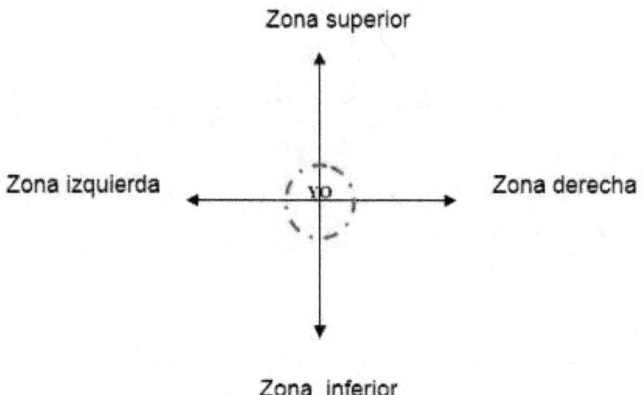

Max Pulver, *Symbolik der Handschrift,* 1931

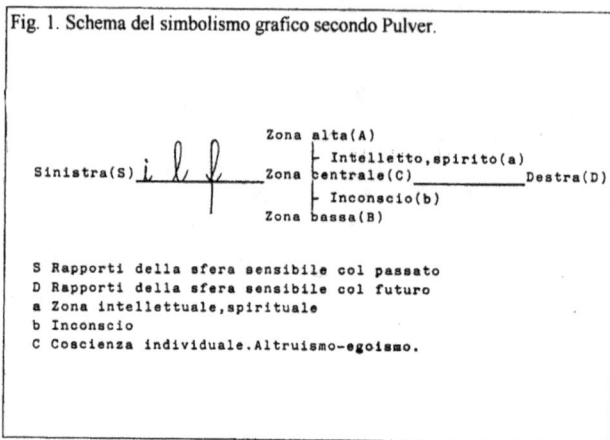

Fig. 1. Schema del simbolismo grafico secondo Pulver.

S Rapporti della sfera sensibile col passato
D Rapporti della sfera sensibile col futuro
a Zona intellettuale, spirituale
b Inconscio
C Coscienza individuale. Altruismo-egoismo.

SIMBOLISMO DEL CAMPO GRAFICO (Max Pulver)

ALTO

Spirito, intelletto, immaginazione, fantasia, spiritualità, mondo estetico
Bene, luce

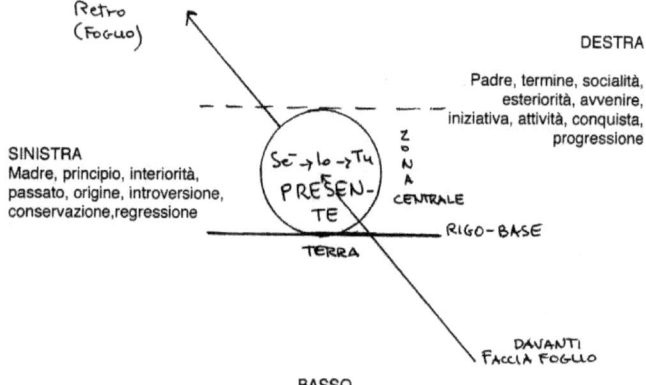

BASSO

Corpo, materialità, nutrizione, sessualità, interessi economici, istintualità,
Buio, Male o 'tenebre'

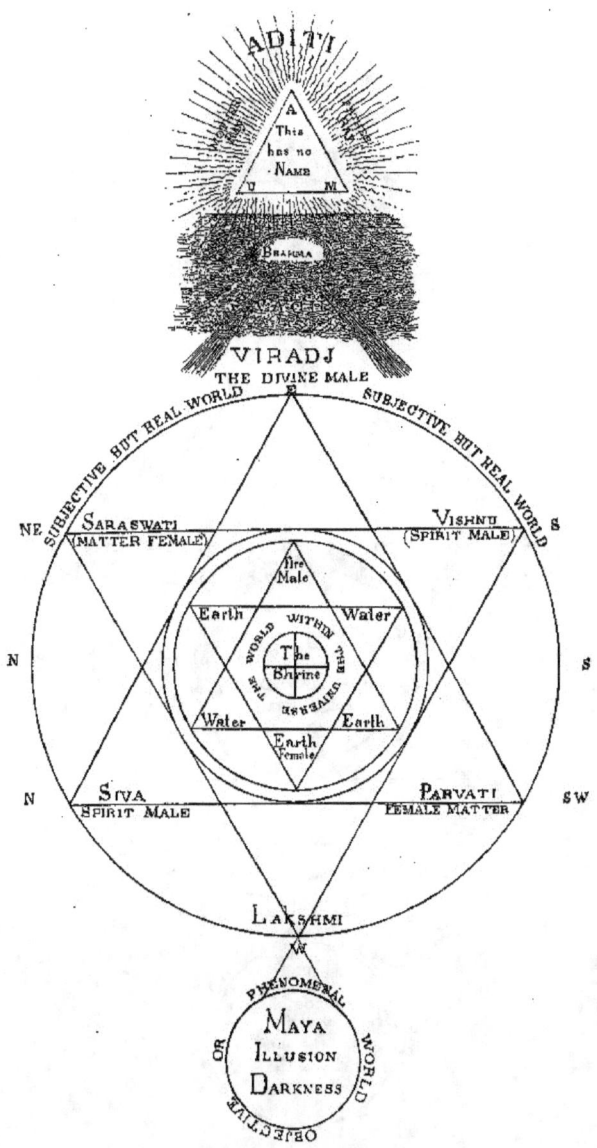

Madame Blawatsky, *Isis Unveiled*, 1877, "*The hindu doctrine*„

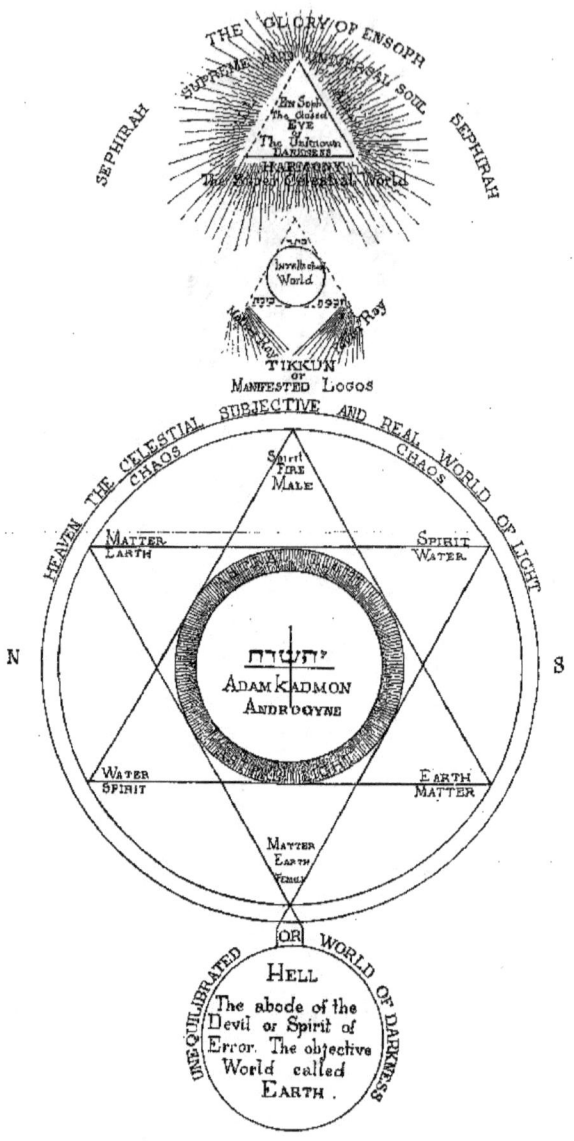

Madame Blawatsky, *Isis Unveiled*, 1877, " *The chaldean doctrine*„

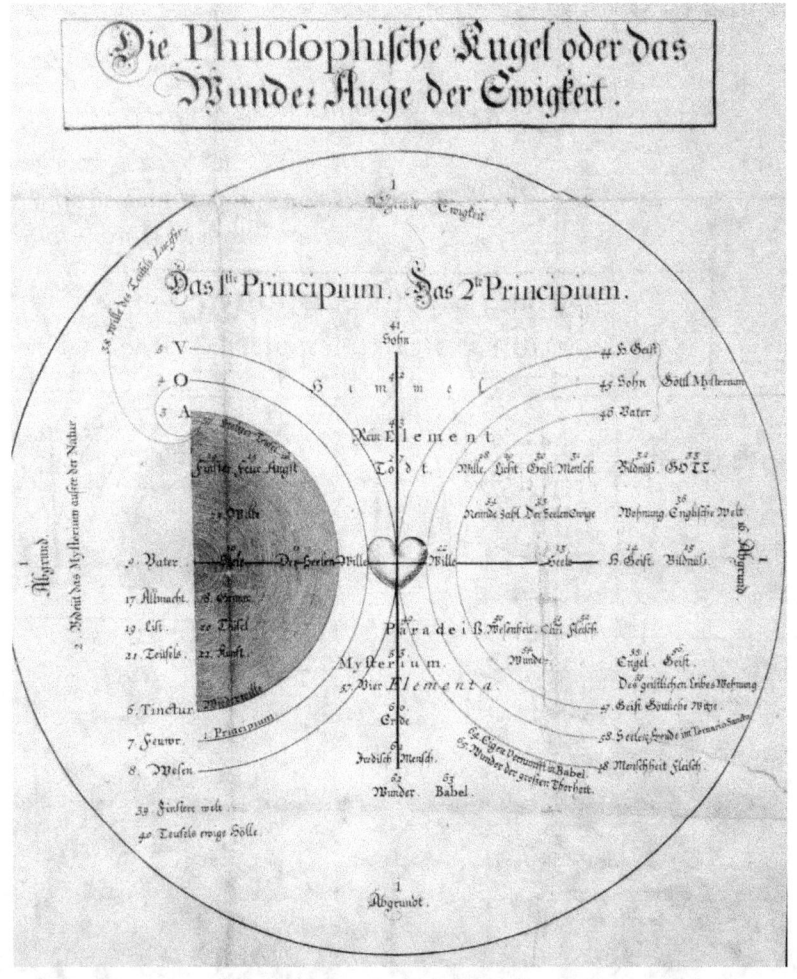

Jacob Boehme, représentation sous forme de «Cercle Philosophique» («*Philosophische Kugel*») de sa cosmogonie dans *Viertzig Fragen von der Seelen Urstand, Essentz...* ou *Quarante questions de l'âme* (1620)

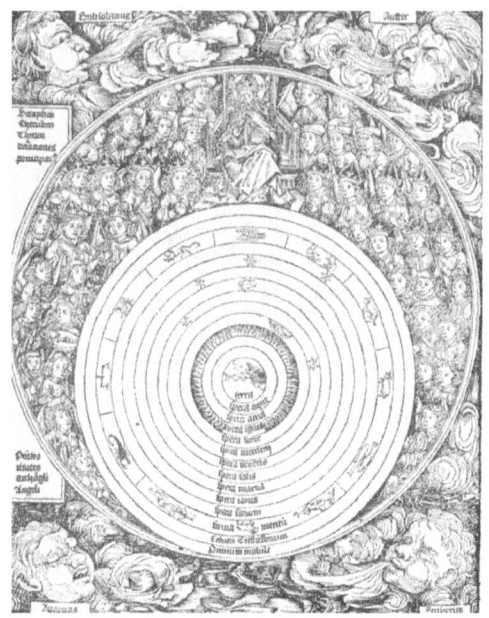

En haut à gauche: gravure sur bois attribuée à Albrecht Dürer, dans *Liber Chronicarum,* par Hartmann Schedel, Nuremberg, 1493; en bas à droite: deux versions de la *"Primera Causa"* du Tarot de Mantegna

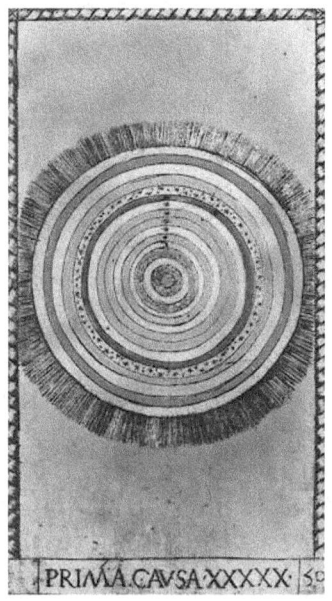
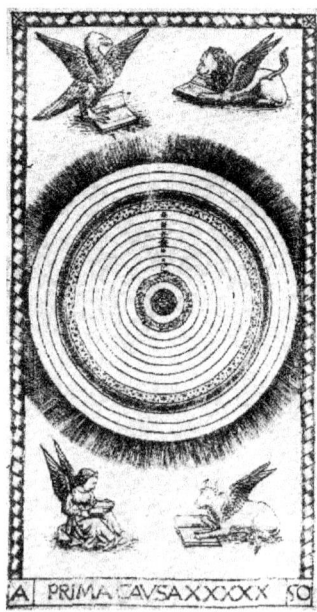

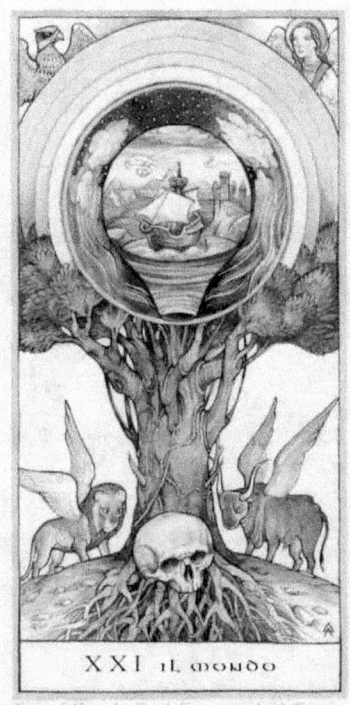

En haut à gauche: *Le Monde*, Tarot d'Alexander Daniloff, 2010; en bas à droite: *La Roue de la Fortune*, "*Arcanes du Tarot kabbalistique*" d'Oswald Wirth, 1889

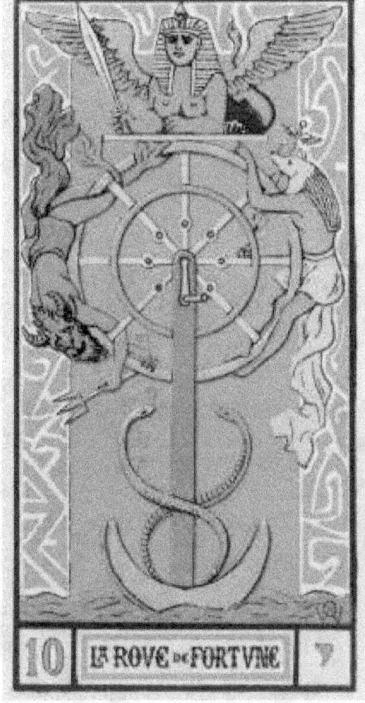

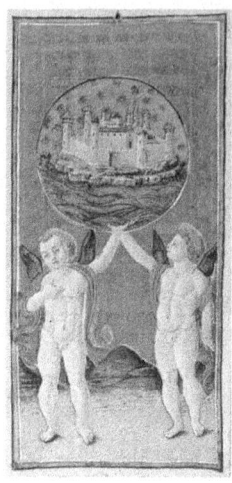 De gauche à droite, et de haut en bas: *Le Monde*, Tarot Visconti-Sforza; Tim McEvoy, ébauche pour *Le Monde*; *La Roue de la Fortune* du Tarot Rider-Waite Smith; *Le Monde* du Tarot de Jacques Viéville; *Le Monde* du Tarot de Jack Hurley, Rae Hurley and John Horler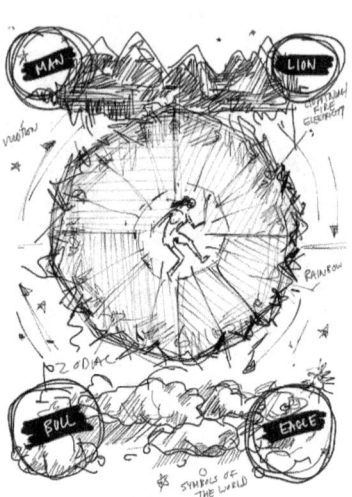

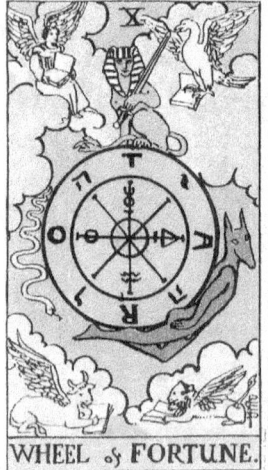 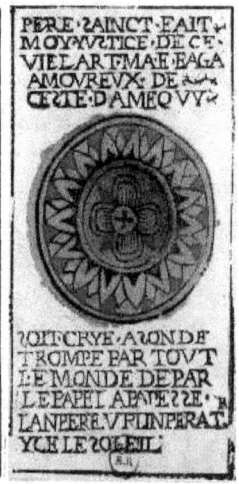 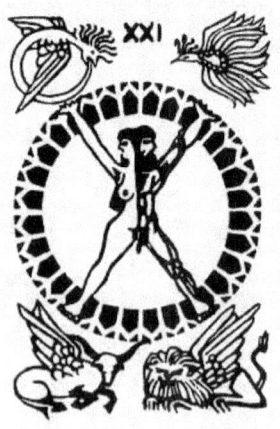

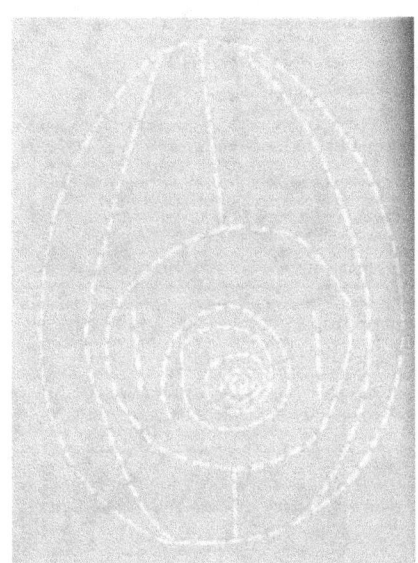

L'oeuf primordial et la spirale chez les Dogons, selon Marcel Griaule et Germaine Dieterlen

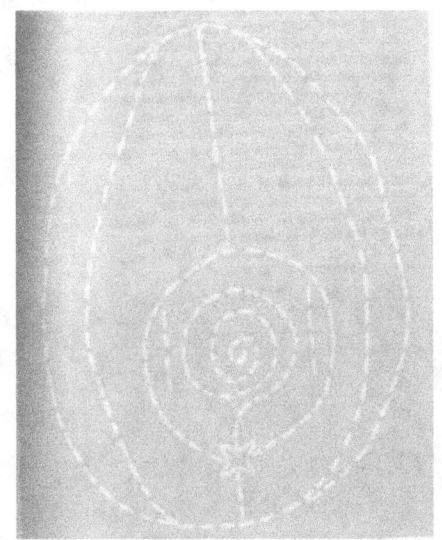

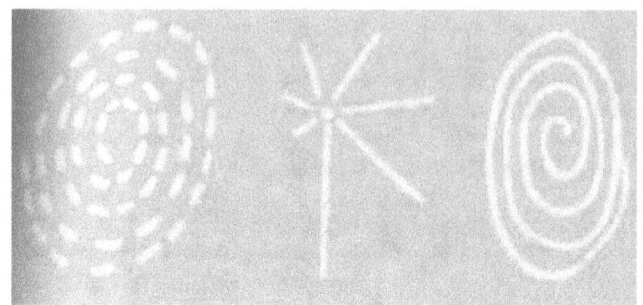

Cercles et spirales de la mythologie Dogon, selon Marcel Griaule et Germaine Dieterlen

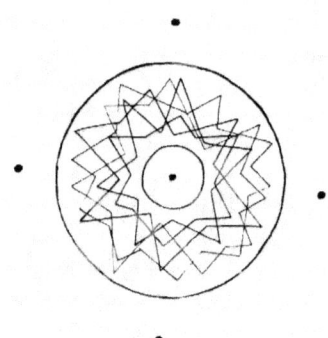
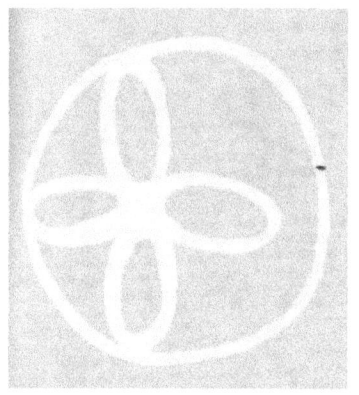
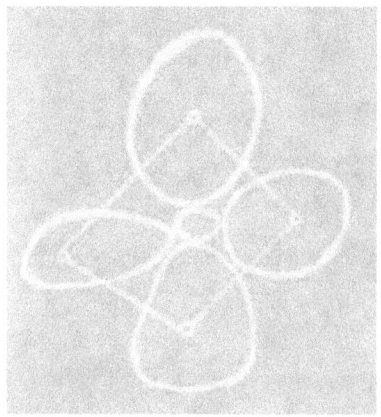

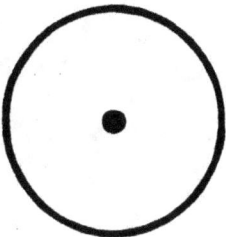

Cercle et spirales originels chez le Bambara et les Malinké, selon Youssouf Cissé

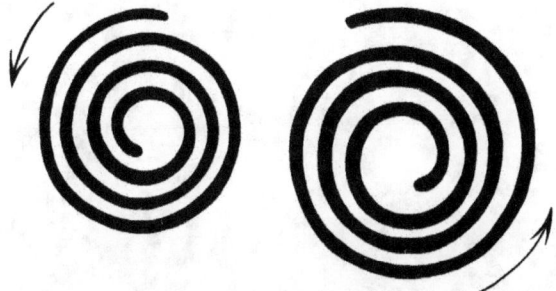

www.ingramcontent.com/pod-product-compliance
Lightning Source LLC
Chambersburg PA
CBHW071207240526
45470CB00018B/1536